명작으로 읽는
통섭의 한국사

명작으로 읽는
통섭의 한국사

초판 1쇄 인쇄 | 2017년 9월 22일
초판 1쇄 발행 | 2017년 9월 29일

지은이 | 이동연
펴낸이 | 박영욱
펴낸곳 | (주)북오션

편　집 | 허현자 · 김상진
마케팅 | 최석진
디자인 | 서정희 · 민영선

주　소 | 서울시 마포구 월드컵로14길 62
이메일 | bookrose@naver.com
네이버포스트 | m.post.naver.com ('북오션' 검색)
전　화 | 편집문의 : 02-325-9172　　영업문의 : 02-322-6709
팩　스 | 02-3143-3964

출판신고번호 | 제2013-000006호

ISBN 978-89-6799-336-8 (03910)

*이 도서의 국립중앙도서관 출판예정도서목록(CIP)은 서지정보유통지원시스템 홈페이지
 (http://seoji.nl.go.kr)와 국가자료공동목록시스템(http://www.nl.go.kr/kolisnet)에서 이용하
 실 수 있습니다.
 (CIP제어번호 : CIP2017021252)

명작 밖으로 나온 한국사,
한국사 속으로 들어온 명작

명작으로 읽는
통섭의 한국사

이동연 지음

북오션

역사에 사람의 자취가 남아 있다면 명작 속에 인간 공통의 정조(情調)가 담겨 있다. 시는 연상과 축약의 언어로, 그림은 이미지로, 소설은 전지적 또는 관찰자 시점으로 인간의 희로애련(喜怒愛憐)을 담고 있다.

물론 역사 속에도 인간의 정조는 배어 있다. 하지만 인권의식과 공론화 과정이 부족했던 근세 이전으로 역사를 거슬러 올라갈수록 공동체의 정조 보다 당대 영웅들과 지배층의 의지가 더 많이 작동했다. 오랜 역사의 기록 이 대중보다 엘리트 중심인 것이 바로 그 때문이다.

명작은 다르다. 수많은 작품 중 기존 역사의 무게를 이겨내고, 가고 오 는 사람들에게 쉼 없이 매력을 준 것만이 명작의 반열에 포진된다. 그래서 역사를 '과거와 현재의 대화'라고 할 때 그 역사란 왕조 중심의 기록뿐 아 니라, 명작도 포함될 수밖에 없다. 실례로 한일합방 이후 정사(正史)가 식 민시대의 정치역학(政治力學) 중심으로 구성되었다면 최초의 근대시인 김

동환은 두만강변의 소금장수인 순이 부부의 멜로드라마 같은 현실을 다루었다.

이 책은 우리의 과거 전승(傳承)인 고대, 중세, 근세사를 다루면서 인간 정조의 꽃인 명작을 크로스오버했다. 두 가지 기준으로, 동시대이거나 의미적 관련성이라는 관점에서 이 책에 소개된 몇 장면은 다음과 같다.

인간의 기원인 유기 물질이 생텍쥐페리의 《어린 왕자》처럼 우주의 별에서 왔다. 이후 동이족이 형성되고 치우천황이 등장한다. 치우와 황제의 탁록대전(涿鹿大戰)은 서양 그리스·로마신화의 트로이전쟁과 유비된다.

5세기 동양과 서양을 동시에 공포의 도가니로 몰아넣었던 군주가 광개토대왕과 훈족의 아틸라였다. 4~6세기 형제였던 백제와 고구려가 치열하게 다투었던 것도 펄 벅의 《대지》에 나오는 왕릉의 땅에 대한 집착과 다를 것이 없었다. 고구려를 감당치 못한 당나라가 신라를 도와 통일전쟁을 치른 후, 원래 약조를 깨고 삼한 땅을 도모한다. 그런 과정이 스티븐슨의《보물섬》에도 흐른다.

성리학의 나라 조선은 선과 악의 구분이 명확한 나라였는데도 세계역사상 유례없는 당쟁이 일어났다. 그런 당쟁도 왕조하에서 일종의 정당정치라는 긍정적 기능이 더 강했다. 이것이 독일 극작가 브레히트가《사천성의 착한 사람들》,《억척 어멈과 그 자식들》등의 작품을 통해 보여준 '사회적 존재가 사유를 결정짓는 리얼리티'와 다르지 않다.

다음, 조선의 숙종과 프랑스 루이 15세는 비슷한 시기의 군주였으며 동시에 궁녀와 정부(情婦)가 한때 국정을 좌우했다. 숙종 때 장희빈이 종로 어물전을 통해 정치자금을 대며 경종까지 잉태했고, 루이왕 때 퐁파두르 후작부인이 계몽주의 사상을 궁정에 도입하여 후일 프랑스혁명의 씨앗을 뿌렸다.

한 나라의 역사는 한 나라의 풍토와 정서가 담겨 있지만, 명작은 인류의 풍토를 담아내야만 한다. 역사와 함께 명작을 이해한다는 것은 그만큼 인식의 지평이 넓어진다는 뜻이다. '정저지와(井底之蛙)'라는 말이 있다. 황금개구리가 우물 안에서 만족해하는데, 작은 거북이가 찾아와 바다 이야기를 했다. 비로소 우물을 박찬 황금개구리가 거북이보다도 더 빨리 광활한 바다로 뛰어갔다. 이 책이 그와 같기를.

이동연

2장 삼국시대

3장 고려시대

4장 조선시대

밤낮 무리를 지어 춤추며 노래 부르고 장단을 맞춰 땅을 밟는다.
시월 추석이 끝나도 이와 같이 했다.

《진서 동이전(晉書 東夷傳)》

1장

역사의 새벽

01
별에서 온 어린 왕자,
별로 가려는 인간들

어린 왕자는 아주 작은 별 B612에서 장미 한 송이와 살고 있었다. 어느 날 어린 왕자는 오만하고 고고한 장미꽃만을 남겨둔 채 여러 행성으로 여행을 떠났다. 마지막 방문지는 지구였다. 아프리카의 사하라 사막에 도착한 어린 왕자는 처음 만난 여우에게 '길든다는 것'이 무엇인지를 배웠다.

"아직은 넌 나에게 수많은 어린 아이들 중 하나에 불과해. 나도 역시 너에게 수많은 여우들 중 하나에 불과하지. 하지만 우리가 서로 길든다면 난 너에게, 넌 내게 세상에 유일한 존재가 되는 거야. 가령 4시에 만나기로 했다면 내 가슴은 벌써 3시부터 설레기 시작하지."

비로소 어린 왕자는 저 하늘에 수많은 별들이 있지만 그중 하나의 작은 별이 왜 그리 유달리 두드러져 보이는지를 깨닫게 되었다. 자신이 사랑하는 장미가 있기 때문이었다. 그래서 어린 왕자는 고고한 장미가 살고 있는 그의 작은 별로 돌아갔다.

생텍쥐페리(Saint-Exupéry, 1900~1944)는 제2차 세계대전 중이던 1943년 봄에 《어린 왕자》를 펴냈다. 일 년 후 조국 프랑스가 나치 독일에 함락되자 미국에서 연합군에 합류하여 피점령지를 정찰하는 임무를 수행했다. 그는 혼자서 1인용 정찰기를 타고 지중해 근처의 강과 계곡을 정찰하다가 1944년 7월 31일 영원히 지상에서 실종되었다.

> "저 하늘의 별을 봐요, 왜 빛이 날까요? 우리 모두 자신의 별을 찾도록 빛을 보내고 있는 거죠. 각자 자기 별을 보세요. 저기 바로 저 위에 떠있는 별을요."

각자 자신의 별을 보라고 속삭이던 생텍쥐페리가 떠난 지 70년째인 2014년 11월, 우주선 로제타 호가 역사상 처음으로 혜성 67P에 도착했다. 그 후 드디어 우주로 인간이 이주하기 위한 프로젝트가 진행 중이다. 우주탐험의 결과 언젠가 생명의 신비도 밝혀질 것이고, 또한 별에 거주하는 인간들이 광활한 우주를 여행하다가 자신들처럼 진화한 고등생명체도 만나게 될 것이다.

137억 년 전 빅뱅으로 우주가 시작되었고, 56억 년 전에 태양계와 함께 혜성들이 생성되었다. 45억 년 전에 이르러 부글부글 끓는 지구가 형성되었고 서서히 냉각되면서 38억 년 전 마침내 바다가 생겨났다.

지구는 10개의 지각판(tectonic plate)으로 구성되어 있다. 두께 100킬로미터 정도의 지각판 아래에는 마그마가 있다. 마그마의 움직임에 따라

어린 왕자와 별

지각판 사이에 충돌과 균열이 일어나며 큰 산맥, 또는 강이 생겼다. 이후 인류 4대 문명인 인더스, 황하, 메소포타미아, 이집트 문명이 지각판의 경계선에 생긴 큰 강 주변에서 탄생했다.

　태양계의 별들 중 일부가 초기 지구와 부딪치면서 생명의 기원인 유기 물질을 지구에 전해주었다. 모든 생명체와 그에 포함된 인류는 모두 별에서 온 것이다.

35억 년 전, 최초의 생명체인 세포에 핵(核)이 없는 남조류(藍藻類)가 생겨났다. 남조류는 이산화탄소를 소비하고 산소를 공급하여 지구에 생명체가 살 수 있는 환경을 만들어주었다.

이에 따라 6억 년 전부터 다양한 생물들이 급증하기 시작했으며, 생명체가 꾸준히 진화하여 2억 1500만 년 전에는 공룡까지 나오게 되었다. 그 후 공룡이 1억 5000만 년 동안 지구를 지배하다가 6600만 년 전 어느 날 홀연히 증발해버렸다. 바로 그날에 멕시코 유카탄(Yucatan) 반도 앞바다를 소행성이 강타하며 그 충격으로 전 지구적 기후 변화가 일어났기 때문이다.

태양계의 수많은 소행성들은 주로 목성과 화성 사이를 돌고 있다. 약 100만 개로 추정되는 소행성 중 일부가 궤도를 이탈해 태양 쪽으로 가다가 일부가 지구에 접근했다. 소행성은 대기권에 진입하면 대기와의 마찰로 불타서 대부분 별똥별로 공중에서 소멸하지만, 미처 다 연소되지 못한 것은 운석이 되어 지구 표면에 떨어진다.

소행성과 포유류의 탄생

약 6600만 년 전 멕시코 유카탄 반도 앞바다에 떨어진 운석도 소행성이었다. 이 충돌로 전 지구적 기후 변화가 일어나 끝내 공룡들이 모두 멸종되고 말았다.

충돌 당시 방출된 유황 성분이 산성비가 되어 내렸다. 해양 표면이 산

비행하기 전 생텍쥐페리

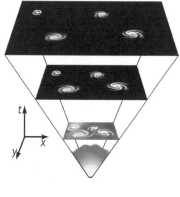

빅뱅과 우주 천체

성화되었고 심해 생물을 제외한 해양 표층에 살던 생물들이 멸종했다. 공룡도 함께 전멸했으며 그제야 포유류 시대가 시작되었다.

어린 왕자가 찾아왔던 아프리카에서 드디어 600만 년 전 유인원으로부터 인간 종(種)이 갈라져 나왔다. 인간 종은 계속 진화하여 10만 년 전에는 현생 인류인 호모 사피엔스 사피엔스(Homo sapiens sapiens, 지혜롭고 지혜로운 사람이라는 뜻)가 출현했다.

인류와 민족의 기원은 문자가 없던 선사시대(先史時代)에 속하기에 기록은 없다. 하지만 유물과 유적, 현대 유전학을 통해 충분히 이해할 수는

18

있다. 이들은 6만 년 전부터 빙하가 후퇴할 때마다 유라시아(Eurasia) 각지로 퍼져 나갔다. 이때 한 갈래가 바이칼(Baikal) 호 주변으로 와서 몽골족의 뿌리가 되었다. 바이칼 호는 시베리아 한가운데 있는 호수로 지구 담수(淡水)의 20퍼센트를 차지하며 스물두 개의 섬을 지니고 있다. 이 섬들 중 제일 큰 섬이 알혼(Olkhon) 섬이다.

이 알혼 섬에는 하늘에서 내려온 백조가 황소와 결혼하여 11형제를 낳았다는 전설이 있다. 그래서일까? 한국인이 가장 좋아하는 클래식이 차이코프스키의 〈백조의 호수〉이며 가장 좋아하는 그림이 바로 이중섭의 〈황소〉인 게 단순한 우연만은 아닐 것이다. 알혼 섬에 살던 원시적 조상들의 신화가 우리의 집단무의식 속에 내려왔을 것이다. 이처럼 백조는 한국인의 심성에 학식이 있고 명예와 지조도 있는 권력의 상징으로, 황소는 근면과 부의 상징으로 남아 있다.

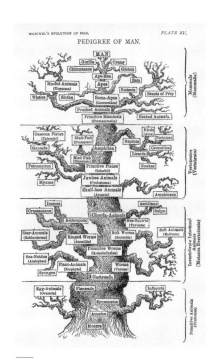

진화도

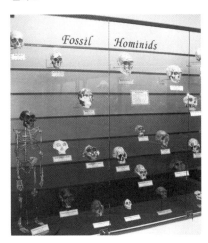

인류의 진화

백조와 황소가 낳은 11형제는 바이칼 호 동쪽에서 코리(khori, 순록)를 길렀다. 코리가 바로 고구려와 고려의 어원이다. 여기서 북아시아의 샤머니즘도 시작되었다. 그 흔적이 장승, 솟대, 서낭당 등으로 남아 있다.

그럼 왜 이렇게 추운 지역에 사람들이 몰렸을까? 바이칼 호 밑바닥에서 온천수가 솟구쳐 빙하기에도 살 만했기 때문이다.

빙하기가 1만 2천 년 전 끝나며 지구가 오늘날과 비슷한 날씨로 변했다. 지질학적으로 홍적세(洪積世)인 빙하기에는 육지의 30퍼센트가량이 얼음에 뒤덮여 있었다. 빙하기가 끝나고 충적세(沖積世)가 시작되면서 얼음이 녹아 육지의 10퍼센트 정도만 빙하가 남았다.

알혼 섬

이때부터 신석기가 시작된다. 그래서 동굴이나 강가 언덕에서 많이 발견되는 구석기 유물에 비해 신석기 유물은 하천 근처의 충적평야에 많다.

한편 바이칼 호 근처에 자리 잡은 몽골 인종 중 일부는 메머드(mammoth)를 뒤쫓아 군데군데 얼어붙은 베링 해(Bering Sea)를 건넜다. 원시인들은 해가 뜨는 동쪽을 상서로운 방향으로 인식했다. 이들은 익사자가 속출해도 이를 무릅쓰고 기꺼이 바다를 건넜다.

그중 일부는 아메리카로 넘어가 인디언의 조상이 되었고, 일부는 한반도로 유입되어 우리의 조상인 동이족(東夷族)이 되었다.

02

한반도의 이브, 역포인
- 동이족의 원시사회는 유토피아인가?

원시사회는 유토피아(utopia)일까?

플라톤의《국가론》이나 루소의《에밀》등에 원시사회의 자연적 공동사회에 대한 동경이 들어 있다. 이런 분위기에서 조너선 스위프트의《걸리버 여행기》와 같은 책들이 인기를 끌었다. 인구가 급증하고 분배 구조가 왜곡될수록, 인구가 희박하여 개인의 소유보다 인간 그 자체를 더 귀하게 대할 수밖에 없었던 원시시대를 이상사회의 원형으로 보려 했다.

그러나 유토피아는 라틴어 어원처럼 어디에도 없는(ou) 장소(topos)다.

유토피아는 1516년 영국 대법관이었던 토머스 모어(Thomas More)가 쓴 동명의 소설에서 처음 등장했다. 이 소설은 모어의 친구 에라스무스가 출판하여 유럽 전역에서 널리 읽혔다.

소설 속에서 모어는 작중인물로 직접 자신을 등장시켜 또 다른 인물 라파엘 히슬로다에우스(Raphael Hythlodaeus)라는 포르투갈 선원과 대담

하는 형식으로 스토리를 전개했다. 여기서 모어는 현실주의자고 라파엘은 이상주의자다. 미지의 나라를 많이 여행한 라파엘은 모어에게 이상향인 섬나라 유토피아에 대해 이야기했다. 모어는 라파엘의 말을 들으면서 때로는 동의하고 때로는 반대했다.

　당시 영국 사회에서는 초기 자본주의가 태동하면서, 돈에 대한 탐욕을 모든 사회악의 근원으로 보고 있었다. 양모(羊毛)를 이용한 모직 기계가 개발되면서 지주들은 양털을 수출해 얻는 수입이 농작물보다 커지자 양을 더 많이 기르기 위해 넓은 농토를 모조리 목초지로 만들려 했다. 지주들은 농민에게 빌려준 땅뿐 아니라 공동 경작지까지도 인클로저(enclosure, 울타리)를 치고 양을 풀어놓았다. 그 바람에 농경지에서 쫓겨난 농민들은 강도나 도적이 되거나 도시로 흘러들어가 저임금 노동자가 되었다. 그래서 모어는 유토피아에서 '양이 사람을 잡아먹는다'라는 표현을 썼다. 이런 현상을 '인클로저 운동'이라고 한다. 인클로저 운동은 새로운 산업이 발전할 때 기존 산업이 타격을 받는 전형적 현상이다.

　모어를 존경하던 헨리 8세의 등용으로 모어는 1521년 하원의장을 지내고, 1529년 대법관에 올라 일반인으로서 최고의 영예를 누린다. 그러나 헨리 8세가

《유토피아》 초판

가톨릭 신자인 왕비와 이혼하고 영국 국교회의 수장이 되려고 하자 모어는 극구 반대했다. 영국사에서 헨리 8세는 가장 강력한 왕권을 휘두른 왕이었다. 그런 왕에게 도전한 모어는 대역죄로 몰려 사형을 선고받았다.

소설 속의 유토피아는 권력싸움이 횡행하는 현실에서는 존재하지 않았다. 모어도 권력자와 멀어지는 순간 디스토피아를 만나게 되었다. 그런데도 모어는 당당했다. 아무리 세상이 디스토피아라 하더라도 신념을 지킨 자기 내면의 세계는 유토피아였기 때문이다.

그는 단두대에 설 때 턱수염이 칼날에 잘리지 않도록 제치며 재치 있는 유머를 남겼다.

"내 수염은 아무 잘못이 없어."

동이족의 원시공동체

유토피아에 나오는 이상적 공동사회는 지구 어디에도 없다. 하지만 동이족의 선조로 신석기 시대에 한반도에 들어온 원시인들의 공동체는 비교적 유토피아에 가까웠다.

동이족은 오월에 밭일을 마치면 항상 하늘에 제사를 지냈다.

> 밤낮 무리를 지어 춤추며 노래 부르고 장단을 맞춰 땅을 밟는다. 시월 추석이 끝나도 이와 같이 했다.
>
> 《진서 동이전(晋書 東吏傳)》

동이족의 3대 발명품(온돌, 김치, 윷놀이)

　동이족이 사소한 일에서도 흥을 찾아내고 노래와 춤으로 표출하는 모습이 《진서》를 비롯한 《후한서(後漢書)》, 《삼국지(三國志)》 등 중국 고서들에 기록되어 있다. 이때의 동이족은 서양의 플라톤이나 루소, 토마스 모어가 상상한 이상사회에 비교적 가까웠을 것이다. 먼 조상이 농사철과 상관없이 사시사철 음주 가무를 즐겼듯 우리 핏속에는 신명 나는 삶을 추구하는 유전자가 전해졌다. 흥을 추구하는 한국인의 끼는 세계적인 케이팝(K-Pop) 열풍도 일으켰다. 음악뿐 아니라 한국의 드라마, 방송, 게임 등 다양한 분야에는 흥을 돋우는 한국인만의 독특한 정서가 들어 있다.

　동이족의 주류는 바이칼 호에서 들어온 신석기인들이다. 이들이 들어오기 전 한반도에 살았던 구석기인은 동이족과 어떤 관계일까?

　1977년 평양시 역포에서 10만 년 전 구석기 시대 소녀의 화석이 발견되었다. 7~8세로 추정된 소녀의 화석은 발견된 장소의 이름을 따서 '역포인'이라 부른다.

동굴 천장에서 흘러내린 알칼리성 석회수가 소녀를 화석으로 굳혀놓았다. 이 동굴에서 원시인들이 사냥했던 코끼리나 코뿔소 같은 큰 동물의 화석도 함께 발견되었다.

이들 구석기인들과 바이칼 호에서 들어온 신석기인들과의 관계에 대해 두 가지 견해가 있다. 예전에는 한반도의 기후가 상승하여 추운 곳에서 살던 짐승들이 사라지자 이들을 잡아먹던 구석기인도 함께 떠났다고 여겨졌다. 이렇게 되면 한반도에 신석기인들이 들어올 때까지 수천 년의 공백기가 생긴다. 최근 구석기와 신석기의 교량 역할인 중석기의 유물이 발견되자 구석기인들과 신석기인들이 어떤 방식으로든 연결되었을 것이라는 주장이 커지고 있다. 그렇다면 역포인은 한반도의 이브인 셈이다.

빙하기가 끝나기 전, 달리 말해 구석기 시대는 한반도와 중국이 붙어 있었다. 일본조차 열도가 아니라 한반도와 큰 호수 하나를 사이에 두고 연결되어 있었다.

빙하기가 끝나고 얼음이 녹자 해수면이 100미터 이상 올라가며 비로소 호랑이 모양의 한반도 형태가 형성되었다. 삼면에 물이 차올라 바다가 되며 반도와 중국·일본을 갈라놓았다. 빙하기가 막 끝나던 시기에 중국과 한국을 도보로 오가던 사람들이 잠시 쉬던 백령도 주변에도 물이 차오르기 시작했다. 이때 미처 빠져나오지 못하고 머물며 남긴 석기시대 유물이 많이 나온다.

빙하기에 한반도에서 살던 매머드 등이 조금씩 날씨가 풀리자 사라지고 대신 물소, 원숭이, 하이에나, 쌍코뿔소 등이 나타나 주요 사냥감이 되

서울 암사동 신석기 주거지

었다. 날씨가 더 따뜻해지자 더 작은 짐승들이 나타났고, 이 짐승들을 잡기 위한 활, 화살촉이 만들어졌다.

빙하기 후 비로소 농경 생활이 시작되었다. 주거 생활도 급격히 변화하며 비로소 '움집'이 등장했다. 햇볕이 잘 드는 남향에 입구를 만들고 60센티미터가량 원형으로 바닥을 판 다음 지붕을 덮었다. 이런 집은 한 집마다 네다섯 명 정도가 살기에 적합했다.

한반도의 신석기는 기원전 1만 년경부터 4천 년 사이에 걸쳐 있다. 이후 씨족 중심으로 군집 생활을 하면서 차츰 부족사회로 발전했다. 이때 대

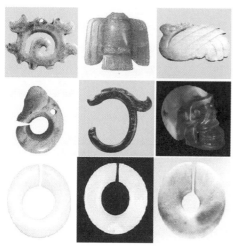
홍산의 옥기

륙 지방에서 동쪽으로 진출한 민족이 예맥족(濊貊族)이었다. 한족(漢族)이 이들을 부를 때 동이족이라고 했으며, 하늘에서 비롯되었다는 뜻으로 한족(韓族)이라고도 했다.

동이족은 산둥반도를 지나며 만주족인 숙신족(肅愼族)을 몰아내고 한반도 구릉지대와 흑룡강(黑龍江) 유역 등에 정착했다.

황하 중류에서는 화하족[(華夏族, 한족(漢族)의 원류가 되는 민족)]이 일어나 비옥한 하류 지역을 차지했다. 기원전 6000년부터 동이족이 한반도와 산둥성(山東省) 일대를 장악했고, 화하족은 산시성(陝西省)을 중심으로 황토 고원을 장악했다.

그 당시 동이족이 발해만 지역에 이룩한 홍산문화(紅山文化)의 옥 귀고리, 옥도끼를 비롯한 옥기(玉器)나 성터 등의 유물들이 한반도의 신석기유물과 거의 일치한다.

중국 요서 지역인 네이멍구 자치구 츠펑시(赤峰市)에 적철광으로 뒤덮인 붉은 색의 홍산이 있다. 여기서부터 홍산 유적지가 발굴되기 시작했다. 옛날 이 지역은 고조선과 고구려 영토였다. 주로 수렵과 어업 위주였던 구석기 시대는 식물 재배와 가축 사육이 시작되면서 신석기 시대로 넘어갔다.

동북 지역의 수렵민이 처음으로 농경 문화와 만난 곳이 바로 홍산이다. 홍산의 동이족들은 남녀노소 옥 귀고리를 즐겨 착용했고 질그릇을 사용했다. 그릇은 입구가 넓고 속이 깊은 대구심복관(大口深腹罐) 형태다. 동이족의 토템은 새이며, 종족을 나타내는 깃발에 사용했다. 돼지를 길러 식용으로 사용했고, 그 때문에 사람을 매장할 때 함께 묻는 대상에서 돼지는 제외했다. 고대인들의 고유한 풍속을 파악할 때 매장 의식은 매우 중요한 자료다.

중국 고대인의 매장 풍속은 처음에는 땅을 파고 시신을 묻는 토광묘(土壙墓, 흙무덤)였다가 주(周)나라에 와서 나무 관을 사용하는 목곽묘(木槨墓)로 변했다. 이와 달리 홍산문화는 처음부터 석묘(石墓, 돌무덤) 위주였다. 고인돌은 석묘가 지상으로 치솟은 것이다. 홍산문화는 황하문명보다도 훨씬 앞서 존재했다. 고조선을 비롯해 고구려나 부여의 묘도 이 홍산문화를 이어받아 석묘 방식이다.

고인돌

03
치우의 한족(韓族), 황제의
한족(漢族)과 싸워 120전 전승하다
- 아테네와 아레스의 싸움

　　　　　경주 지방에서는 '두두리(豆豆里)'
라는 신이 오랫동안 민간 신앙으로 전해 내려왔다. 두드린다는 뜻의 '두
두리'는 도깨비방망이라는 뜻도 있다. 조선시대까지 사람들은 자신의 집
에 신당을 차려놓고 두두리 신을 모셨다고 한다.

치우천황을 캐릭터로 삼은 '붉은 악마'

　　　이 두두리는 도깨비 대왕이라
불리는 동이족의 치우천황(蚩尤
天皇)에서 비롯되었다. 치우천
황은 광산에서 주석과 철을 캐
내 창과 칼, 갑옷과 투구를 만들
었다. 이때 대장간의 뜨거운 불
로부터 얼굴을 보호하기 위해
뿔 달린 소머리 모양의 가면을

썼다. 이것이 후에 투구가 된다. 치우가 소
머리 가면을 쓰고 전쟁터에 나타나기만 하
면 아무리 흉악한 적장도 두려움에 떨었다.
치우천황은 가히 전쟁의 신이었다. 중국의
가장 오래된 지리서 《산해경(山海經)》에도
'치우작병벌황제(蚩尤作兵伐黃帝)', 즉 치우
가 병사를 모아 황제를 정벌했다고 기록되
어 있다.

구스타프 홀스트

　그리스신화에도 전쟁의 신이 있다. 올림
푸스 열두 신 중 아테나(Athena)와 아레스
(Ares)다. 두 신의 이름은 로마시대로 와서 아테나는 미네르바(Minerva),
아레스는 마르스(Mars)라 부르기도 한다. 마르스는 태양계 행성 중 하나
인 화성이라는 뜻도 있다. 영국 작곡가 구스타프 홀스트(Gustav
Theodore Holst, 1874~1934)의 관현악 모음곡이 '행성(The Planets)'인데
이 작품의 첫 번째 곡은 '수성(Mercury)'이 아닌 '화성(Mars)'이다. 리듬
이 행진풍이며 불타는 듯한 음향이어서 치열한 전쟁을 연상케 한다. 이
곡은 하늘의 별과 우주를 연구하거나 관심이 많은 사람들이 즐겨 듣는다.
　전쟁의 신 아레스와 아테나는 전쟁의 목적과 방식도 판이하게 다르다.
여신 아테나는 전략적인 목적으로 전쟁을 치른다. 아테나의 상징은 올빼
미와 올리브인데 주로 방패를 이용해 적의 공격을 물리친다. 이에 비해
아레스는 명분도 없이 파괴와 폭력을 위해 전쟁을 치른다. 전쟁 자체를
즐기는 아레스의 상징은 바로 무조건 밀어붙이는 멧돼지다.

그래서 아테나와 아레스가 붙으면 아테나가 백전백승했다. 아레스는 항상 아테나에 비해 전략과 지혜가 뒤떨어졌다. 아레스와 달리 지혜로운 아테나는 화가 날 때 성급히 결정하지 않았다. 또한 지나치게 기쁠 때 쉽사리 약속하지 않고, 슬픔이 깊을 때 감정적으로 판단하지 않았다.

트로이전쟁에서도 아레스가 연인 아프로디테를 위해 트로이를 도왔으나 아테네의 지원을 받은 그리스에게 패배했다.

스파르타의 왕 메넬라오스와 왕비 헬레네는 그리스 최고의 미녀였는데, 트로이의 왕자 파리스가 그녀를 데리고 도망갔다. 헬레네를 되찾기 위해 그리스 원정대가 결성되고 총 사령관은 메넬라오스의 형인 아가멤논이 맡았다.

그리스 원정대와 트로이의 전쟁이 10년간 지속되어도 끝나지 않자, 원정대가 커다란 트로이 목마를 남겨두고 일제히 철수했다. 이 위장 전략에 넘어간 트로이 사람들이 성문을 열자 목마 안에 숨어 있던 원정대 군사들

트로이전쟁

이 일시에 쏟아져나와 성 안을 점거했다. 그리스의 승리는 아테네의 승리였고, 트로이의 패배는 아레스의 패배였다. 트로이전쟁은 완력이 최고인 전쟁에서도 지혜로 얼마든지 힘을 누를 수 있다는 교훈을 준다.

군신(軍神) 아레스는 일단 화가 나면 물불을 가리지 않고 멧돼지처럼 돌진했다. 어느 날 사랑의 신인 에로스가 활을 가지고 놀다가 실수로 어머니인 아프로디테에게 화살을 쏘고 말았다. 아프로디테는 이 화살을 뽑기도 전에 나타난 청년 아도니스를 보고 사랑에 빠졌다. 아프로디테가 아도니스를 사랑하자 이에 질투를 느낀 아레스는 멧돼지로 변해서 연적(戀敵)을 죽였다. 아도니스가 죽은 자리에는 아네모네 꽃이 피어났다.

서양에 두 전쟁의 신이 있었다면 동양은 동이족의 치우천황과 한족의 황제헌원(黃帝軒轅), 두 전쟁 영웅이 있었다. 치우를 아테네에 비유한다면 황제 헌원은 아레스에 비유할 수 있다.

동이족의 여러 갈래

동이족의 후예들은 한반도 곳곳에 치우 사당을 세웠다. 조선의 태조 이성계는 뚝섬에 치우 사당을 지어놓고 사냥할 때마다 제사를 지냈다. 이순신 등 장수들도 출전하기 전 이 사당에 들렀다.

동이족은 아홉 씨족으로 구성되어 있었다. 견이(畎夷), 백이(白夷), 적이(赤夷), 현이(玄夷), 풍이(風夷), 양이(陽夷), 우이(于夷), 방이(方夷), 황이(黃夷)이다. 이 중 방이족은 후에 탐라와 대만을 거쳐 일본 열도로 이주해 왜인(倭人)이 되었다. 아홉 개의 씨족 단위로 이루어진 동이족이 퍼져 사는 지역을 통칭 조선이라 불렀다. 이들은 세 가지 특징을 지녔다.

첫째, 주로 강을 끼고 살기 좋아했다. 압록강 유역에서 쑹화, 랴오허, 황허 강까지 물이 넘실대는 강가에 부족의 터전을 잡았다.

둘째, 하늘의 신을 숭배했다. 이를 '환인(桓因)'으로 불렀다.

셋째, 오훈(五訓)을 중시했다.

> 성신불위(誠信不僞) 거짓 없이 성실하여 믿음이 있을 것
>
> 경근불태(敬謹不怠) 공경하고 삼가되 나태하지 말 것
>
> 효순불위(孝順不違) 효도하고 순종하되 거스르지 말 것
>
> 염의불음(廉義不淫) 염치와 의리를 지켜 음탕치 말 것
>
> 겸화불투(謙和不鬪) 겸손하고 화목하여 다투지 말 것

동이족은 기원전 2707년경 능력과 신망을 갖춘 치우를 천황으로 추대하였다. 치우가 다스리면서부터 동이족은 날로 번창했다. 이때부터 사회적으로 우세한 집단이나 개인이 형성되며 무덤인 고인돌이 등장했다. 한편 황허 강 유역에서 농사를 시작한 화하족도 차츰 번창했다.

이를 지켜보던 치우는 화하족을 제압해야겠다고 결심하고 갈로산(葛盧山)에서 쇠를 캐내어 병기를 만들고 군사를 길렀다. 이들을 데리고 일 년 동안 화하족 12부족을 점령했다.

간담이 서늘해진 화하족이 황제를 임금으로 추대해 치우와 맞서게 했다. 그러나 아직 석기시대 무기를 지닌 화하족은 청동기 무기로 무장한 치우의 군대를 이길 수는 없었다. 무려 10년 동안 73회를 싸워 연패한 후에야 비로소 황제는 치우를 따라 청동 병기를 만들었다.

그리고 두 세력은 대륙을 놓고 기원전 2700년경 허베이 성 탁록(畒鹿)의 들판에서 크게 부딪쳤다. 이것이 동아시아 최초의 대규모 전쟁이다. 치우는 붉은 색의 염초를 태워 안개로 들판을 가득 채우며 동시에 황제의 군대를 공격했다. 황제군은 정신이 아득하고 손이 떨려 대항하지 못하고 속수무책으로 당할 수밖에 없었다.

이때 황제가 자석을 이용해 남쪽 방향을 가리키는 인형을 만들어 겨우 피신했으나, 병사들의 피가 백 리에 걸쳐 흘렀다. 이를 지켜본 치우는 죄 없는 화하족의 백성들을 더는 죽일 수 없다며 되돌아갔다. 이후에도 47회를 더 싸웠으나 언제나 동이족이 승리했다. 황제는 치우를 한 번도 이기지 못한 천추의 한을 품고 죽었고 그 후에도 치우는 80년을 더 살아 151세에 운명했다.

이후 화하족은 최초의 세습 왕조인 하(夏)나라(기원전 2070~기원전 1600)를 건국했다. 17대 걸왕(桀王)이 무희 말희(末喜)에게 빠져 폭정을 일삼자, 탕왕(湯王)이 쿠데타를 일으켜 상(商)나라(기원전 1600~기원전 1400)를 세웠다.

화하족을 완전히 누른 치우천황은 수도를 청구(青丘, 산둥반도)로 옮겼다. 《산해경(山海經)》에 '청구의 나라에 구미호가 있다(青丘國 其狐四足九尾)'라는 내용이 있는데, 당시 화하족이 동이족을 얼마나 두려워했는지 알 수 있다. 치우는 한국뿐 아니라 중국을 비롯한 동아시아 최고의 무신(武神)이 되었다. 한고조(漢高祖) 유방(劉邦)도 항우(項羽)와 전쟁을 벌이기 전 치우에게 제사를 지냈고, 항우를 물리친 후 장안에 치우의 사당을 지었다.

04
산신령 단군왕검, 그 신화를 닮은 일본 신화

동서양 어느 나라든 건국신화가 있다. 고대 신화들은 지역별로 특징이 있는데, 북방 유목 민족 신화에는 천신강림(天神降臨)이 많고 남방 농업 국가들의 신화에는 난생설화(卵生說話)가 많다.

중국의 건국신화는 다음과 같다. 아주 먼 옛날에는 하늘과 땅이 달라붙어 알처럼 생겼었다. 그 알 속에서 무려 1만 8천 년 동안 잠만 자던 거인 반고(盤古)가 어느 날 알을 깨고 나오면서 알이 하늘과 땅으로 나뉘었다. 반고는 하늘이 무너질까봐 온몸으로 이고 버틴 채 또 1만 8천 년을 보냈다. 이 시기에 가벼운 하늘은 차츰 높이 올라가고 무거운 땅은 점점 가라앉아 하늘과 땅 사이가 9만 리나 떨어졌다. 그제야 반고가 안심하고 대지에 누워 휴식을 취하다가 그대로 사라지면서 반고의 숨결은 바람과 구름이 되고, 좌측 눈은 태양, 우측 눈은 달이 되었다. 몸은 산과 강이 되고 목소리는 천둥으로 변했다.

이처럼 반고가 천지를 개벽한 후에 하늘의 여신 여와(女媧)가 땅에 내려왔다. 여와는 나무도 없는 세상에 홀로 앉아 물가에 비친 자기 모습을 보고 흙으로 자신과 닮은 인형을 만들었다. 그 인형의 코에 숨을 불어넣자 살아 움직이는 사람이 되었다. 여와와 그녀의 오빠이자 남편인 복희에

—— 여와, 복희 그림

의해 시작된 인간의 역사는 신농, 황제 등 삼황오제(三皇五帝)로 이어진다.

일본 건국신화는 한국의 건국신화를 패러디한 느낌이다.

태초에 혼돈의 바다가 있었고 세 신령이 세상을 창조하기 위해 이자나기(伊耶那岐)와 이자나미(伊耶那美) 남매 등 많은 신을 만들었다. 이자나기는 신령으로부터 보석으로 된 마법의 창을 받는다. 이 창으로 혼돈의 바다를 한참을 휘젓다가 꺼냈는데, 창끝에 묻은 물방울이 다시 바다 속에 떨어져 일본열도가 되었다. 그 후 이자나기는 이자나미와 결혼했고 거기서 규슈, 혼슈 등의 섬을 낳았다. 이자나기는 계속 여러 신을 낳던 중 불의 신을 낳다가 타죽고 말았다.

세 신령은 하늘의 자손이 지상을 다스려야 한다며, 니니기노미코토(瓊瓊杵尊)에게 삼종신기(三種神器, 거울, 옥, 검)를 주어 지상으로 보냈다. 니니기노미코토의 직계 증손자가 바로 일본 초대 천황 진무(神武)다.

지금도 일본 황실은 삼종신기를 제일 귀한 물건으로 다룬다. 일본의 삼종신기를 보면 환웅이 청동 거울, 청동 검, 청동 방울을 뜻하는 천부인(天符印)을 가지고 내려온 단군(檀君) 설화의 흔적이 보인다.

제일 오래된 경구, 쑥덕공론

여름이 막 시작되는 날, 음력 5월 5일은 단오(端午)다. 마침 모내기를 마치는 시기와도 겹친다. 그래서 단옷날에는 남녀노소가 새 옷을 입고 즐겁게 논다. 이날을 '수릿날'이라고도 하는데 수리는 '신(神)' 또는 '수레바퀴'라는 뜻이다.

요즘이야 바퀴가 흔한 물건이지만 고대로 올라갈수록 사람과 짐을 싣고 먼 곳까지 굴러가는 바퀴가 신기하고 귀했다. 수레바퀴처럼 인생도 수월하게 굴러가라는 의미로 단오를 지냈다.

음력 5월이면 비가 자주 내리기 시작해 날씨가 습해지면서 전염병이 유행하기 쉬웠다. 이를 예방하기 위해 연못가나 도랑에 많이 자라는 창포로 머리를 감고 창포로 빚은 약주와 떡을 먹고 마셨다. 실제 창포에는 약성(藥性)이 있어 효과가 있다. 여인들은 붉은 창포 뿌리를 깎아 비녀를 만들어 머리에 꽂았다. 아이들은 구슬처럼 깎은 창포 뿌리를 실에 매달아 목에 걸고 다녔다. 성인 남자들은 소위 '액땜'을 한다며 창포 뿌리를 허리에 찼다.

모든 재앙은 귀신들이 일으킨다고 믿었던 고대인들은 창포로 나쁜 기운을 몰아낸 후 좋은 기운을 받아들이기 위해 쑥떡을 먹었다. 설날에 떡국, 추석에 송편을 만들듯이 단오에는 쑥떡을 만들었는데 이때 떡 위에 수릿날을 상징하는 수레바퀴 모양의 무늬를 찍었다.

우리 조상들은 언제부터 단오에 쑥떡을 먹었던 것일까? 송사(宋史)에 나오는 고려 풍속 중 단오 때 쑥떡을 만들어 먹고 그네를 탔다는 기록이 있다. 발해의 요동 풍속이나 삼국시대의 풍속에서도 단옷날에는 쑥떡 음식을 먹었다. 역사를 더 거슬러 올라가면 고조선의 단군이 나온다. 우리 민족은 단군 때부터 이날을 최고의 명절로 지켜왔는데 쑥떡은 태백산 동굴 속에서 유래됐다고 했다. 그 배경을 살펴보자.

청동기가 사용될 무렵 우리나라 최초의 국가인 고조선(기원전 2333~기원전 108)이 건국되었다. 그 즈음에 중국은 요 임금이 다스리고 있었다.

이 시대의 주거는 반 움막이었다. 신석기 시대보다는 주거 문화가 여러 면에서 발전했다. 일단 방바닥이 원형에서 직사각형으로 변했고, 자연히 지붕도 원형에서 사각형이 되었다. 방 중앙에 하나만 두었던 화덕도 두세 개 더 늘려 방 변두리에 놓았다. 또한 고인돌과 비파형 청동검은 고조선을 대표하는 유물이다.

단군의 고조선은 배달국(倍達國) 신시(神市) 시대를 뒤이었다. 배달은 '밝다'에서 비롯된 말로 '한님', 즉 만물의 근원이며 밝은 빛의 근원이 다스린다는 의미다.

신시 시대 1대 환웅은 거발한(居發桓, 기원전 3923~기원전 3897)이다. 이후 14대 치우천황과 15대 치액특(蚩額特, 기원전 2598~기원전 2509), 16대 축다리(祝多利, 기원전 2509~기원전 2453), 17대 혁다세(赫多世, 기원전 2453~기원전 2381)를 거쳐 18대 거불단(居弗檀, 기원전 2381~기원전 2333)까지 지속되었다.

신시의 마지막 환웅 거불단이 웅씨족(雄氏族)의 딸과 결혼해 박달나무 아래서 태어난 아들이 바로 단군이다. 그때가 기원전 2370년 5월 2일이었다. 본래 배달족에게는 삼신(三神) 사상이 있었다. 하늘에 계신 천신(天神)인 환인(桓因), 땅에 계신 지신(地神), 그 가운데 있는 인신(人神)을 믿었다. 여기 인신이 곧 단군(檀君)이자 천황(天皇)이다. 단군과 천황은 배달족이 부르는 최고의 존칭이었다.

거불단 환웅이 전쟁 중에 82세로 붕어(崩御)하자, 38세의 단군이 그 뒤를 이었다. 고대 국가마다 탄생 설화가 있듯 단군도 고조선의 시조답게 신화적 인물로 격상되어 전승되었다. 이후 부여, 고구려, 백제, 신라 등 한반도 고대 국가들의 시조 설화에도 모태가 된다.

먼 옛날 하느님인 환인(桓因)에게 아들 환웅(桓雄)이 있었다. 어느 날 환웅은 환인에게 "세상에 내려가 널리 인간을 이롭게 하겠다"고 청했다. 환인은 환웅에게 천부인을 주며 세상에 내려가도록 허락했다. 환웅은 3천 명의 무리를 이끌고 태백산(太白山) 꼭대기 신단수 아래에 내려와 신시(紳市)를 열었다. 환웅은 바람과 구름과 비를 다스리는 관리인 풍백(風伯), 운사(雲師), 우사(雨師)를 거느리고 인간들에게 곡식, 질병, 수명, 선악, 형벌 등 360가지를 가르치며 세상을 교화했다.

그러던 어느 날 곰 한 마리와 호랑이 한 마리가 찾아와 사람이 되게 해 달라고 빌었다. 환웅이 이들에게 마늘 20개와 쑥 한 줌을 주며 말했다.

"큰 동굴에 들어가 백일 동안 햇빛을 보지 말고 이것만 먹고 견디면 사람이 되리라."

어두컴컴한 동굴 속으로 들어간 곰과 호랑이는 인간이 되기 위해 마늘과 쑥만 먹기 시작했다. 성질 급한 호랑이는 며칠을 참지 못하고 뛰쳐나왔고 곰은 꿋꿋하게 견뎌냈다.

그 후 곰은 삼칠일(三七日, 21일) 만에 여자가 되어 '웅녀(熊女)'라 불렸다. 환웅은 이 웅녀와 결혼하여 '단군왕검(檀君王儉)'을 낳았다. 동굴 속에서 곰이 백 일 동안 쑥만 먹고 참았더니 왕의 어머니가 되었다는 이 설화는 단군왕검이 곰을 수호신으로 둔 동이족의 후손임을 나타낸다.

단군은 기원전 2333년 평양성에 새 도읍을 정하고 나라를 세워 조선이라 불렀다. 그 후 도읍을 백악산(白岳山) 아사달(阿斯達, 길림성 장춘)로 옮겼다. 여기서 15년간 나라를 다스리다가 1908세에 마침내 아사달의 산신(山神)이 되었다. 이후 산은 한민족에게 무속적(巫俗的)인 곳이 되었다. 신라인들은 산마다 신이 있다고 믿었고 산이 높고 험할수록 강한 신이 거주한다고 여겼다. 그래서 신라의 왕들은 나라의 주요 절기나, 중대한 일을 앞두고 전국의 크고 험한 산을 찾아다니며 제사를 지냈다. 이후 한반도에 들어온 불교나 유교, 기독교 등 모든 외래 종교도 이 정서를 벗어나지 못했다.

여하튼 산속 동굴에서 마늘과 쑥만 먹고 여인이 된 웅녀가 낳은 아들이 한민족의 시조가 되고 후손을 지키는 산신이 되었다. 여기서 '숙덕공론'이라는 말이 나왔다. 지금은 이 말이 뒷이야기와 비슷한 뜻이지만 본래 누구나 따라야 할 공적 담론이라는 뜻이었다.

단군 이래 한민족은 해마다 단옷날이면 쑥떡을 먹으며 안녕과 행복을 기원했다. 쑥덕공론이야말로 반만년 역사를 지닌 최고(最古)의 숙어다.

05
고조선은 동방의 천자국이다

於阿於阿 我等大祖神(어아어아 우리 큰 조상님이시여,)

大恩德 倍達國我等皆(그 크신 은덕을 배달의 자손 모두가)

百百千千年 勿忘(백년, 천년, 만년 어이 잊으리오.)

고조선 시대에 최초로 기록된 한민족의 노래 〈어아가(於阿歌)〉다. 제정 일치 시대답게 제사 지낼 때 부르던 노래였다. 고조선은 제정일치 사회로 단군은 제사장을, 왕검은 통치자를 뜻했다. 단군이 1908년 살았다는 것 은 고조선의 존속 기간을 나타낸다.

청동기를 사용해 농업이 발달하며 잉여 생산물이 생겼다. 이에 따라 비 로소 계급과 사유재산 제도가 발생했다. 권력과 부를 쥔 부족장들이 주변 지역을 정복하여 국가 체제를 만들어가는 시대였다. 당연히 종족들 간의 분쟁이 잦아졌고 그때 불타버린 집들의 흔적이 지금도 많이 발견된다. 사람들은 나무로 만든 그릇으로 쌀밥과 콩, 팥, 조, 기장, 수수 등의 잡곡을 먹으며 민족 고유의 난방 시설인 온돌을 사용하기 시작했다.

> 相殺以當時償殺(사람을 죽인 자는 즉시 사형에 처한다.)
> 相傷以穀償(남에게 상처 입힌 자는 곡물로 배상한다.)
> 相盜者男沒入爲其家奴女子爲婢 欲自贖者人五十萬(도둑질한 자는 노비로 만들되, 만약 벗어나려면 50만 냥을 내야 한다.)

당시 고조선의 법률인 8조법 중 현재까지 전해진 3개의 규율이다. 이와 같은 법은 씨족사회인 원시공동체에서는 없던 것들이다. 원시공동체가 무너지고 지배 계급과 피지배 계급으로 나뉘며 지켜야 할 권리와 재산이 생겼다. 이때부터 지배 계층은 사유재산 보호 제도를 만들어 엄격하게 시행했다.

고조선 초기인 기원전 2050년경 메소포타미아 지역 수메르에서 현존하는 인류 최초의 성문법인 〈우르남무 법전(Code of Ur-Nammu)〉이 제정되었다. 300년 후인 기원전 1755년에는 바빌로니아의 〈함무라비 법전〉이 나왔다.

두 법전은 고조선 8조법과 더불어 1조가 살인자는 사형에 처한다는 내용 등 여러 부분에서 유사하다. 가장 큰 차이는 〈함무라비 법전〉이 철저히 '눈에는 눈, 이에는 이'라는 보복 철학이 깔려 있는 데 비해 수메르나 고조선 법전은 곡물 등으로 보상하도록 하고 있다는 것이다. 고조선의 8조법은 후대로 가면 69개 조항으로 대폭 늘어난다. 법이 늘어났다는 것은 그만큼 백성 간의 갈등이 심해졌다는 뜻이다.

고조선에서 시작된 거석 유적인 고인돌은 수백 명 이상을 동원해야만 만들 수 있었다. 이런 유적이 고조선의 영토인 만주와 한반도 전체에 산재해 있다. 이 시대의 유물로 비파형 동검, 미송리식 토기 등이 있다.

단군 신화는 역사적 사실을 은유적으로 함축하고 있다. 우리 민족의 뿌리인 예맥족 가운데 예족은 요동과 요서에 걸쳐 거주하며 호랑이를 숭배했다. 그 서쪽으로 강원도와 북만주, 시베리아에 맥족이 곰을 숭배하며 살았다. 두 민족이 합해져 한 민족이 되면서 곰을 숭배하는 맥족이 고조선의 중심 세력이 되었다. 이를 백 일 동안 동굴 속에서 견뎌낸 곰이 단군의 어머니가 되었다고 표현한 것이다.

환웅이 내려온 신단수(神檀樹)는 명산대천을 숭배하며 전국 각지에서 마을을 지키는 서낭당의 풍속으로 남아 있다.

비파형 동검 | 미송리식 토기

기원전 1000년경에 고조선은 요하 유역과 대동강 일대의 여러 성읍을 병합한 거대 연맹왕국이 되었다. 이후에도 영토를 계속 확장해 기원전 4세기경 요하를 사이에 두고 중국의 전국 7웅 가운데 하나인 연나라와 맞서고 있었다.

고조선이 최강일 때의 영토는 서쪽으로 북경 근처의 난하(灤河)와 내몽골 일부까지 이르렀고, 북쪽으로 흑룡강(黑龍江), 남쪽은 한반도 남부 해안까지 차지했다.

이 시기 중국은 하(夏)나라, 상(商)나라, 주(周)나라를 지나 춘추전국시대(春秋戰國時代)와 진(秦)나라까지 이른다. 이 기간 고조선은 중국 역대 국가들과 우호적이었으며 오히려 중국에서 고조선의 왕을 초청해 융숭히 대접하기도 했다. 특히 하나라, 상나라 시절에는 고조선의 왕이 동방의 천자 노릇을 했다. 그렇기 때문에 순(舜)임금이 기원전 2285년에 즉위하자 즉시 단군을 찾아 알현했다.

> 순수견동방군장(舜巡見東方君長), 순이 동방을 순례하며 동방의 임금을 찾아 뵈었다.
>
> – 사마천의 《사기(史記)》 중 〈오제본기(五帝本紀)〉

고조선의 영웅 해모수

고조선이 남긴 풍속 중 고조선의 진졸(津卒) 곽리자고(藿里子高)의 아내 여옥(麗玉)이 남긴 〈공무도하가(公無渡河歌)〉가 있다. 이 노래는 신화적 세계관 속에서 연속적 질서 의식으로 살던 고대인들이 차츰 불연속적인 현실을 자각하는 내용이다.

곽리자고가 어느 날 배를 저어 강을 건너는데 웬 노인이 온통 백발을 풀어 헤치고 술병을 든 채 세찬 강물을 건너려 했다. 노인의 아내가 쫓아와 만류했으나 노인은 듣지 않고 강물을 건너다 익사했다. 남편이 죽자 아내는 강가에 주저앉아 공후(箜篌)를 타며 구슬피 노래 불렀다.

公無渡河(내 님아 강을 건너지 마오.)
公竟渡河(그예 님은 물을 건너네.)
墮河而死(끝내 물에 빠져 돌아가시니)
當奈公何(아아 내 님아 이를 어이하리.)

노래를 마친 후 아내도 강물에 몸을 던져 남편의 뒤를 따랐다. 이 광경을 곽리자고가 아내 여옥에게 전해주자 여옥이 공후를 타며 노래를 지어 불렀다.

물에 빠져 죽은 노인 부부나 곽리자고 부부는 강가에 사는 평범한 사람들이었다. 이처럼 고조선은 가사 문학이 발달해 귀족이 아닌 평민도 즉석에서 악기를 타고 노래를 부를 수 있었다. 이때 이미 한민족 전통 악기의 근간인 현악기, 북, 방울, 피리 등이 보급되었다. 이 또한 전쟁과 침략으로 얼룩진 고대사에서 단군조선이 얼마나 강력하고 안정되어 있었는지 보여준다.

이처럼 강력했던 고조선이 기원전 3세기에 서서히 기울기 시작하며 중국의 도적 떼들이 고조선에 출몰했다. 이때 고조선의 장수 해모수(解慕漱)

가 까마귀 깃털로 만든 모자를 쓰고서 이들을 물리쳐 한민족의 영웅으로 떠올랐다.

고조선이 계속 쇠퇴하자 해모수는 기원전 238년 웅심산(熊心山, 길림성)에서 하늘에 제사를 지내고 스스로 왕이 되어 북부여를 건국했고 이후 기원전 195년까지 약 43년간 통치했다.

고조선이 약화일로를 걸으며 광대한 땅이 무주공산처럼 되어갈 때, 중국에서는 기원전 2세기에 이르러 걸출한 두 왕이 등장하며 강력한 국가를 건설했다. 그들은 바로 만리장성을 쌓은 진시황(秦始皇, 기원전 259~기원전 210)과 진황한무(秦皇漢武)로 불리는 한무제(漢 武帝, 기원전140~기원전 87)였다.

두 황제는 강성한 중국의 상징적 황제로 추앙받는 등 여러 모로 비슷한 점이 많다. 진시황은 중국 역사상 처음으로 통일 제국을 수립했고, 한 무제는 2,000년 이상 지속될 중국의 통치 시스템을 만들고 강토를 확보했다. 또한 두 황제 모두 불로장생을 얻으려 영약과 미신에 집착하다가 몰락했다.

진시황이 불로초를 손에 넣기 위해 전 세계에 보낸 사람들 중 서복(徐福)이 한국의 봉래산에 와 산삼을 가져가기도 했다. 불로초를 찾아 헤매던 진시황이 마흔아홉에 세상을 떠나자 각지에서 유방, 항우 등 영웅호걸들이 일어났다. 최후의 승자는 202년 항우를 물리친 유방, 한고조였다.

유방의 개국공신 중 으뜸은 '장자방(張子房)'이라고 불리는 장량(張良)이었다. 그는 제갈량과 더불어 중국 역사를 바꾼 2대 책사다. 세상 이치를 훤히 꿰뚫는 장량은 개국공신 한신(韓信)이 토사구팽당하자 물러나 후

장자제

난 성 깊숙이 숨는다. 그곳이 중국의 그랜드캐니언이라 불리는 장자제(張家界)다.

한무제도 진시황처럼 동방삭(東方朔)에게 불로초를 구해오라 했으나 결국 실패했고 북방의 2대 강국인 흉노족과 고조선 때문에 늘 골치만 아팠다. 특히 농사를 짓지 않는 흉노족은 가을이면 연례행사처럼 중국으로 쳐들어와 추수한 곡식을 약탈해갔다. 고조선이 약해졌다 하더라도 만일 흉노족과 뭉치면 한나라에게 엄청난 위협이 된다. 따라서 한무제는 어떻게 해서라도 고조선을 없애기로 결심하고 오랜 기간 침략 준비를 했다.

기원전 109년 한나라는 마침내 고조선을 침공했다. 그러나 고조선에 밀려 여러 차례 정벌 대장군을 바꾸어야 했다. 한무제는 다시 5만 군대를 보내 왕검성을 포위했다. 1년 가까이 대치 상태가 지속되는 가운데 고조선 내부에 내분이 생겼다. 이 분열을 틈탄 한나라 군대가 왕검성에 침입해 고조선의 마지막 왕 우거왕(右渠王)을 살해하고 4군을 설치했다. 한무제는 낙랑군(樂浪郡)을 중심으로 삼고 그 주위에 진번군(眞番郡), 임둔군

(臨屯郡), 현도군(玄菟郡)을 배치했다.

고조선을 무너트린 한무제는 요동 너머 북부여까지 침략했다. 당시 북부여의 왕은 4대 고우루였는데, 심약하여 제대로 대항하지 못하고 병사하자 북부여의 장수 고두막루(高豆莫婁)가 의병을 모아 한나라 군대를 쫓아내고 졸본(卒本)에서 스스로 동명왕(東明王)이라 칭했다. 이후 고두막루는 백성들의 추대를 받아 기원전 86년 북부여의 5대 고두막단군으로 즉위했다.

그러자 고우루의 동생 해부루는 동쪽 흑룡강 성 부근으로 이주해 동부여를 세웠다. 해부루가 늙도록 아들이 없어 산천에 기도하러 다니던 중 연못가 바윗돌 아래서 금빛 개구리 모양의 아이를 발견했다. 그 아이를 데려와 아들로 삼고 금와(金蛙)라 하였는데, 그는 후에 동부여의 2대 왕이 된다.

06
삼한의 오리 사랑
- 구스타프 클림트의 〈생명의 나무〉
그리고 프로메테우스

한무제는 고조선 옛 땅에 한사군을 설치해 직접 통치하고자 했다. 고조선 멸망 1년 뒤인 기원전 108년 평양과 그 주변 일대에 낙랑군과 4군을 두었다. 하지만 얼마 못 가 고조선 백성들의 민족적 자각이 일어나면서 엄청난 저항에 부딪쳤다.

제일 먼저 북부여의 고두막루가 한무제와 맞섰다. 그가 의병을 일으켜 한나라 병사와 싸우러 가는 곳마다 고조선 백성들의 호응을 받았다.

그 결과 진번군과 임도군은 기원전 82년에 폐지되었고, 현도군은 기원전 75년 요동으로 떠나야 했다. 나머지 낙랑군만이 겨우 명맥을 유지하였다. 이로써 한무제의 고조선 직접 통치의 꿈은 물거품이 되었고, 힘의 공백이 생긴 고조선 옛 땅에 여러 부족들이 각기 나라를 세웠다. 북방에 기존의 부여와 더불어 고구려(高句麗), 동예(東濊)가 일어났고 한강 이남에 마한(馬韓), 진한(辰韓), 변한(弁韓) 등 삼한(三韓)이 들어섰다.

부여는 쑹화 강 유역을 중심으로 만주 일대를 지배했다. 부여는 5(五)라는 숫자를 좋아했다. 전국을 왕이 직접 통치하는 왕성(王城)을 중심으로 동서남북 사방에 사출도(四出道)를 만들고 마가(馬加), 우가(牛加), 저가(豬加), 구가(狗加)로 하여금 다스리게 했다. 이후 부여에서 파생된 고구려와 백제 역시 수도와 지방을 5방(方)으로 구획하였다.

평화를 사랑하여 노략질을 하지 않았던 부여인들은 풍속도 매우 엄격해 간음이나 절도 등에 대해 엄벌했으며 영고(迎鼓)라는 제천 행사를 지냈다. 남자가 장가를 갈 때는 처갓집에 결혼 지참금으로 소나 말 등을 보냈다. 흰옷을 즐겨 입어 '백의민족(白衣民族)'이라 불렸으며 장례식 의복도 흰색이었고 5일장을 치렀다. 한여름에 시체가 부패하지 않도록 얼음을 넣었고(其死, 夏月皆用氷), 순장(殉葬) 제도가 있어 유력 족장이 죽을 때 노예를 중심으로 100여 명을 함께 묻었다.

동해안 방면에 자리 잡은 동예는 읍락을 산과 하천으로 구분하여 삼로(三老)가 우두머리 노릇을 했다. 주업은 농사였고 직조 기술이 발달했다. 함경도 일대의 옥저는 중앙에 왕이 없고 각 지방마다 현후(縣侯)가 맹주 노릇을 했다. 동예와 옥저는 고구려와 풍속, 언어가 비슷했으며 후에 고구려에 흡수된다.

한반도 남부에서 일어난 마한, 진한, 변한은 모두 철기 기술과 농경 기술이 상당히 발달했다. 이들 삼한이 일어난 시기는 초기 철기시대인 4세기로부터 300여 년이 지난 뒤였다. 옛 고조선에서 나온 유민들이 남부 지역에 내려와 삼한을 세우자, 이전부터 존재했던 목지국(目支國)이 처음 삼한을 조정하는 역할을 맡았다. 그러나 목지국은 3세기 전반에 소멸되었다.

삼한은 제정일치였던 고조선과 달리 제정(祭政) 분리 사회였다. 전문적인 제사장인 천군(天君)이 언덕 위의 소도(蘇塗)를 관리했다. 이곳에 큰 나무를 세워 북과 방울을 달고 종교 의례를 주도했다. 소도는 신정 지역으로 군장의 세력이 미치지 못해 죄인이 들어가더라도 잡아가지 못했다. 세 나라 모두 농경과 철제 기술이 발달해 파종이 끝난 4월에 기풍제(祈豊祭), 추수기인 10월에 추수 감사제를 지냈다.

소도에는 솟대를 세워 신성한 지역이라는 표시를 했다. 솟대는 나무 막대기 끝에 나무로 새를 깎아 세워서 만들었다. 어째서 그런 표시를 한 것일까?

삼한인들과 프로메테우스

종교학자 미르체아 엘리아데(Mircea Eliade)에 따르면 인류의 상징체계에서 나무는 우주의 중심이며 하늘과 땅, 그리고 천상과 지옥을 연결한다. 주기적으로 재생되는 나무는 죽음과 부활, 생명의 상징이다. 동물은 이 나무의 변형일 뿐이다. 하늘과의 소통은 오로지 나무를 통해서만 가능했다. 그래서 생명의 나무는 기독교의 경우에는 에덴동산 중앙에 있어야 했고, 세계의 기원과 지속과 불멸의 상징이자 불멸의 존재가 되었다. 오스트리아의 화가 구스타프 클림트의 명화 〈생명의 나무〉도 보는 이들을 천상으로 휘감아 올린다. 나무는 현실에 그대로 있으면서 동시에 다른 영역으로 순간 이동하는 매체의 상징물이다.

구스타프 클림트의 〈생명의 나무〉

　이처럼 나무가 하늘과 땅의 매개물이라면 새는 슈퍼맨처럼 자유롭게 날고 싶은 마음을 나타내는 대표적인 상징이다. 고조선인들은 신화적 세계관 속에서 하늘과 연결되고 싶으면서도 동시에 그 하늘이 상징하는 숙명을 벗어던지고 싶은 열망이 강했다. 저 드높은 하늘을 마음대로 어디든 날아다니는 새가 부러웠다. 그 꿈이 지금 세상에서 이루질 수 없다면 죽어서라도 새처럼 자유롭게 비상하고 싶었다.

　　장례식에 죽은 자가 훨훨 날아가도록 큰 새의 깃털을 사용했다.
　　《삼국지 위서 동이전(三國志 魏書 東夷傳)》

고조선을 계승한 마한, 진한, 변한의 삼한인들은 오리가 하늘과 물과 땅을 마음대로 오가며 자기 운명을 스스로 결정하는 존재라 믿었다. 그래서 그릇까지도 오리 모양으로 만들었다. 솟대는 천지인(天地人)의 조화이며, 솟대 위의 새는 슈퍼 히어로가 되고 싶은 상징적 기호였다. 솟대는 이 믿음이 우리 무의식 속에 내재되어 내려온 것이리라.

　마한은 경기도 일부, 충정도, 전라도 지역의 크고 작은 54개 부족이 모여 만들었고 진한은 강원도와 경상북도의 12개 부족, 변한은 경상남도 지역 12개 부족이 모인 것이다. 이들 78개 부족은 크게는 4~5천 가구, 작게는 600~700가구로 이루어졌고 삼한에 소속은 되어 있으나 각기 정치적 독립을 유지했다. 기원전 2세기~1세기 즈음인 이때는 초기 철기시대로 특히 변한에서 질 좋은 철이 많이 생산되어 일본, 낙랑에 수출했다. 이 시대 유물로 세형동검, 철제 도끼, 끌, 옹관묘(甕棺墓) 등이 있다.

　훗날 마한은 백제, 진한은 신라. 변한은 가야로 흡수되어 발전했다.

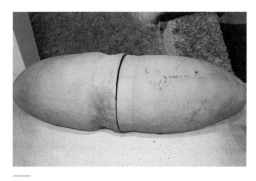

옹관묘

그리스신화에서 하늘의 신 우라노스(Uranos)와 땅의 여신 가이아(Gaea)는 결합해 많은 자녀를 두었다. 첫 번째 자식은 50개의 머리와 100개의 손을 가진 거인 헤카톤케이르 삼형제와 외눈박이 괴물 키클롭스 삼형제였다. 이들이 말썽을 부리자 우라노스는 자식들을 모두 타르타로스(Tartaros) 지옥에 가둔다. 이 때문에 괴로워하던 가이아는 티탄족 12명을 낳자 이들 중 막내이자 제일 용감한 크로노스(Cronos)에게 아버지 우라노스를 꺾도록 부추긴다.

우라노스에 의해 크로노스의 신체 일부가 잘리며 바다에 떨어졌다. 그러자 바다에 거품이 일며 아프로디테가 태어났다. 이때 우라노스가 크로노스에게 저주했다.

"너도 나처럼 네 자식에게 쫓겨나리라!"

그때부터 크로노스는 불안에 떨며 항시 큰 낫을 지니고 다녔다. 그리고 아내 레아가 아이를 낳을 때마다 모두 뱃속으로 삼켜버렸다.

레아는 여섯째 제우스를 임신하자 크로노스 몰래 크레타 섬으로 피신해서 아이를 낳았다. 어떻게 알았는지 크로노스가 찾아오자 그녀는 아이 대신 큰 돌을 포대기로 싸서 그에게 주었다. 크로노스는 이 돌을 아이로 착각하고 삼켰다.

몰래 자란 제우스에게 패한 크로노스는 삼켰던 자식들을 모두 토해냈다. 이들 형제자매와 힘을 합쳐 제우스는 아버지 세대인 티탄족들과 전쟁을 벌여 승리했다.

드디어 하늘의 패권을 장악한 제우스는 티탄족인 프로메테우스(Prometheus, 먼저 생각하는 자)와 그의 동생 에피메테우스(Epimetheus, 나중에 생각하는 자)에게 인간과 동물의 창조를 명령했다. 에피메테우스는 동물들을 만들고 각기 동물들에게 날개, 이빨, 발톱, 껍질, 그리고 용기와 민첩성 등 많은 재능을 나눠주었다. 그런 후 대지의 흙을 모아 물과 섞어 신의 형상처럼 인간을 만들었는데 막상 줄 것이 없었다.

사슬로 묶인 채 간을 쪼이는 프로메테우스

당황한 에피메테우스는 형 프로메테우스에게 도움을 청했다. 프로메테우스는 하늘로 올라가 불을 훔쳐 인간에게 주었다. 이 불로 인해 인간은 문명을 창조했다.

뒤늦게 알고 화가 치민 제우스는 프로메테우스에게 형벌을 내렸다. 그를 코카서스 산 바위에 묶고 자신의 상징인 독수리가 그의 간을 낮 동안에 쪼아먹게 했다. 밤이 되면 다시 간이 재생되며 이 형벌은 영원히 지속되었다.

그러면서도 제우스는 미래를 아는 프로메테우스에게 헤르메스를 보내 "하늘의 제왕 자리를 영원히 유지할 수 있는 비결을 알려주면 풀어주겠다."며 회유했다. 하지만 프로메테우스는 정의롭지 못하다며 거절했다. 매일 낮이면 독수리 떼에게 간이 뜯기고 저녁이면 다시 멀쩡해지는 고통의 세월이 30년쯤 흘렀을 때, 마침 근처를 지나던 헤라클레스가 나타나 화살로 독수리들을 쏘아 죽이고 쇠사슬도 끊어주었다. 솟대를 세웠던 삼한인들처럼 오랫동안 자유를 꿈꾸었던 프로메테우스는 결국 소원을 이룬 것이다.

2장

● ○ ● ●

삼국시대

01
님프의 아들 주몽,
소서노와 결혼하여 기반을 닦다

고구려 건국 신화에 의하면 고주몽 (高朱蒙)은 님프(Nymphe)에게서 태어났다. 고대인들은 산과 숲을 비롯한 자연 만물에 여러 정령(精靈)이 깃들어 있다고 보았다. 이러한 정령이 곧 서양에서는 요정(妖精), 즉 님프다.

그리스신화에서 제일 유명한 님프는 수다쟁이인 에코(Echo)다. 어느 날 바람둥이 신 제우스가 에코에게 부탁했다.

"내가 다른 님프들과 만나는 동안 아내 헤라가 찾아오거든 님프들이 달아나도록 붙들고 있어라."

제우스가 바람피우는 현장을 뒤쫓다가 드디어 알아낸 헤라가 들이닥치자, 에코는 뛰어난 말솜씨로 헤라의 혼을 빼놓았다. 그 사이 님프들은 도망가고 말았다. 에코의 속셈을 알게 된 헤라는 분노가 치밀어올랐다.

"네가 감히 내 남편과 작당해 나를 속이다니…… 네가 그토록 즐기는

말을 앞으로도 계속할 수 있게는 해
주겠다. 그러나 이제부터 너는 항시
남보다 먼저 말할 수 없고 남이 했
던 말을 그대로 반복할 수만 있게
될 것이다. 그것도 뒷말만."

그 후로 에코는 '메아리'의 요정
이 되었다.

숲속이나 강가의 님프는 험한 산
이나 바다 등의 님프들보다 아름답
고 명랑한 처녀의 모습인 경우가 많
다. 그러다 보니 신이나 인간과도
자주 사랑에 빠진다. 주몽의 아버지
도 강가의 요정과 사랑에 빠졌다.

광개토대왕릉비

한때 고구려 수도였던 지안 시(集
安市)에 우뚝 서 있는 광개토대왕릉비의 서문은 이렇게 시작한다.

惟昔始祖 鄒牟王之 創基也(옛날 옛적 시조 추모왕이 나라를 세웠도다.)
出自北夫餘 天帝之子 母河伯女郎 (북부여에서 나왔는데 천제의 아들이
며 어머니는 하백의 딸이었다.)

천제의 아들이 압록강인 아리수에 이르렀을 때 아리따운 처녀가 목욕
하는 것을 보았다. 천제의 아들은 졸본부여의 임금 고두막루(高豆莫婁)

였다.

고두막루가 태자에게 국정을 잠시 맡기고 북부여에서 쫓겨난 금와가 다스리던 동부여를 순시했다. 이때 동부여의 알하수 바위 틈에서 목욕하는 처녀를 본 것이다. 고두막루는 신하를 시켜 누구인지 물어보니, 강물의 신 하백의 딸 '유화'라 했다. 이는 고구려의 시조 주몽의 부계와 모계의 신성성을 강화하는 설화이다. 사실상 하백은 계루부의 지배자 중 한 사람이었다.

그날 마침 하백이 외출한 사이 고두막루는 유화의 집에서 하룻밤을 묵고 다음날 돌아갔다. 하백이 돌아와보니 딸이 자기 허락도 없이 인간과 정을 통했기에 집에서 쫓아냈다.

마땅히 갈 곳이 없던 유화가 태백산 남쪽 우발수(優渤水) 강가를 헤맬 때 동부여의 왕 금와(金蛙)를 만났다. 유화가 천제의 아들과 교제했다는 말을 듣고 천제의 아들이란 사실상 북부여의 왕임을 잘 아는 금와는 유화를 궁중에 구금했다.

어느 날 햇빛이 유화를 비췄는데, 유화는 님프답게 큰 알을 낳았다. 이 알에서 주몽(朱蒙, 기원전 59~기원전 19)이 태어났다. 이 설화에서 주몽의 어머니는 분명히 나오는데 아버지가 불분명한 것은 그때까지만 해도 모계사회의 영향력이 남아 있었기 때문이다.

광개토대왕 비문에 나오는 추모(鄒牟)는 주몽의 또 다른 이름이다. 추모란 어린 명궁을 일컫는 말이다. 동부여 금와왕 아래서 눈치 보며 자란 주몽이 7살 때 줄지어 날아가는 철새들을 화살 하나에 굴비 엮듯 쏘아 떨어뜨렸다. 그러자 금와의 일곱 왕자들은 주몽을 시기하기 시작했다. 그

뿐 아니라 매해 사냥 대회마다 주몽이 항상 우승했다. 다른 왕자들이 노루 나 사슴을 잡아올 때 주몽은 호랑이 서너 마리를 잡아 어깨에 걸고 왔다.

이런 주몽을 본 동부여인들의 기대는 나날이 높아갔다. 금와왕도 주몽을 경계해 갈사(曷思) 숲속 왕실 목마장(牧馬場)의 말지기로 내려보냈다. 여기서 주몽은 예씨(禮氏)를 만나 결혼했다. 그래도 동부여인들의 인기가 식을 줄 모르자 왕자들은 아예 주몽을 제거할 계획을 세운다.

고구려의 건국

주몽이 20세가 되던 날 유화가 불렀다.

"태자 형제들이 너를 시기하여 해칠 궁리만 하고 있다. 네 아내는 내가 돌볼 테니 한시 바삐 이곳을 떠나거라."

떠나기 전 주몽은 아내 예씨(禮氏)에게 자신의 칼을 두 동강 내어 한 쪽을 보여주며 부탁했다.

"이 칼을 일곱 모가 난 돌 위의 소나무 아래 숨겨둘 테니, 만일 사내를 낳거든 이 칼을 찾아서 내게로 오라 하시오."

그리고 자기를 따르는 마리(摩離), 오이(烏伊), 협보(陝父) 등을 데리고 남쪽으로 내려갔다. 엄사수(淹㴲水, 압록강 동북쪽)에 이르렀는데 금와가 보낸 추격대가 바짝 따라왔다. 다리가 없어 건널 수 없게 되자 주몽이 강을 향해 큰소리로 외쳤다.

"나는 천제의 아들이며 하백의 외손자다. 나를 죽이려 추격자들이 뒤에 다가오니 얼른 길을 열어라."

그러자 주몽의 어머니인 강의 요정 '유화'와 함께 어울려 놀았던 물고

기와 자라 떼들이 떠올라 다리를 놓아주었다. 주몽이 건너자 곧 물속으로 사라져 추격대가 쫓아올 수 없었다.

무사히 강을 건넌 주몽은 소서노(召西奴, 기원전 66~기원전 6)를 만나 결혼했다. 일설에 의하면 그녀는 원래 천산(天山) 아래 졸본(卒本) 지역의 호민(豪民) 연타발(延陀勃)의 딸이었으나 계집종으로 팔려와 졸본에 정착했다고 한다. 그 후 졸본 이웃의 우태왕(優台王)과 결혼하여 장자 비류(沸流)를 낳았으나 주몽의 공격을 받아 우태왕이 죽자 다시 졸본으로 돌아와 살고 있었다.

그러던 중 우연히 주몽의 눈에 띄어 주몽과 결혼한 이후 소서노는 졸본 부여의 기득 세력을 설득해 주몽의 신하가 되도록 했다. 초라한 망명객 주몽에게 소서노는 황금 같은 기회를 마련해준 것이다. 이리하여 주몽은 홀본(忽本, 졸본) 또는 환인(桓仁)이라고 부르는 지역의 깊은 계곡에 도읍을 정하고 기원전 37년에 고구려를 건국했다. 700년 역사의 시작이었다.

주몽의 연호(年號)는 '다물(多勿)'로 정했다. 다물이란 '되물리다', '되찾다'의 고구려 말이다. 이로써 고구려의 국시(國是)는 단군 조선의 광대한 옛 땅을 수복하는 것으로 정해졌다.

고구려가 건국될 때 근처에 비류국(沸流國)을 비롯한 여러 성읍 국가들이 있었다. 그들 중 대표적 집단이 소노부(消奴部, 비류국), 절노부(絶奴部, 연나부), 관노부(順奴部, 관나부), 순노부(順奴部, 환나부), 계루부(桂婁部)의 다섯 부족이다. 고구려는 이 다섯 부족의 연합체로 출범했다. 나(那)는 계곡과 강천을 뜻했다. 다섯 부족들은 계곡 등을 경계선으로 각기 독자적인 영토에 거주했다.

고구려 각저총 씨름도

　주몽은 이들 중 가장 강한 소노부의 왕 송양(松讓)과 활쏘기 시합으로
항복을 받아내고 비류국을 다물국(多勿國)으로 개칭해 송양을 도주로 임
명했다. 이로써 주몽이 5부족의 대표가 된 것이다. 그래도 5부족의 위세
는 건재했다. 고구려를 세운 주몽은 물론 2대 유리왕까지도 이 다섯 부족
을 의식하지 않을 수 없었다.

　주몽은 다섯 부족의 대표가 된 후 주변 말갈족 부락을 평정하고 기원전
34년 졸본성과 궁궐을 완성했으며 태양을 상징하는 세 발 달린 상상 속
의 새 삼족오(三足烏)를 고구려의 상징으로 정했다.

　이후 대대적 영토 확장 전쟁을 일으켜 기원전 32년에 태백산 동남쪽의
행인국(荇人國), 기원전 28년에 북옥저(北沃沮)를 정복했다. 또한 산신만

고분 삼족오 문양

섬기던 소도에 치우천황을 군신으로 모시게 했다. 고구려인들은 단군의 어머니가 큰 동굴에서 나왔다고 생각하여 큰 굴을 신성시했다.

한편 주몽과 소서노 사이에 왕자 온조(溫祚)가 태어났다. 하지만 기원전 19년 초 여름 음력 4월 부여로부터 주몽의 아들 유리(類利)가 반 토막 난 칼을 들고 주몽을 찾아왔다. 크게 기뻐한 주몽은 소서노의 아들 온조 대신 예씨 부인의 아들 유리를 태자로 세웠다.

유리 태자는 지역 기반이 튼튼한 소서노와 온조를 경계했다. 두려움을 느낀 소서노는 두 아들 온조와 비류 그리고 협보와 일부 졸본 세력을 이끌고 남하했다. 그해 9월 주몽은 마흔 살의 나이에 사망했고 시호를 동명성왕(東明聖王)이라 했다.

이후 고구려인들은 매해 10월 압록강 변에서 제천 행사를 열었다. 이때 나무로 만든 여신상(女神像)을 세워놓았는데, 그 여신이 바로 주몽의 어머니 유화였다.

02
소서노,
장미에 찔린 릴케처럼

조선 역사상 유일한 창업 여왕은 소서노이다. 그녀는 백제와 고구려
두 나라를 세웠다.

《조선상고사(朝鮮上古史)》

소서노는 주몽과 재혼한 후 주몽을 도와 고구려의 창업을 도왔다. 그러
나 주몽의 본부인 예씨의 아들 유리가 나타나 태자가 되자, 배신감을 안
고 두 아들과 함께 만주에서 한반도로 남하해 백제를 세웠다. 그 후 소서
노는 사랑하는 두 아들 중 누구를 백제의 왕으로 선택해야 할지 기로에
서게 되었다. 이 때문에 목숨까지 잃게 된다.

소서노는 장미를 사랑하다가 장미 가시에 찔려 죽은 릴케(Rainer Maria
Rilke, 1875~1926)와 같았다. 릴케는 장미 가시에 찔려 운명하면서도 끝
까지 장미를 옹호했다.

"내 무덤에 기념비를 세우는 대신 장미꽃이 가득 피게 하라."

장미를 사랑하고 장미를 노래하다 장미에 의해 죽으면서도 장미를 찬미한 릴케의 수많은 장미 시 중 하나를 살펴보자.

장미여! 오오, 순수한 모순이여, 나의 기쁨이여.

이리도 겹겹이 쌓인 눈꺼풀 아래 그 누구의 잠도 아닌

장미만의 고요한 일락(逸樂)이여.

릴케는 루 살로메를 영혼에 가시가 박힐 만큼 사랑했으나 이루지 못하고 그 대신 장미에 더 애착을 가졌다.

릴케와 루 살로메

릴케나 소서노는 물론 누구든 진심으로 사랑하는 자의 운명은 똑같다. 사랑하기에 사랑하는 대상의 가시에 찔려 아파하면서도 끝내 사랑할 수밖에 없다. 백제를 세운 소서노에게 두 아들이 릴케의 장미와 같은 존재였다.

백제는 지금도 많은 부분이 신비의 베일에 싸여 있다. 그만큼 관련 자료가 적다. 고구려나 신라에 비해 백제에 대해 아는 것이 적은 만큼 알고 싶은 호기심은 더 크다.

조선이 서울을 도읍지로 정하기 2000년 전 이미 백제가 지금의 송파구, 강동구 일대에 도읍지를 정했다. 초기 백제의 하남 위례성으로 추정되는 풍납토성에서 기와, 갑골(胛骨) 등 많은 유물과 유적이 발굴되었다. 석촌동 적석총, 가락동, 방이동 고분군 등도 백제의 흔적을 보여준다.

고구려 왕궁에서 도망치듯 빠져나온 소서노와 그 일행 10여 명이 남행하는데 지나가는 마을마다 많은 유민들이 따라붙으며 큰 무리를 이뤘다. 소서노는 이들과 함께 임진강을 건너 한강 주변에 자리 잡았다. 그리고 제일 먼저 마한(馬韓) 왕에게 사람을 보냈다.

"저는 고구려 왕의 아내로 사정이 생겨 아들들과 함께 내려와 터전을 닦고자 합니다."

마한은 소국 연맹체로 충남 지역의 목지국(目支國)이 한때 맹주국이었다. 이들은 주로 북방계 유민이 한강 유역과 충청도 및 전라도 지역에 정착하며 형성된 집단들이었다. 아직은 강력한 연맹체 수준에 이르지 못한 마한의 왕은 북방 강대국 고구려의 왕비가 신 도읍지를 요구하자 100여 리의 땅을 주었다. 또 하나의 북방 유민이 마한에 소국을 건설한다고 본 것이다. 이리하여 백제국은 기원전 18년에 출발했다. 고구려 유리왕 2년, 신라 혁거세 40년이 되던 해였다.

백제는 남쪽 마한과 친교를 맺는 한편 낙랑과 말갈에 대해서는 적대 정책을 폈다. 낙랑은 말갈군과 연합하여 쉼 없이 백제를 침공해왔으나 소서노의 탁월한 지략으로 버티고 있었다. 하루는 소서노가 적들의 침공이 쉽지 않은 요새로 도읍지를 옮기고자 대신들을 모았다. 먼저 비류가 말했다.

"낙랑과 말갈이 쉽게 침범하는 이곳에 더 이상 머물기 어렵겠소. 내가 보기에 미추홀(彌鄒忽)이 도읍터로 적합하오."

여기에 온조가 다른 의견을 내었다.

"제 생각은 형님과 다릅니다. 하남 위례성이 도읍지로 더 좋습니다. 이곳은 북으로 한강을 두르고 동으로 높은 산, 남으로 기름진 들녘이 있습니다."

백제의 건국

도읍지의 위치를 놓고 온조와 비류 사이에 갈등이 일자, 대신들 대부분은 온조의 의견을 지지했다. 자존심이 상한 비류는 끝까지 미추홀을 고집하며 추종자들을 데리고 미추홀로 가서 도읍지로 삼았다. 물론 소서노는 큰 아들 비류를 따라갔다. 그녀는 두 번째 남편 주몽에게 목숨을 잃은 비류의 아버지 우태왕에 대한 연민이 더 컸다. 우태왕이 누구던가? 졸본에 팔려온 자신을 사랑해 왕후로 봉해주었다. 그로 인해 종살이하던 졸본에서 일약 귀인 대접을 받았다. 우태왕이 죽은 후에도 졸본 사람들은 자신의 말이라면 무조건 따라주었다.

주몽은 이런 자신의 위상을 활용해 졸본 부여를 손쉽게 얻었다. 그런 주몽과 소서노에게 태어난 온조 역시 패기와 야망이 남달랐다. 비록 아버지는 다르지만 형인 비류가 미추홀로 가자면 동생 온조가 따르는 게 도리였지만 야심이 있어 극구 반대했다. 그 속을 잘 아는 소서노는 골육상쟁이 시작될까봐 두려웠다. 그래서 지방 행정 조직으로 담로(憺魯)를 만들고 담로왕이라는 제도를 두었다. 백제에 속한 지역을 독립시켜 왕자와 왕족들 중 왕을 임명해 자치 정부를 구성하도록 해주는 것이다. 이래서 비류는 미추홀로 가고 온조는 위례성에 남아 '백제의 동생 나라'라는 뜻을 지닌 십제국(十濟國)을 건설했다. 그러나 이는 온조가 어머니 소서노를 의식해 지은 국명일 뿐, 소서노가 사라지면 독립국으로 갈 계획이었다.

이를 잘 아는 소서노는 자신이 살아 있는 동안 형제들의 전쟁을 미리 막아놓기 위해 둘째 아들 온조를 만나러 갔다. 온조에게 위례성을 버리고 미추홀로 들어와 형을 도우라고 설득하기 위해서였다. 이 소식을 미리 들은 온조의 측근들은 만일 소서노가 온조를 만나면 십제국 독립의 꿈은 물거품이 된다고 보고 온조 몰래 자객을 보내 위례성 근처로 다가오는 소서노를 죽였다.

아무것도 모르는 비류는 위례성을 찾아간 어머니가 돌아오지 않자 직접 위례성을 찾았다. 와 보니 물도 짜고 땅도 척박해 고생하는 자신과 달리 아우는 튼튼한 성을 쌓고 백성들과 편안히 살고 있었다. 또한 어머니 소서노도 행방불명이었다. 비류는 어머니를 지키지 못한 자책감과 동생의 도읍지가 더 번창한 데 대한 수치심 때문에 병을 얻어 죽었고 그의 추종자들은 모두 위례성으로 귀순했다.

부왕 주몽이 고구려의 기반을 닦고 성장해가는 과정을 본 온조의 백제는 여타 마한 소국 연맹들과는 달랐다. 백제국 초기에 온조는 마한 왕에게 전쟁 포로로 잡아온 노비들과 사냥한 신록(神鹿)을 바쳤다. 그러나 점차 주위 소국들을 병합하며 낙랑 방향의 서북쪽에 방비책을 세우고 웅진(공주)에도 목책을 세웠다. 그러자 마한 54개국을 통솔하며 왕 노릇을 하던 월지국(月支國) 진왕(辰王)이 사신을 보내 항의했다.

"지난날 대왕이 한강을 건너와 정착할 곳이 없다 하여 100리 땅을 주어 후하게 대했습니다. 이제 목책까지 세우며 독립된 나라를 완전히 세웠으니 의리상 있을 수 없는 일입니다."

이런 신랄한 지적에 부끄러워진 온조왕은 목책을 전부 허물었다. 그러나 토착 세력 중심인 마한 연맹체의 소국들은 점차 쇠약해졌다. 그러자 온조왕이 즉위 26년(서기 8년) 사냥을 핑계로 군대를 일으켜 마한 소국들을 차례차례 병합해나갔다.

백제의 기반을 확실히 다진 주몽의 아들 온조왕이 28년 세상을 떠나고 맏아들 다루왕(多婁王, 재위 28~77)이 뒤를 이었다.

다루왕은 50년 통치 기간 내내 말갈과 싸웠다. 또한 마한의 계승자를 자청하며 신라 탈해 이사금의 회견을 요구했으나 이사금은 오지 않았다. 과거 마한에게 조공하던 신라는 이제 백제와 대등한 관계를 주장할 만큼 커져 있었다.

이는 백제와 신라가 앞으로 벌일 600년 이상의 긴 전쟁을 예고하는 것이었다. 다루왕은 즉위 37년째 되던 해부터 신라와 충북 보은의 와산성(蛙山城)을 놓고 치열한 공방전을 벌이기 시작했다.

03
아프로디테와 부여 공주 파소
- 혼전 임신으로 가출해 신라를 만들다

천년의 나라 신라의 초기 국명은 이
두(吏讀)식으로 다양했다. 사로(斯盧), 서라벌(徐羅伐), 서야(徐耶), 사라(射
羅), 서벌(徐伐) 등이었다. 서기 503년인 지증왕 4년에 와서야 신라를 정
식 국호로 정했다. 서라벌은 지금의 경주로 서울이라는 말이 여기서 비롯
되었고 금성(金星)이라고도 불렀다.

이 금성은 로마신화에서는 비너스(Venus), 그리스신화에서는 아프로
디테(Aphrodite)의 상징이다. 미와 사랑의 여신 아프로디테는 바다의 거
품에서 태어났다. 유명한 명화 보티첼리의 〈비너스의 탄생〉을 보자.

바다에 떠 있는 진주조개 위에 아름다운 자태의 아프로디테가 서 있다.
바람의 신 제피로스는 훈풍을 불어 아프로디테를 사이프러스 섬으로 보
내고 있다. 섬에서는 계절의 여신이 옷을 들고 기다리고 있다. 섬에 도착

보티첼리의 〈비너스의 탄생〉

한 아프로디테를 위해 신들은 특별 연회를 베푼다.

모든 남신들이 그녀와 결혼하고 싶어 했으나 아프로디테는 추남인 대장장이 헤파이스토스(Hephaistos)와 결혼했다. 최고의 미녀가 최악의 추남과 결혼했다. 이는 항시 남편이 아내에게 끌려다녀야 한다는 뜻이다.

자유로운 연애를 즐기는 아프로디테는 그리스의 주요 신 일곱 명 중 네 명과 바람을 피웠다. 헤르메스, 포세이돈, 디오니소스, 아레스 사이에는 혼외 자식도 두었다. 그녀는 자신의 연인들이 다른 여인과 바람피우는 것을 조금도 질투하지 않고 오히려 새로운 여인을 소개해주기도 했다. 그만큼 사랑에 관대했다.

하지만 남편 헤파이스토스는 달랐다. 그는 태양의 신 헬리오스에게 아내가 바람피운다는 말을 듣고 침상에 투명 그물을 설치했다. 그리고 아내에게 거짓으로 렘노스 섬에 다녀온다고 했다. 아프로디테는 남편 없는 틈을 타 사랑을 나누려고 전쟁의 신 아레스를 불러들였다. 두 남녀는 한참 열애를 즐기다가 그만 투명 그물에 걸리고 말았다. 헤파이스토스는 올림푸스의 모든 신들을 집으로 초대해 벌거벗고 엉켜 있는 두 연인을 보여줘 만천하의 웃음거리로 만들었다.

아프로디테만큼이나 출중한 미모의 부여 공주가 혼외 임신을 통해 낳은 아들이 천년 신라를 개국했다. 그녀도 아프로디테처럼 바다를 건너 남쪽 땅에 내려왔다.

고구려는 부여에 살던 주몽이 기원전 37년에 세웠다. 백제는 고구려계 유민들인 소서노와 그녀의 두 아들 온조, 비류 등이 기원전 18년 한강 유역에 세운 나라다. 이 두 나라에 비해 신라는 기원전 57년 경주의 사로국에서 출발해 제일 먼저 일어났다. 하지만 북쪽과 서쪽이 산맥으로 가로막힌 한반도 동남부에 치우쳐 국가 발전이 고구려와 백제에 비해 늦었다. 고조선이 한무제에게 패하고 그 유민들 중 일부가 소백산맥을 넘어 외딴곳인 진한(辰韓) 지역까지 밀려왔다. 그들이 세운 진한 12개국 중의 하나로 경주에 있던 사로국(馴盧國)이 신라의 모체가 된다.

고조선 유민들은 토착민들의 저항을 극복하기 위해 강하게 결속했다. 이들은 남하 이전 고조선에서 사는 동안 국가 체제에 익숙해져 있었기 때문에 촌 단위로 행정조직을 만들고 촌장을 선출했다. 이들은 이 과정에서 사로국을 구성하고 있는 여섯 마을인 급량(及梁), 모량(牟梁), 사량(沙梁),

본피(本彼), 한지(漢祇), 습비(習比)에서 차례차례 촌장이 되며 결국 사로국의 지배층이 될 수 있었다.

신라 건국 설화에 의하면 육촌은 각 마을마다 하늘에서 내려왔다는 장로들이 모든 일을 주관했다. 사로 6촌을 기반으로 신라가 출범하여 고조선 유민은 지배층, 토착민은 피지배층이 되었다. 북쪽의 유민들은 여러 차례 남쪽으로 내려오며 먼저 자리 잡고 있던 사로국 중심으로 정착했다.

박혁거세의 어머니 파소(婆蘇)도 사로국으로 흘러들어왔다. 본래 그녀는 흑룡강 변에 위치한 동부여 황실의 공주였다. 워낙 미모가 출중해 중국 황제도 탐을 냈다.

《환단고기》에 의하면 파소의 여동생이 바로 소서노이다. 부여 풍속은 성윤리가 엄격해 여자가 시기나 질투만 해도 죽였다. 그런데 파소가 혼전임신을 하고 말았으니 부여를 도망쳐야만 했다. 어머니의 도움으로 파소는 한밤중에 부여를 출발해 동옥저(東沃沮)에서 배를 타고 동해안을 따라 경주 지방으로 왔다.

신라의 건국

경주 지역에 미리 자리 잡은 육촌의 장로들은 단군 조선을 계승한 부여의 공주가 내려오자 대환영을 했다. 육촌 중 농산물 생산량이 가장 많은 급량족이 혼전 임신한 파소를 성모(聖母)로 존중하며 경주 안산 기슭의 숲속 나정(蘿井) 근처에 거처를 마련해주었다.

어느 날 흰색 천마(天馬)가 울며 승천하기에 촌락 사람들이 달려가 보니 파소가 박혁거세를 출산했다. 설화에서는 천마가 올라간 자리에 큰 알이 놓여 있었고 이 알에서 아이가 태어나 성을 박(朴)이라 했다고 한다.

급량족은 박혁거세가 13세에 이르자 사량족 출신의 일곱 살 알영(閼英)과 혼인시켰다. 사량족은 급량족 다음으로 강성한 부족이었다. 후에 신라에 성씨 제도가 확립되었을 때, 두 씨족이 각기 박씨와 김씨의 시조가 되었다. 사로국의 여섯 장로들이 모여 결혼을 한 박혁거세와 알영을 왕과 왕비로 추대했다. 이로써 박혁거세는 신라를 건국해 시조가 되었다.

그 후 사로국 연맹은 박씨와 김씨 중심 체제로 돌아가며 운영되었다. 기원전 39년(즉위 19년) 낙동강 서쪽 중류 지역에 있던 변한이 신라에 항복했고, 2년 후 최초의 도성인 금성(金星)을 지었다.

기원전 20년(즉위 38년) 박혁거세에게 원래 왜인(倭人)으로 박을 여러 개 허리에 차고 바다를 건너온 호공(瓠公)이라는 신하가 있었다. 이 신하를 마한에 보내 수교를 요청했다. 마한 왕은 신라가 공물도 보내지 않고 대뜸 수교부터 원한다며 버릇이 없다고 호통을 쳤지만 호공은 조금도 기가 죽지 않았다.

"성인이 나라를 세운 후 신라가 날로 부강해져 낙랑, 변한, 왜인까지 두려워하는데도 겸손한 우리 왕이 사신을 보내 정중히 인사하는데 지나치다 하고 검으로 위협하니 이 얼마나 무례한 일인가?"

이 시기에 신라는 한참 발전하는 신흥국이었고 마한은 쇠퇴해가는 나라로 스스로 부지하기도 힘겨웠다. 이후 마한은 백제 온조왕에게 멸망했다.

박혁거세가 재위 60년에 눈을 감고 맏아들 남해차차웅(南解次次雄, 재위 4~24)이 왕위를 승계했다. 3대 왕이 바로 유리이사금(儒理尼師今)이다.

남해가 죽자 태자인 유리는 왕위에 오르지 않고 매형인 탈해(脫解)에게 자꾸만 양보했다. 이런 유리를 달래기 위해 탈해는 이가 많은 사람이 먼저 왕에 오르자고 제안했다. 신라인들은 덕이 많은 사람이 치아도 많다고 믿었다. 태자와 탈해가 떡 조각을 물어서 치아의 개수를 세어 보니 태자가 훨씬 많아 먼저 왕위에 오르고 탈해가 뒤를 잇게 되었다. 그래서 이 사이의 금이라는 뜻인 이사금이 왕의 칭호에 붙었다. 세계 역사에 이가 튼튼하고 개수가 많아 왕이 된 유일한 경우다.

여기서 신라 왕의 호칭 변화를 살펴보자. 먼저 거서간(居西干, 박혁거세)에서 차차웅(次次雄, 2대 남해, 무당)으로 변하고, 그 후 이사금(尼斯今, 3대 유리왕 이후)과 마립간(麻立干, 17대 내물왕 이후)을 거쳐서 비로소 왕(王, 22대 지증왕 이후)이란 칭호를 도입했다.

차차웅까지 제정일치 사회였고 이사금 때부터 신라가 한반도 동남부의 주도 세력으로 성장하기 시작하며 제사장인 천군을 따로 두고 제정(祭政)이 분리되었다. '마립'은 신라 방언으로 '말뚝'이며, '간(干)'은 우두머리다. 마립간이란 말뚝을 받은 우두머리라는 뜻이다. 부족 연맹체이던 신라는 왕의 호칭으로 마립간을 사용할 때부터 중앙집권으로 전환되었다.

유리이사금은 즉위 5년 겨울, 백성을 살피러 순행하다가 얼어 죽어가는 노인을 만났다. 그는 큰 충격을 받고 가지고 있던 옷을 벗어준 다음 따뜻한 밥을 주었다. 그는 환궁한 뒤 백관을 모아놓고 한탄했다.

"백성이 이 지경에 이르도록 내가 무엇을 했단 말인가? 모두 내 죄로다. 나라 안에 자립할 수 없는 환(鰥, 홀아비), 과(寡, 홀어미), 고(孤, 고아),

독(獨, 독거노인) 등을 위문하거나 양식을 주어 부양하라."

이때부터 나라가 안정되었고 이웃나라 백성들까지 몰려들었다. 민속이 즐겁고 사회가 행복해, 작자 미상인 〈도솔가(兜率歌)〉가 사람들 입에서 흘러나왔다. 도솔가는 한국 최초의 가악(歌樂)이다. 그 내용은 전해지지 않으나 요순시대의 〈고복격양가(鼓腹擊壤歌)〉와 흡사했으리라 보인다.

04
유리왕,
외로운 로빈슨 크루소

유리왕은 평생을 외롭게 자라서 사랑하는 사람을 곁에 두고도 늘 외로운 '로빈슨 크루소'였다. 유리왕의 일생은 숙명처럼 고독했다.

유리왕이 아직 어머니 예씨(禮氏)의 배 속에 있을 때였다. 아버지 주몽이 동부여 금와왕 아래서 용맹을 떨치며 동부여인들의 인기를 한 몸에 받자 태자가 이를 시기하여 죽이려 했다. 이에 주몽이 피신하며 반 토막 난 칼을 아내에게 주고 아이가 자라면 이 징표를 들고 찾아오게 하라고 부탁했다. 주몽이 기약 없이 멀리 떠난 후 예씨는 홀로 유리를 낳고 길렀다.

어려서부터 유리는 돌팔매질의 명수로 날아가는 참새도 곧잘 잡았다. 어느 날 참새를 잡는다고 던진 돌이 한 아낙네가 이고 가던 물동이를 깨트렸다. 아낙네가 유리에게 소리쳤다. "애비가 없어서 버릇이 없구나!"

유리는 크게 부끄러워 울면서 집에 돌아와 어머니에게 물었다.

"제 아비는 누구이며 어디 계십니까(我父何人今在何處)?"

"네 아버지는 비상한 사람이라 우리나라에서 용납하지 못해 남쪽 지방으로 내려가 나라를 세우셨다. 네가 능히 찾아갈 수 있겠느냐?"

"아버지가 왕인데 어찌 남의 나라 백성 노릇만 하고 있겠습니까?"

"장하다. 네 아버지가 신표(信標)로 반 토막 난 칼을 칠각형 돌 위 소나무 아래 숨겨두었다 하셨느니라(藏在七稜石上松下). 찾아서 지니고 가거라."

유리가 이 칼을 찾으려고 온 산을 다 뒤졌으나 찾지 못하고 돌아왔다. 하루는 마루에 앉아 기둥과 주춧돌 사이에서 이상한 소리가 나기에 살펴보니 주춧돌이 칠각형이었다. 유리는 주춧돌 아래에서 부러진 칼을 찾아내어 기원전 19년에 주몽을 만났다. 주몽은 부러진 칼을 맞춰 보더니 딱 들어맞자 기뻐하며 그날로 유리를 태자로 세웠다.

몇 달 후 주몽이 죽으며 남긴 유언대로 유리는 고구려 2대 왕이 되었다. 나라에 아무 연고가 없던 유리는 항상 외롭게 지냈다. 그는 즉위 후 바로 옆 나라 다물도주(多勿都主) 송양(松讓)의 딸을 왕비로 맞이했다. 외로움을 잊고자 유리왕은 왕비와 깊은 사랑을 나눴다. 그러나 두 사람의 애정이 한참 깊어가던 중 즉위 2년에 왕비 송씨가 세상을 떠났다. 왕비 자리를 비워둘 수 없기에 유리왕은 신하들의 권고로 골천(鶻川) 출신 화희(禾姬)와 결혼했다. 결혼은 했으나 첫 부인 송씨를 잊지 못해 그의 마음은 늘 고독했다.

날마다 사냥으로 고독을 달래던 그는 어느 날 깊은 계곡으로 사냥을 갔는데 한 묘령의 처녀가 계곡물에서 빨래를 하고 있었다. 다가가 보니 죽은 송씨와 너무 닮았다. 이 여인은 소금 장수인 한족(漢族)의 딸 치희(雉

姬)였다. 치희를 왕비로 맞이하고서 비로소 유리왕의 뼛속 깊은 외로움이 풀어졌다.

화희는 유리왕이 자신에게 등한히 하면서 치희에게만 정성을 쏟자 질투가 불처럼 치솟았다. 결국 두 여자는 매일 싸우게 되었고, 유리왕은 아예 양곡(凉谷)이라는 계곡을 사이에 두고 두 개의 궁을 따로 지어 각기 떨어져 살게 했다.

서쪽에 거주하는 치희는 서궁왕후, 동쪽에 거주하는 화희는 동궁왕후라 불렀다. 그렇게 나눠놓아도 두 왕후는 유리왕을 가운데 두고 치열하게 싸웠다. 심지어 왕이 동궁에 가면 서궁에서, 서궁에 가면 동궁에서 왕후와 시녀들이 몰려나와 계곡 너머 상대 왕후에게 욕설을 퍼부었다. 이러니 유리왕은 어느 왕후에게도 갈 수가 없었다.

나날이 심해지는 치정 싸움에 또다시 외로워진 왕이 어느 날 사냥을 나가 7일 동안 돌아오지 않았다. 그런데도 두 여자의 싸움은 끝날 줄 몰랐다. 어느 날 화희가 치희에게 욕을 퍼부었다.

"너같이 천한 한나라 계집이 내가 누구라고 감히 덤벼?"

이 모욕적 언사에 치희는 참지 못하고 보따리를 싸들고 자기 집으로 돌아가버렸다. 유리왕이 사냥에서 돌아와 이를 알고 치희의 집까지 직접 찾아가 달래보았으나 소용없었다.

유리왕이 하는 수 없이 환궁하던 중에 고개를 넘다가 버드나무 그늘 아래 잠시 쉬었다. 때는 화창한 봄날이었다. 나뭇가지 사이로 꾀꼬리들이 쌍쌍이 날고 있었다. 그는 자신의 신세가 저 꾀꼬리보다 못하다는 생각이 들어 그 자리에서 〈황조가(黃鳥歌)〉를 불렀다.

翩翩黃鳥 雌雄相依(훨훨 나는 저 꾀꼬리들은 암수 쌍을 지어 노니건만)

念我之獨 誰其與歸(홀로 외로운 나는 누가 있어 함께 돌아갈까.)

국내성으로 천도하다

유리왕이 외로움에 젖어 최초의 서정시인 〈황조가〉를 지었듯이 다니엘 디포(Daniel Defoe, 1660~1731)도 고독 속에 《로빈슨 크루소》를 내놓았다.

그는 1680년 시장 도매업을 했으나 12년 만에 파산하고 수감되었으며 다시 1694년 벽돌 공장을 시작했으나 10년 만에 또 파산했다. 다음 해 정기 간행물 〈리뷰(The review)〉를 창간해 저널리스트 활동을 시작했으나 10년 후에 정치 선동적 팸플릿을 썼다가 체포되어 세 번째로 수감됐다.

이후에 나온 명작이 바로 《로빈슨 크루소》이다. 다니엘 디포가 이토록 몰락을 거듭한 이유는 총명했지만 치밀하지 못해 성급하게 어떤 일에 쉽게 빠져드는 경향이 있었기 때문이었다.

"어느 누가 나처럼 운명의 부침을 맛보았을까? 나는 열세 번이나 부와 가난을 반복했으니."

다니엘 디포의 이러한 고백처럼 그의 작품에 나오는 인물들은 어떤 특별한 상황에 놓이며 나름대로 외롭게 생존 경쟁을 벌인다. 독자들은 그런 상황과 인물들을 자신과 동일시하며 자신의 세계를 잠시나마 재현했다.

《로빈슨 크루소》는 디포가 칠레의 한 무인도에서 4년 4개월을 보내고 구출되어 돌아온 한 선원의 실화를 듣고 썼다.

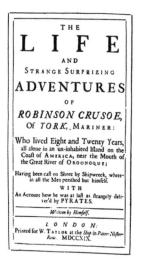

《로빈슨 크루소》 초판

어려서부터 바다를 동경한 로빈슨 크루소는 가족 몰래 친구 아버지의 배를 친구와 함께 타고 바다로 도망쳐 여러 가지 곤란을 겪었다.

그래도 그는 바다에 대한 꿈을 접지 못하고 아프리카로 가는 배를 탔다. 그 배가 카리브 해 인근에서 폭풍우를 만나 좌초하고 로빈슨 크루소 혼자만 간신히 살아남았다.

그는 거친 바다를 헤엄쳐 겨우 외딴 무인도에 다다랐다. 드디어 홀로 절해의 고도에 표류한 크루소의 고독한 인생 여정이 시작된다. 당장 먹을 것과 숙소, 마실 물 등을 직접 마련해야 했기에 궁리 끝에 뗏목을 만들어 타고 난파된 배로 가서 생필품을 가져온다. 칼로 자신이 무인도에 상륙한 날짜를 새겨놓고 매일 하루가 지나면 눈금을 그어 날짜를 계산한다.

그러던 어느 날 모래사장에 찍힌 사람의 발자국을 발견하고 불안에 떨며 숨어 지내다가 식인종인 야만인을 발견하게 된다. 로빈슨 크루소는 발견되기 전에 먼저 야만인을 공격할 수밖에 없었다. 다행히 난파된 섬에서 가져온 총이 있었다. 그는 야만인을 공격하고 그에게 붙잡혀 있던 프라이데이라는 청년을 구해준다. 프라이데이는 로빈슨 크루소에게 충성을 맹세한다. 드디어 한 가족이 생긴 크루소는 하늘을 날 듯 기뻐한다.

얼마 후, 낯선 영국 배 한 척이 섬에 다가왔다. 선원 몇 사람이 반란을 일으켜 선장을 죽이려고 배를 섬에 댄 것이었다. 로빈슨 크루소와 프라이데이는 반란 선원들을 모두 제압하고 선장을 구해주고 로빈슨 크루소는 이 배를 타고 무인도에 표류한 지 27년 만에 영국으로 돌아온다.

두 왕비를 두고도 로빈슨 크루소처럼 늘 천성적으로 외로웠던 유리왕은 즉위 22년(서기 3년) 10월 처음으로 도읍지를 졸본에서 국내성으로 옮겼다. 천도한 동기는 돼지 한 마리 때문이었다.

일 년 전 3월 동명성왕의 사당에 산 돼지 한 마리를 제단에 올려놓고 성대한 제사를 지내려고 준비 중이었다. 제관 설지(薛支)가 돼지를 잡으려 하는데 돼지가 줄을 끊고 도망쳤다. 이를 안 유리왕이 노발대발했다.

"제물로 쓸 돼지를 놓치다니 이런 변고가 있나. 다치지 않게 반드시 생포해 오라."

추상같은 왕명을 받은 설지가 돼지를 추적하다가 만주의 집안현(輯安縣)에 있는 국내(國內)라는 마을까지 이르렀다. 그곳은 고구려에게는 늘 부족했던 기름진 땅이 넓게 펼쳐져 있었고 산수도 깊어 경치가 뛰어났다. 돼지는 그 마을 사람이 잡아 가축으로 기르고 있었는데, 설지가 아무리 사정해도 돌려주지 않았다. 빈손으로 유리왕에게 돌아간 설지는 엉뚱한 대책을 내 놓았다.

"신이 돼지를 따라간 마을은 오곡이 풍성하고 사슴과 물고기도 많습니다. 동명성왕께서 돼지를 산 제물로 삼아, 백성을 편안케 할 새로운 도읍지를 보여주셨나이다."

05

고구려인들은 결혼식 때
수의를 준비한다
- 앙드레 지드의 《좁은 문》

　　　　　　　　　　고구려인들은 결혼할 때 예물로 수
의(壽衣)를 함께 마련했다. 그만큼 고구려인은 삶과 죽음을 하나로 보았
고 죽음에 대해 초연했다. 그랬기에 결혼할 때 수의를 동시에 만들어 신
혼집에 간직해 두었다. 언제든 죽기를 각오하고 싸울 준비를 해놓는 것이
다. 고구려인들은 길을 걸을 때도 달음질하듯 빨리 걸었다.

　넓은 들판이 없고 큰 산과 골짜기가 많은 고구려는 끊임없이 영토를 넓
혀야 했고, 생필품을 전쟁으로 보충해야만 했다. 그런 고구려인들 앞에
좁은 길이란 없었다. 길이 없으면 길을 만들며 나아갔다.

　중국 쪽에서 고구려로 들어가는 길은 두 갈래였다. 북쪽으로 가는 길은
비교적 넓었으나 너무 멀었고, 남쪽으로 가는 길은 가까웠으나 좁고 험했
다. 중국 사서에 '고구려는 침입하기도 어렵고 점령한다 해도 고구려 백
성들이 산골짜기에 흩어져 잠복해 있다가 다시 일어나기 때문에 지키기

가 어렵다'라고 기록되어 있다.

인간의 종말이란 가까스로 난 좁디좁은 길 끝에 맞닥뜨린 절벽이다. 이런 절벽 앞에서 뒤로 돌아갈 수도 없다. 어떤 방식으로든 혼신의 힘을 다해 절벽을 넘어야 했다. 고구려인은 좁은 길이 절벽으로 이어졌다는 걸 알면서도 걸어나갔다. 그 대담한 용기 앞에 중국은 두려워했고 고구려는 한민족의 방파제 역할을 담당했다.

노벨상 문학 작가 앙드레 지드의《좁은 문(Strait is the Gate)》은 좁디좁은 길을 향해 걷는 두 남녀의 이야기다. 작품 전체적으로 아름다운 서정 속에 섬세한 심리 묘사가 흐르고 있어 시대를 초월한 순정 소설로 사랑받고 있다.

당시 프랑스에선 근친결혼이 어느 정도 허용되고 있었다. 앙드레 지드도 사촌 누이와 실제로 결혼했다. 그러나 종교적으로 근친혼은 엄격히 금지되었다.《좁은 문》의 주인공인 제롬과 알리사도 사촌이다. 알리사는 작자의 부인 마들렌(Madeleine)이 모델이다.

제롬은 열두 살 때 아버지를 잃고 어머니와 함께 파리로 이사했다. 그는 파리의 숙부 집에서 두 살 위인 사촌누나 알리사에게 연정을 품었다. 알리사 또한 제롬에게 호감을 가졌다. 서로가 간절히 사랑하는 감정을 확인한 후부터 신심(信心)이 깊은 알리사가 번민에 빠졌다. 제롬은 그런 알리사를 사랑하면서도 용기가 없어 안타깝게 지켜보기만 했다. 알리사는 신앙과 사랑 사이에 번민에 번민을 거듭하다가 결국 제롬을 멀리하게 된다. 그러나 알리사는 신앙을 택한 결과로 점점 야위어갔고 끝내 세상을 떠났다. 둘 사이에 신이라는 가상의 존재가 개입되며 이루어질 수 없는 비극적 사랑으로 끝난 것이다.

알리사의 유언에 따라 일기장 한 권이 제롬에게 전달되었다. 일기장 안에 알리사는 제롬과 만날 때부터 자신이 요양원에서 죽을 때까지의 심경을 아름답고 슬픈 시를 인용하며 적어놓았다. 사랑하는 사람이 함께 들어가기에 너무 좁게만 보이는 문을 홀로 들어가 요양원에서 죽음을 맞이한 알리사, 제롬은 그녀가 남긴 일기를 읽으며 그 속에 담긴 알리사의 고통을 꽃 그늘 삼아 홀로 십 년의 세월을 보냈다. 그 후 알리사의 동생 줄리엣이 제롬을 찾아와 언제까지 독신으로 지낼 거냐고 묻자 제롬이 답했다.

"이 모든 것이 다 잊힐 때까지."

이 작품은 인간의 사랑과 주입된 신앙심 사이에서 갈등하는 한 청춘 남녀를 그리고 있다. 알리사는 세속적 사랑을 정신적으로 승화해 간직하고 살았으며, 제롬은 승화된 사랑을 간직한 채 외로이 지내는 알리사를 바라보며 역시 고독한 길을 마다하지 않고 걸었다.

《좁은 문》은 추상적 신앙의 프레임에 갇혀 갈등과 번민 속에 허우적대는 인간을 그렸다. 신앙의 무기는 항시 죄의식과 저주의 위협이다. 그러나 고구려인들은 '좁은 문'에 설정된 추상적인 죄의식 프레임을 넘어선 현실적 자의식을 지녔다.

해명태자의 장렬한 최후

그만큼 고구려인들은 강인했기에 역대 중국 황제들도 늘 두려워했다. 고구려인들은 항시 '죽음이여 오라. 너를 기꺼이 맞이해주겠다'는 태도였다.

동명성왕의 사당에 제사 지낼 돼지가 도망치는 바람에 국내성을 직접 찾아간 유리왕은 국내성의 광활한 대지에 감탄하고 성을 쌓도록 했다. 국내성으로 천도하며 졸본성은 해명태자(解明太子)에게 다스리게 했다.

이 해명태자 역시 고구려인의 생사관을 보여주었다. 해명태자가 졸본 땅을 지킨 지 5년째인 유리왕 27년(서기 8년) 정초에 이웃 황룡국(黃龍國)에서 사신을 보내왔다.

"저희 임금께서 태자의 용맹을 아시고 선물로 이 활을 준비하였나이다."

사신이 거만한 태도로 활을 건네며 태자를 위아래로 훑어보았다. 은근히 고구려를 무시하고 있었다.

"어디 귀국의 활이 얼마나 강한지 봅시다."

사신이 건네준 활을 일단 신하들이 받아 보니 강궁(强弓)이라 활시위조차 당기기 어려울 정도였다. 그러나 해명은 신하들에게 활을 달라 하여 가볍게 휘어 부러뜨리고 사신에게 건네며 말했다.

"부러진 활을 그대로 가지고 가라."

사신은 부러진 활을 들고 돌아갔다. 사신에게 이 소식을 들은 황룡국 왕은 크게 화를 내며 유리왕에게 사신을 보냈다.

"우리는 고구려와 평화롭게 지내고 싶소. 그래서 태자에게 선물을 모냈는데 태자가 이를 무시했소. 황룡국은 이를 좌시하지 않을 것이오."

국내성으로 천도한 후 도성 정비가 시급해 전쟁까지 벌일 수 없었던 유리왕은 일단 사과했다.

"내 자식이 예의에 어긋나는 죄를 졌으니 뜻대로 처분하십시오."

황룡국 왕은 사신의 보고를 받으며 흡족해하며 말했다.

"고구려 태자 해명은 용맹스럽고 사나워 왕이 되면 우리나라도 위험하다."

그러자 대신이 거들었다.

"그러하옵니다. 이번 일을 빌미로 없애야 합니다. 두 부자 사이도 원래 원만하지 못하니 태자를 죽여도 유리왕이 크게 반발하지 않을 것입니다."

그해 3월 황룡국 왕이 자신의 궁으로 해명태자를 초대했다. 태자의 신하들이 음모가 있다며 가지 말라 했으나 태자는 일국의 태자가 죽음을 겁낼 수 없다며 황룡국으로 갔다. 태자를 만나본 황룡국 왕은 그 늠름한 기백에 죽이려는 생각이 사라졌다. 오히려 성대한 잔치를 베풀어 융숭히 대접하고 돌려보냈다. 그러자 온 백성과 신하들이 함께 기뻐했다.

그런데 이번엔 유리왕이 역정을 냈다. 자신보다 백성의 신망도 높고 더 용맹한 태자가 자신의 왕좌를 빼앗아갈까 봐 두려웠다. 유리왕은 태자에게 칼을 동봉한 편지를 보냈다.

"나는 도읍을 옮겨가면서까지 나라의 기틀을 세우고 백성을 편안케 하고자 하거늘, 태자는 내 뜻을 따르지 않고 자신의 힘만 믿고 강한 나라와 원수가 되었으니 이 어찌 자식 된 도리겠느냐?"

부왕에게 자결을 명받은 해명은 하늘을 우러러 탄식했다.

"졸본에 머물며 동부여가 감히 넘보지 못하게 했고, 활을 꺾은 것도 이웃나라가 고구려를 얕보지 못하게 하려 했던 것이건만 도리어 부왕께 불효가 되었으니 마땅히 죽음으로 갚으리라."

신하들이 아무리 만류해도 해명은 결연한 태도로 동쪽 언덕으로 올라가 긴 창을 거꾸로 땅에 꽂았다. 그다음 건너편 언덕으로 가 말을 타더니 쏜살같이 달려와 번개처럼 창끝을 향해 몸을 던졌다.

우리나라 역사 기록에 최초로 등장하는 자결 장면이다. 해명의 장렬한 주검 위로 바람이 스산하게 불었다. 고구려인다운 기개를 보여준 해명에게 고구려인들은 매우 슬퍼하며 그 언덕을 창원(槍原)이라 부르기 시작했다.

해명태자가 자결하던 해, 중국에서도 대변혁이 일어나고 있었다. 외척 왕망(王莽)이 황제를 제거하고 신(新)나라를 건국해 스스로 황제가 되어 15년 동안 중국을 통치했다. 유리왕 31년 신나라 왕망이 흉노 정벌을 앞두고 유리왕에게 원병(援兵)을 요청했다. 유리왕은 군대를 보내 신나라를 돕기는커녕 현도군 깊숙이 진격한 뒤 신나라 군사를 쳤다. 왕망은 길길이 날뛰며 장수 엄우(嚴尤)에게 3만 군사를 주어 고구려를 치게 했다.

엄우의 군대가 거세게 공격해도 고구려 국경 수비대를 돌파하지 못하자 국경 수비대장 연비를 유인해 머리를 잘라 왕망에게 유리왕의 머리라고 했다. 왕망은 이 말을 믿고 왕망이 가져온 머리를 창끝에 꽂아 흔들며 외쳤다.

"으하하하. 이게 유리왕의 머리니라. 이제 죽음을 불사하는 고구려(高句麗)라는 소리랑은 집어치우고 죽을까 봐 벌벌 떠는 하구려(下句麗)라 불러라."

낙랑공주와 줄리엣,
사랑이냐 충효냐

로미오와 줄리엣

어느 시대 어느 곳이나 셰익스피어의 희곡 《로미오와 줄리엣》 같은 비극적인 사랑 이야기가 있기 마련이다. 앙드레 지드의 《좁은 문》이 '시대적 신앙이냐 사랑이냐'에 대한 질문이라면 《로미오와 줄리엣》은 '가문이냐 사랑이냐'에 대한 물음이다.

《로미오와 줄리엣》의 양 구도는 원수지간의 가문인 '몬터규(Montugue)'가와 '캐풀렛(Kepuliet)'가이다. 몬터규가의 아들 로미오는 가면 무도회장에서 캐풀렛가의 딸 줄리엣을 보았다.

두 사람은 첫눈에 반해 사랑에 빠졌다.

두 연인은 비밀리에 로렌스 신부의 주례로 결혼식을 올렸다. 이를 알리 없는 줄리엣의 아버지가 패리스 백작과 결혼을 강요하며 결혼 날짜까지 잡았다. 줄리엣은 로렌스 신부와 상의했고, 신부는 줄리엣에게 40일 동안 잠드는 비약(秘藥)을 주어 결혼을 하지 못하도록 도왔다. 줄리엣의 가족들은 결혼식 날 줄리엣이 깨어나지 않자, 죽은 줄 알고 지하 무덤에 넣었다.

이 사실을 모르고 줄리엣을 찾아온 로미오는 잠든 줄리엣에게 최후의 키스를 하고 음독자살했다. 잠시 후 오랜 잠에서 깨어난 줄리엣은 자기 옆에서 죽은 로미오를 발견하고 기절했다. 얼마 후 깨어난 줄리엣은 로미오의 뒤를 따라 자살했다. 젊은 두 자녀의 기막힌 죽음 앞에서 비로소 두 가문은 화해했다.

원수지간인 고구려와 낙랑 사이에서도 로미오와 줄리엣 같은 사랑이 있었다. 고구려 3대 왕 대무신왕(大武神王, 재위 18~44)은 유리왕의 셋째 아들 무휼(無恤)이며 다물도주(多勿都主) 송양(松讓)의 딸이 모친이다. 그는 서기 18년 열한 살에 왕이 되었다.

그 후 3년이 지난 가을, 동부여의 대소왕(帶素王, 재위 기원전 24~기원후 22)이 요상하게 생긴 까마귀 한 마리를 보내왔다. 빛깔이 붉고 머리는 하나인데 몸은 둘인 까마귀였다. 그러면서 위협하기를 "본래 까마귀는 검은데 변하여 붉게 되었고 또한 몸통은 하나인데 머리가 둘이니 이는 두 나라가 합쳐질 징조라"고 했다. 대경실색한 대무신왕이 부여의 사신에게 화를 냈다.

"검은 빛은 북방의 색이니라. 그런데 남방의 색인 붉은 빛으로 변했구나. 이렇게 붉은 까마귀란 상서로운 징조이다. 그런데도 이 까마귀를 얻은 대소왕이 내게 보냈으니 양국의 존망이 어찌 될지 알 만하도다."

대소왕은 이 말을 전해 듣고 크게 후회했다.

그 후 1년이 지난 겨울 대무신왕이 동부여 정벌을 단행했다. 두 나라 군대가 드디어 압록강 지류인 비류수(沸流水) 유역에서 맞붙었다. 부여왕 대소가 먼 길을 달려온 고구려군이 진을 치기도 전에 쳐들어왔다. 대무신왕은 밀려오는 부여군을 보고 짐짓 겁을 먹고 도망가는 것처럼 뒤로 물러갔다.

승기를 잡았다고 본 대소왕은 대군을 몰고 가다가 그만 진흙 수렁에 빠지고 말았다. 이를 본 대무신왕의 장수 괴유(怪由)가 달려나가더니 진흙에 빠져 허우적대는 대소왕의 목을 단칼에 베었다. 왕을 잃은 동부여군은 궁지에 몰린 생쥐가 고양이에게 달려들 듯 덤벼들었다. 워낙 수적으로 열세인 고구려군이 속수무책으로 당하고 있는데 마침 짙은 안개가 몰려와 6일 동안 머물렀다. 고구려군은 안개가 낀 것을 이용해 풀을 베어 만든 허수아비를 병사처럼 세워 놓은 다음 샛길로 빠져나왔다.

이 전쟁에서 왕이 죽은 동부여는 후계자를 둘러싸고 심각한 내분이 생겼다. 대소왕의 동생 갈사왕(曷思王)이 100여 명을 이끌고 동부여를 도망쳐 압록곡(鴨淥谷)에 이르렀을 때, 마침 사냥 나온 요동반도의 해두국(海頭國) 왕을 만나 죽이고 그의 백성을 빼앗아 갈사수(曷思水)에 이르러 갈사국(曷思國)을 세웠다. 그 후 부여 사람 1만여 명이 고구려에 투항하며 고구려는 드디어 대제국으로 발전하기 시작했다.

북쪽의 부여를 장악한 대무신왕은 진작부터 정복하려고 노려온 남쪽 낙랑을 엿보기 시작했다. 그러나 낙랑국의 자명고(自鳴鼓)가 문제였다. 자명고는 신기한 북으로 누구든지 경내에 침입하면 저절로 크게 북소리가 울렸다. 지세가 험한 곳에 숨은 복병들이 북소리가 들리면 뛰쳐나와 적을 물리쳤다. 이 자명고를 먼저 없애야만 낙랑을 정복할 수 있었다.

마침 중국에 유수(劉秀)[후한(後漢, 23~250)를 세운 광무제(光武帝)]의 반란으로 왕망(王莽)의 신(新)나라(9~25)가 혼란에 빠져 고구려가 낙랑과 싸워도 신경 쓸 겨를이 없었다. 이윽고 25년, 대무신왕 8년에 유수의 후한이 왕망의 신나라를 멸망시켰다. 고구려가 정복 전쟁을 일으킬 좋은 기회로 보고 청천강과 대동강 사이에 자리 잡고 있던 낙랑국을 치고자 했다.

이 낙랑국은 한사군의 낙랑군과 전혀 달랐다. 낙랑국은 기원전 195년 최숭(崔崇)이 세웠고 당시 낙랑 왕은 최리(崔理)였다.

호동왕자, 낙랑공주를 안다

최리가 낙랑 왕이 된 지 7년째 되던 해 37년 4월 어느 날, 대무신왕의 아들 호동(好童)왕자가 사냥하다가 자신도 모르게 그만 국경까지 넘어 옥저 땅으로 들어갔다.

이곳에 마침 낙랑 왕 최리도 사냥을 하고 있었다. 과년한 공주를 둔 낙랑 왕은 호동왕자를 보고 강대국 고구려의 왕자인 데다가 인물이 훤칠하고 활달해 사위로 삼고 싶은 욕심이 났다. 그 자리에서 호동왕자를 낙랑 왕궁으로 초대했다. 호동왕자는 낙랑 왕을 따라가 궁중에서 공주와 함께 며칠을 보냈다. 다시 고구려로 돌아가면서 호동은 부왕의 허락을 얻어 낙랑공주를 부르겠다는 약속을 했다.

호동의 지난 이야기를 들은 대무신왕은 "만일 낙랑공주가 자명고를 없앤다면 며느리로 받아들이겠다"고 했다.

호동은 낙랑공주에게 부왕의 부탁과 함께 구구절절 연정을 담은 편지를 보냈다. 낙랑공주가 고민에 빠진 것은 당연했다. 낙랑공주도 '사랑이냐 충효냐'라는 선택의 기로 앞에 서게 되었다. 그녀는 몇 날 며칠을 고민하다가 어느 날 밤 자명고를 그만 찢고 말았다. 충효 대신 사랑을 택한 것이었다. 그리고 외로움과 두려움에 떨며 호동에게 편지로 이 사실을 알렸다. 호동은 즉시 부왕에게 달려갔다.

바로 그날 대무신왕은 대군을 일으켜 낙랑으로 쳐들어갔다. 별 대책 없이 자명고만 믿고 있던 낙랑은 북소리도 울리지 않았는데 어느덧 고구려군이 왕성을 둘러싸자 모래성처럼 허물어지기 시작했다.

낙랑 왕이 부랴부랴 자명고를 보관한 누각에 가 보니 찢겨진 북 조각이 여기저기 널려 있었다. 이 누각은 아무나 접근할 수 없는 곳이라, 아무래도 낙랑공주가 호동을 위해 한 짓이라 여겨져 공주를 불러 물었다. 그리고 모든 사실을 알게 된 낙랑왕은 그 자리에서 공주를 단칼에 베었다.

고구려군의 선봉장인 호동은 낙랑성에 들어오자 즉시 낙랑공주부터 찾았다. 간신히 찾은 공주는 이미 싸늘한 시체가 되어 있었다. 낙랑공주의 시체를 안고 호동왕자는 탄식했다.

"아! 사랑하는 여인을 희생하면서까지 영토를 확장해야 한단 말인가?"

개선장군이 된 호동왕자는 고구려군의 진두에 서서 국내성으로 회군

했다. 고구려인들은 호동왕자를 우러르며 칭송했다.

　하지만 호동왕자를 경계하는 여인이 있었는데 바로 대무신왕의 첫째 왕비였다. 그녀가 오랫동안 아들을 두지 못하자 대무신왕은 갈사왕(葛思王)의 손녀 해씨를 둘째 왕비로 들였고 해동왕자가 태어났다. 호동왕자의 인기가 나날이 올라갈 무렵 첫째 왕비가 아들 해우(解憂)를 낳았다. 이때부터 첫째 왕비가 호동을 헐뜯기 시작하자 호동을 아끼던 왕이 꾸짖었다.

　"당신 아들이 아니라서 호동을 참소하는 거요?"

　하지만 첫째 왕비가 계속 호동을 모함하자 왕조차 의심하며 호동을 꺼려했다. 그럴수록 호동왕자는 자신을 사랑해 조국과 아버지까지 버리며 죽음을 자초한 낙랑공주에 대한 그리움과 미안함이 사무쳤다.

　어느 날 호동은 폐허가 된 낙랑궁을 찾아가 낙랑공주의 시신을 거두고 양지 바른 곳에 묻어주었다. 그리고 그 옆에서 자신의 칼 위에 엎드려 생을 마감했다. 다음 달에 대무신왕은 해우를 태자로 책봉했다. 후한의 광무제는 고구려에게 빼앗긴 낙랑을 되찾기 위해 군사를 보냈고 대무신왕은 이들을 물리친 후 전사했다.

　태자 해우가 너무 여려 대무신왕의 동생 해색주(海色朱)가 4대 민중왕(閔中王, 44~48)으로 추대되었다. 해우는 태자이면서도 왕이 되지 못하고, 왕위에 오른 숙부 민중왕의 눈치를 보며 불안한 나날을 보내야 했다.

　민중왕이 통치 5년 만에 서거하자 비로소 뒤를 이어 제 5대 모본왕(慕本王, 48~53)으로 즉위했다. 민중왕의 장지는 평소 유언대로 새 능묘(陵墓)를 짓지 않고 왕이 잘 다니던 사냥터에 있는 석굴(石窟)에 묻었다.

07

사람 깔고 앉는 모본왕,
백성 울린 을파소

- 톨스토이의《사람은 무엇으로 사는가》

　　　　　　　　　　　고구려 모본왕(48~53)은 '사람 위에
사람 있고 사람 아래 사람 있다'는 통치 철학을 지닌 인물이었다. 이에 비
해 고구려 명재상 을파소는 정반대로 '사람 아래 사람 없고 사람 위에 사
람 없다'는 철학을 지녔다. 이처럼 극명하게 인생관이 다른 두 사람을 보
면 과연 '사람은 무엇으로 사는가'라는 의문이 든다.

　러시아에도 같은 주제의 전설이 전해오는데 톨스토이가 이를 작품화
했다.《전쟁과 평화》,《안나 카레니나》등 불후의 대작을 쓴 톨스토이는
그런 작품 이상으로《사람은 무엇으로 사는가》에 애착을 가졌다.

　신의 명령을 거역하고 인간 세상으로 쫓겨난 천사 미하일은 다시 하늘
로 돌아가기 위해 세 가지 대답을 알아야 했다.

　'인간 내면에 무엇이 있는가? 인간에게 허락되지 않은 것은 무엇인가?
인간은 무엇으로 사는가?'

미하일은 구두 수선공을 만나 그의 밑에서 일하는 동안 답을 찾았다. '사람의 마음속에 사랑이 있고, 사람에게 허락되지 않은 것은 죽음의 시기를 아는 것이고 사람은 결국 사랑으로만 산다'는 이치를 깨닫는 순간 미하일은 다시 천사가 되었다.

대무신왕의 뒤를 이은 민중왕 5년, 그리고 뒤이어 모본왕이 즉위한 해까지 6년 동안 고구려에 이례적인 일이 있었다. 바로 고구려의 최대 명절인 동맹(東盟)을 한 번도 열지 않은 것이다. 한 해의 추수가 끝나는 10월이면 동명성왕에게 제사하고 남녀가 모여 며칠씩 잔치를 지냈다. 6년 동안 이 축제가 사라졌고 또한 매해 자연재해가 거듭되었다. 모본왕은 정사를 돌보기는커녕 충신들을 과녁 삼아 활로 쏘아 죽이고 간신들과 어울려 폭정을 일삼았다. 즉위 2년(49)에는 요동과 만리장성을 넘어 한나라 북평(北平), 상곡(上谷) 등 지금의 북경 지역을 습격했다. 그러자 요동태수 채동(蔡彤)이 모본왕을 후하게 대접하며 화친을 청해 철수했다.

이처럼 모본왕은 즉위 초부터 포악스러운 성격을 드러냈다. 게다가 가학적인 기질이 있어 말을 탈 때 사람 등을 밟고 올랐다. 앉을 때도 방석 대신 사람을 깔고 앉고, 잘 때도 베개 대신 사람을 베고 누웠다. 만일 이때 깔린 사람이 조금이라도 움직이면 가차 없이 베었고. 혹 신하 중에 자신에게 바른 소리를 하는 자가 있으면 화살을 쏘아 죽였다.

당시 20살도 채 안 된 모본왕이 워낙 포악하게 통치하자 고구려 역사상 최초로 국왕 암살 사건이 일어났다. 서기 53년 초겨울, 모본왕이 건장한 체격의 두로(杜魯)라는 시종을 깔고 앉으려는데 두로가 엎드리는 척하다가 품속의 단검을 꺼내 왕의 심장을 깊숙이 찔렀다. 잔혹한 왕이 죽자 백성들이 두로에게 감사의 표시로 재물을 모아 주었다.

두로는 왜 왕을 죽였을까? 평소 두로는 왕이 툭하면 좌우의 시종을 죽이는 것을 보고 자신도 언젠가 작은 실수라도 하게 되면 죽을까 두려워 자주 울었다. 이를 본 계루부의 한 대신이 두로에게 넌지시 일렀다.

"대장부가 왜 울고만 있는가? 옛 말에 이르기를 나를 어루만지면 임금이요, 학대하면 원수라 했다. 지금 왕은 백성을 학대하고 죽이니 백성의 원수다. 그대는 원수를 제거하라."

두로는 이 말에 힘을 얻고 왕을 죽였다. 그동안 고구려는 주몽을 제외하고 유리왕부터 모본왕까지 모두 소노부 출신이었다. 이 때문에 계루부가 두로를 사주하여 모본왕을 살해했던 것이다.

모본왕의 아들 태자 익은 왕위를 잇지 못했다. 그 대신 유리왕의 여섯째 아들로 계루부 세력인 재사(再思)의 아들이 왕에 올라 제6대 태조대왕(太祖大王, 재위 53~146)이 되었다. 이때부터 계루부가 왕위를 이어갔다. 모본왕이 피살당하고 일곱 살의 태조대왕이 등극했던 날에는 지루한 장마가 그치고 고구려의 하늘이 청명해졌다.

명재상 을파소, 백성을 울리다

태조대왕은 중국과 대결하기 위해 중앙 권력을 강화했고 인근의 동옥저, 갈사국(曷思國), 조나국(藻那國), 주나국(朱那國) 등을 공격하여 병합했다. 부족 연맹체 수준의 고구려는 강력한 중앙집권 국가 수준으로 격상했다.

이런 준비 끝에 태조대왕은 105년, 한나라를 공격했다. 고구려에 패해 요동 6개 성에서 밀려난 한나라는 121년 봄 대규모 군사를 동원해 침공해왔다. 그런데 태조대왕은 웬일인지 차분하기만 했다. 대비책으로 자신의 동생 수성(遂成)에게 겨우 2천 명의 병사를 주어 한나라 대군을 막도록 했다.

수성은 2천 군사를 몰고 한나라가 침입한 지역까지 갔다. 그날 저녁 수성은 장수들을 불러놓고 말했다.

"내일 한나라와 전투가 시작되면 그대들은 병사들 뒤에 있다가 내가 깃발을 뒤로 젖힐 때 바로 후퇴하라. 더 빨리 도망가는 부대에게 상을 줄 것이다."

어안이 벙벙해진 장수들이 이유를 물었으나 웃기만 했다.

다음 날 이른 새벽 유주자사 풍환(馮煥), 현도태수 요광(姚光), 요동태수 채풍(蔡諷)이 한나라 대군을 이끌고 고구려 진지로 다가왔다. 싸움이 시작되자 고구려 군사들이 금세 무너지며 도망가기에 바빴다. 얼마나 빨리 도망가는지 추격 속도보다 훨씬 빨랐다. 이들을 정신없이 쫓느라고 한나라 군대는 험한 산악 지역으로 빠져드는 줄도 몰랐다.

한나라 대군이 드디어 험로에 갇히자 수성은 한 장수를 불러 2천 군사를 매복시켜 잘 지키라 하고 자신은 태조왕이 때 맞춰 보낸 3천 군사를 이끌고 비밀리에 현도로 향했다. 태수가 대군을 이끌고 가는 바람에 텅 빈 현도를 가볍게 유린한 수성은 다시 요동으로 향했다. 역시 빈 성이나 다름없는 요동을 잿더미로 만들었다. 이도 모른 채 세 장수는 산골에서 크게 이긴 줄 알고 희희낙락했다.

뒤늦게 현도와 요동이 풍비박산 났다는 소식을 듣고 장수들은 황급히 떠나갔다. 한나라 대군이 물러간 지 며칠 후 태조대왕이 직접 8천 군사를 거느리고 요동군 요대현을 공략했다. 고구려의 영토를 크게 확장한 태조는 100세가 되던 146년 12월, 통치 94년 만에 아우 수성에게 왕위를 물려주었다. 이후 계루부에 의한 왕위 계승이 정착되었다.

태조의 뒤를 이은 7대 차대왕(次大王)은 20년 동안 통치하다가 99세에 말단 하급 관리인 명림답부(明臨答夫)에게 살해되었다. 8대 신대왕(新大王, 재위 165~179)이 즉위했으나 나라의 최고 직위인 국상(國相)이 된 명림답부가 모든 정사를 좌지우지했다.

172년 한나라에서 10만 대군이 쳐들어왔다. 106세인 명림답부가 수천의 기병만으로 한나라 군을 좌원(坐原)에서 격멸시켰는데 군졸은커녕 말한 필도 살아 돌아가지 못했다. 이는 제갈량이 100만 조조의 대군을 섬멸했다는 적벽대전을 능가하는 대승이었다.

이 전쟁 후 중국의 상징이며 자존심인 한나라에 균열이 시작되었다. 명림답부가 죽을 때 119세였는데 신대왕이 너무 애통한 끝에 3개월 후 죽고 9대 고국천왕(故國川王, 재위 179~197)이 계승했다. 고국천왕은 대신들의 추대를 받아 형인 발기(拔奇)를 제치고 왕이 되었다.

즉위 후 고국천왕은 연나부(椽那部) 출신의 절세 미녀 우씨(于氏)를 왕비로 맞아 지지 기반을 확대했다. 그 와중에 184년 어느 날 요동태수가 쳐들어왔다. 그러나 고국천왕이 직접 이끈 고구려 군대에게 좌원(坐原)에서 크게 격파당하고 그 시체가 산을 이루었다. 마침 중국은 도처에 황건적의 난 등 민란이 일어나 한나라가 멸망하고 위, 촉, 오 삼국시대로 접어들었다. 어찌 보면 유비, 조조, 손권은 고국천왕이 역사에 등장시킨 셈이다.

고국천왕은 중국이 더 이상 고구려를 침략하지 못할 상황이 되자 내치에 전념했다. 그 첫 번째가 국상에 권력욕이 없고 민생을 보살필 인재를 앉히는 일이었다. 고국천왕은 신하들에게 명했다.

"시골에 묻혀 한 번도 벼슬에 오르지 않은 지혜로운 이를 찾으라."

신하들이 안유(安留)를 추천했는데 안유가 거절하며 자기 대신 을파소(乙巴素)를 왕에게 추천했다. 을파소는 재주가 비상했으나 연줄이 없어 등용되지 못하고 압록곡 좌물촌에서 밭농사를 짓고 있었다.

《삼국지》에도 시골에 은거한 현자를 찾아내 등용한 이야기가 나온다. 고국천왕이 을파소를 등용한 때와 비슷한 시기에 중국에서도 떠돌이 무신 집단의 보스에 불과한 유비(劉備)가 삼고초려 끝에 제갈량(諸葛亮)을 얻어 촉나라를 세웠다.

을파소도 제갈공명처럼 고국천왕이 정치를 제안했을 때 처음에는 사양했다. 그러나 거듭된 부탁에 191년 국상을 맡았지만 귀족들이 '근본도 모르는 자'라며 비웃고 반발했다. 이럴 때 고국천왕은 을파소를 적극 신임했다.

"만일 국상의 말을 따르지 않는 자는 귀천을 불문하고 일족을 멸하겠다. 출신으로 사람을 보지 말고 그 인품으로 평가하라."

이에 보답하듯 을파소는 부정부패를 일소하며 한국 최초의 복지 제도인 진대법(賑貸法)을 만들었다. 춘궁기에 나라 곡식을 농민에게 빌려주고 추수기에 되돌려 받는 제도였다. 농민들은 이 제도로 굶주림을 면하고 안정적으로 살 수 있게 되었다. 가난한 백성들이 더는 귀족들의 노예가 될 필요가 없어졌다. 고구려가 풍요로워지자 황건적의 난으로 곤궁해진 한

나라의 많은 농민들이 고구려로 넘어왔다.

고구려 최고의 명재상 을파소가 고국천왕의 후임인 산상왕(山上王) 7년인 203년에 죽자 가족은 물론 왕과 백성들까지 통곡하여 나라 전체가 울음바다가 되었다. 을파소는 사람이 무엇으로 살아야 하는지를 잘 알았던 명재상이었다.

08

산상왕, 형수와 결탁해 왕이 된
고구려의 햄릿

셰익스피어의 《햄릿》은 북유럽 덴마크 왕실의 독살 사건을 다룬 이야기다.

덴마크 왕 햄릿이 급사하자 왕의 동생 클라우디우스가 즉위했다. 클라우디우스는 죽은 왕의 부인이며 형수인 거투르드와 결혼했다. 죽은 왕의 아들 햄릿 왕자는 어머니의 재혼을 보며 "약한 자여, 그대 이름은 여자"라며 비난했다.

그 후 햄릿 왕자에게 부왕의 혼령이 나타나 진실을 토로했다. 클라우디우스가 아름다운 형수와 왕위를 차지하려고 형수와 야합하여 잠자는 왕의 귀에 독약을 흘려넣었던 것이다. 뒤늦게 진실을 알게 된 햄릿 왕자는 복수를 꿈꾸며 다짐했다.

"사느냐 죽느냐 그것이 문제로다(To be or not to be, that is the question)."

마치 셰익스피어가 고구려 역사를 알고 있었다는 듯 햄릿의 내용과 똑같은 사건이 고구려 고국천왕에게도 일어났었다. 고국천왕은 고구려의 '햄릿 왕'이었다.

고국천왕은 즉위 19년 5월 한밤중에 왕비와 단둘이 있는데 갑자기 혼수상태에 빠졌다. 그 이유가 석연찮다. 왕이 죽은 후 왕비의 행동을 보면 독살 가능성이 분명해 보인다. 만일 그렇다면 왜 왕비는 왕을 죽였을까?

고구려는 5부족 연맹체로 출발했다. 이 부족들은 각기 다른 지역에 살면서 부족 대가(大加)의 지배를 받았다. 이 대가들이 모인 제가회의(諸家會議)가 국가 최고 권력 기구로 주요 국사를 결정했다.

유리왕 때부터 5부족 중 가장 강력한 소노부 해씨(解氏)에서 왕위를 계승하다가 6대 태조왕 때부터 주로 계루부 출신의 고씨(高氏)가 왕을 맡고 연나부(절노부)의 여인을 왕비로 맞이하여 일종의 공동 정권을 구성했다. 5개 부족이 공유했던 권력이 차츰 왕족과 왕족의 파트너가 되는 두 부족에게 쏠리기 시작했다. 이때부터 전(前) 왕족 소노부, 현(現) 왕족 계루부, 왕비족인 연나부의 대가(大加)들은 '고추가(古雛加)'라고 부르며 특별 대우를 받았다.

고국천왕의 부인 우씨도 연나부 출신으로 연나부에 권력이 집중되자 백성의 가옥과 전갑을 강탈하고, 심지어 왕실의 힘을 능가할 정도가 되었다. 그러자 왕권 강화를 위해 고국천왕이 외척 세력을 하나씩 제거하기 시작했다. 드디어 191년 연나부의 좌가려(左可慮)와 어비류(於卑留) 등 외척 세력이 반란을 일으켰다. 이들을 제압한 후 고국천왕은 즉시 포고령을 내렸다.

"근래에 관직과 직책을 덕으로 주지 않고 개인 친분으로 주는 까닭에 그 해악이 온 나라를 흔들었다. 그대들은 양심이 있고 현명한 사람들을 천거하라."

이때 을파소가 천거되었고 이후 7년간 고구려의 국력은 나날이 강성해 졌으나 왕후와 그 부족은 궁지에 몰렸다. 이런 상황에서 거구에 큰 솥을 가볍게 들어 올리던 건장한 고국천왕이 갑자기 죽은 것이다.

왕이 사경을 헤매자 왕비가 흔들어 보는데 왕은 고개를 맥없이 떨구었다. 갑작스런 변고에 후사도 정하지 못한 상태였다. 먼저 중신들을 모아야 할 왕비가 왕의 죽음을 일체 비밀에 붙이고 급히 시아주버니인 발기(拔奇)를 찾아갔다.

"지금 이 나라에 왕위를 이을 후사가 없으니, 시아주버님께서 이어주셔야겠습니다."

한밤중에 고구려 최고의 미녀인 제수씨가 찾아와 왕의 후계자가 되라고 하니 발기는 덜컥 의심이 들었다. 이때까지 발기는 동생인 왕이 죽은 줄 몰랐다.

"대왕께서 서거하시기도 전에 후계를 거론하는 것은 불경이 아닙니까? 더욱이 이런 야심한 밤에 아무리 왕후라지만 아녀자의 몸으로 외간 남자의 집에 찾아오시니 이 어찌 법도에 맞는 일이라 할 수 있겠습니까?"

이 한마디로 발기는 왕관을 놓쳤다.

우 왕후는 시숙의 말에 부끄럽기도 하고 화가 났으나 겨우 가라앉히고 발기의 집을 떠나 시동생 연우(延優)의 집으로 발길을 돌렸다. 연우는 형수가 찾아온다고 하자 의관을 갖추고 예를 다해 모셨다.

연우가 큰절을 올리고 술잔을 들어올렸다. 왕후가 한 잔 들이켜더니 대왕이 이미 세상을 하직했다고 알리면서 "왕이 없으므로 시아주버님이 승계해야 되나 오만하고 무례하게 굴어서 시숙을 찾았다"고 했다. 연우가 놀라며 무슨 말을 하려 하자 왕후는 손을 저어 입을 다물게 했다.

마침 술상에 고기가 떨어져 연우가 직접 음식을 마련했다. 고구려에서 이런 일은 하인들의 몫이었다. 그런데도 직접 고기까지 썰다가 손을 다치자 감동한 왕후가 다가가더니 치마끈을 풀어 직접 피를 닦아주고 상처를 묶어주었다.

그날 밤 두 사람은 고국천왕의 유언을 조작해 연우가 왕이 된 후 형수를 자신의 왕비로 삼기로 합의했다. 한 여인은 남편의 죽음 앞에 왕비 자리를 탐하고, 한 남자는 형의 죽음 앞에 권력을 찬탈하고자 했다. 이런 그들에게 거칠 것이 무엇이랴? 두 사람의 이야기는 다음 날 동틀 때까지 계속되었다. 형수와 시동생이 왕권을 두고 어느덧 연인 사이가 되고 말았다.

이른 아침 궁궐로 돌아온 왕비는 대신들을 소집해 선왕의 유언을 조작하여 전달했다.

"대왕께서 운명하시면서 왕위를 아우 연우에게 넘긴다 하셨소."

그렇게 등극한 이가 고구려 10대 산상왕(山上王, 재위 197~227)이었다. 뒤늦게 발기는 속았음을 알고 군사를 일으켜 궁성을 포위했다. 산상왕이 당황하자, 우씨는 별일 아니라고 했다. "성문을 닫아걸고 그냥 가만히 계세요. 발기는 제 풀에 지쳐 스스로 물러갈 것입니다."

왕위를 도둑맞은 발기가 성문 밖에서 고래고래 소리 질렀다.

"이 더러운 것들아, 내 자리를 내놓아라. 유언을 날조해 왕위를 빼앗아 가다니. 이 도둑들아, 당장 나와 내 칼을 받으라."

그렇게 3일간 소리쳐도 산상왕은 성문을 굳게 닫고 일절 대꾸하지 않았다. 아니나 다를까 우씨의 말처럼 백성들은 선왕의 유언을 따라 즉위했다는 산상왕 편을 들었다. 백성들의 여론이 자신에게 불리해지자 발기는 제 발로 포위를 풀고 요동으로 달아났다.

이후 발기는 요동태수 공손도(公孫度)에게 3만 군사를 빌려 고구려로 다시 쳐들어왔으나 크게 패하고 자결했다. 상산왕은 형수 우씨와 약속한 대로 왕이 된 후 우씨와 결혼했다.

이로써 우씨는 연이어 두 형제 왕과 결혼하여 왕후를 두 번 지낸다. 남편이 죽자마자 다른 사람도 아닌 남편의 동생과 바로 결혼하다니? 이는 당시 풍속인 형사취수제(兄死娶嫂制) 때문에 가능했다. 형이 죽으면 그 동생이 형수를 아내로 삼는 제도다. 부여나 흉노 등 북방 유목민들의 독특한 풍속을 고구려가 이어받았던 것인데 왕후 우씨는 이런 풍습을 이용해 자신의 권력을 50년간 유지해나갔다.

09
멧돼지를 잡고 왕비가 된 처녀
- 달의 신 아르테미스의 멧돼지

       왜 우리는 돼지꿈을 꾸면 재물이 생긴다고 믿었을까? 지금도 우리나라에서는 고사를 지낼 때 돼지머리를 놓고 만사형통하라고 기원한다. 아마 그 기원은 우리 역사 속에 등장하는 멧돼지에 있지 않을까 한다.

  멧돼지는 한반도 역대 왕조의 도읍지를 정해주었다. 고구려 유리왕 때에도 돼지가 국내성을 도읍지로 정해주었고. 고려의 도읍지 개성도 왕건의 조부 작제건(作帝建)이 용왕의 딸과 결혼하고 선물로 받은 멧돼지가 드러누웠던 곳이다. 우리 민족에게 돼지는 길지(吉地)의 땅을 점지해주는 상징이었고, 뿐만 아니라 권력도 누리게 해주는 상서로운 동물이었다.

  칼리돈(Calydon)의 왕 오이네우스(Oenus)가 신들에게 제사를 지내며 하필 달의 여신 아르테미스를 빼고 재물을 바쳤다. 무시당한 것에 화가 난 아르테미스는 어느 날 밤 하늘의 달을 숨기고 거대한 멧돼지를 칼리돈에 보냈다. 그 멧돼지가 칼리돈의 포도밭과 올리브 농장을 마구 헤집고 온 들판을 쑤시고 다녀 황폐하게 만들었다. 그러자 그리스의 수많은 영웅들이 이 멧돼지를 잡기 위해 사냥에 나섰다. 이들 중 알타이아(Althaea)의 아들 멜레아그로스(Meleagros)가 그 멧돼지를 잡았다.

알타이아는 불타는 장작불 옆에서 멜레아그로스를 낳았는데, 그때 운명의 세 여신(Fates)이 장작불을 가리키며 '저 장작이 다 타면 이 아들도 죽을 것'이라고 예언했다. 이에 알타이아는 타고 있던 장작을 얼른 꺼내 불을 끄고 깊은 곳에 숨겨두었다.

멧돼지를 잡은 후 멜레아그로스와 외삼촌들이 분배 과정에서 다툼이 일어나 멜레아그로스가 외삼촌들을 죽여버렸다. 아들이 오빠들을 죽였다는 소식을 들은 알타이아는 치를 떨며 숨겨 두었던 타다 만 장작을 꺼내 불구덩이에 던져 멜레아그로스도 죽게 되었다. 이후 사람들은 직업과 명성에 해가 되는 치명적 약점을 '알타이아의 장작(Althaea's brand)'이라 부른다.

고구려에서 멧돼지 신화와 관련된 왕이 고국천왕(故國川王)이다. 고국천왕의 왕후 우씨는 시동생인 산상왕의 아내가 되고 나서도 12년(208년) 동안 아이를 갖지 못했다. 후계자가 없자 산상왕도 속이 탔으나 우씨 덕에 왕이 되어 눈치 보느라고 다른 후궁들도 가까이하지 못했다. 그러던 어느 날 하늘에 제사 지내려고 묶어둔 멧돼지가 줄을 끊고 달아났다. 제관이 아무리 뒤쫓아도 이리저리 피해 도망가는 멧돼지를 잡지 못했다.

그렇게 몇 시간을 쫓고 쫓기며 술 빚는 마을이란 뜻의 주통촌(酒桶村)이라는 곳에 이르렀다. 멧돼지가 이 마을의 곳곳을 돌며 술 찌꺼기를 먹더니 더 사납게 날뛰었다. 이때 한 처녀가 나타나 번개같이 멧돼지를 잡아 번쩍 들고 제관에게 넘겨주었다.

고국천왕은 이 말을 듣고 그 처녀에 대한 호기심이 일었다. 제사 드릴 육중한 멧돼지를 잡은 여자라면 틀림없이 선대왕의 혼령이 도운 것이라고 보았다. 왕은 왕비의 눈을 피하기 위해 농부 옷으로 갈아입고 제관을 앞세워 주통촌을 찾았다. 그날 밤 왕은 처녀 집에서 밤을 지내고 새벽에 떠나며 그녀에게 말했다.

"아이를 낳으면 너를 왕후로 봉하리라."

이 모든 일은 비밀에 부쳐졌으나 3개월 뒤 우씨가 알게 되었다. 우씨가 몰래 군사를 보내 이 처녀를 죽이려 하자 그녀는 남장을 하고 도망갔다. 그러다 결국 군졸들에게 잡히자 처녀가 소리쳤다.

"누가 나를 죽이라고 하더냐, 왕후냐 왕이냐? 내 속에 왕자가 자라고 있다. 나를 죽이는 것은 좋으나 왕자까지 죽일 테냐?"

이 말에 군졸들이 움찔하며 물러가 왕후에게 고했다. 왕후가 더 길길이 날뛰며 죽이려 하자 왕이 주통촌의 처녀가 임신했음을 듣고 궁으로 불러들여 보호해주었다. 이 처녀가 209년 9월 아들을 낳으니 산상왕이 멧돼지가 중매했다 하여 교체(郊彘)라 이름 짓고 처녀는 소후(小后)에 봉했다. 이 아들이 제11대 동천왕(東川王, 재위 227~248)이다. 소후에게서 왕자를 얻은 산상왕은 제의 행사에서 희생물과 함께 반드시 주통천의 술을 함께 사용하도록 했다. 이때부터 고구려는 동맹 축제를 열 때마다 술을 내놓았고 혼인식에서 합환주(合歡酒)도 마시기 시작했다. 같은 해 산상왕은 국내성에서 가까운 환도성으로 천도했다. 고구려의 도읍지는 주몽 시대 졸본에서 유리왕 이후 국내성으로 옮겨졌다가 산상왕 때 환도성이 되었다.

소후가 왕자를 낳은 후에도 우씨의 질투는 그치지 않았다. 심지어 동천왕이 즉위한 후에도 왕의 옷에 국물을 일부러 쏟는 등 여러 모로 괴롭혔다. 그러나 동천왕은 우씨를 태후로 극진히 모셨다. 태후 우씨는 234년 9월 임종을 앞두고 동천왕에게 유언을 남겼다.

"내 지난 일을 돌이켜보건대 지하에 내려가 고국천왕을 뵐 면목이 없소. 그러니 나를 산상왕릉 옆에 묻어주구려."

우씨는 소원대로 7년 전 죽은 산상왕 곁에 묻혔다. 그녀는 고구려 9대왕 고국천왕 18년, 10대 왕 산상왕 31년을 왕비로 살았다. 한 여인이 국모를 두 차례나 지낸 유일한 경우다.

이 시기에 중국은 184년 황건적의 난으로 시작된 삼국시대 100년의 중후반부로 접어들고 있었다. 동천왕은 중국의 정세를 면밀히 관찰하고 있었다. 즉위한 지 10년(236)째 오나라 왕 손권(孫權)이 보낸 사신을 죽이는 등, 어느 쪽과도 손을 잡지 않은 채 중원에 진출할 기회만 노렸다.

그러던 중 촉과 오가 연합해 위나라를 공격하자 즉위 16년(242) 위나라의 서안평(西安平)을 공격하여 빼앗았다. 2년 후 위나라는 유주자사(幽州刺使) 관구검(毌丘儉)을 보냈으나 고구려의 저항에 부딪쳐 4년간 치열한 일진일퇴를 벌였다. 그러나 끝까지 버티는 동천왕의 항복을 받지 못하고 철군했다. 247년 즉위 21년째 되던 해 동천왕은 전쟁의 상처를 안은 채 양위 교서를 남기고 죽었고 12대 중천왕(中川王, 248~270)이 즉위했다. 동천왕을 장사 지낼 때 백성들이 그 은덕(恩德)을 높이며 서러워했고 덩달아 순사(殉死)하는 자가 많아 나라에서 예(禮)가 아니라며 만류했다고 했다.

10
'루(婁)' 자 시대를 끝낸 백제 초고왕, 마한을 누르고 대륙에 진출한 고이왕

백제를 개국한 온조왕 이후 연이어 등장한 왕들은 2대 다루왕(多婁王, 재위 28~77), 3대 기루왕(己婁王, 재위 7~128), 4대 개루왕(蓋婁王, 재위 128~166)이다. 3대가 모두 이름이 '루(婁)' 자로 끝난다. 과연 우연이었을까?

초기 백제의 왕들은 후기처럼 집중된 절대 권력을 갖지 않았다. 왕의 혈통 기록도 없거나 있더라도 정확하지 않았다. 입에서 입으로 전해져온 설화들이 대부분이다. 후대에 내려오면서 역사적 뼈대 위에 자신들이 보고 싶고 믿고 싶은 대로 살을 입히는 경우가 허다하다. 《삼국사기》에 기록된 〈온조왕〉 편도 고대 백제인들이 가장 추앙하는 온조의 관점에서 역사적 사실을 재해석하고 재배열하였을 것이다.

일반적인 왕들의 재위 기간은 20~30년을 넘지 못했다. 그런데 초기 '루'자가 붙은 왕들은 50년 안팎이었다. 다루왕이 50년, 기루왕이 52년,

개루왕이 39년이다. 한 명도 아니고 세 명이 연속해서 우연히 50년 가까이 재위하기란 불가능하다. 게다가 세 왕 모두 선왕의 아들들이었다.

소서노의 두 아들 비류와 온조가 백제를 만들었으나 초기 백제 부족 연맹에서는 비류계가 우세했다. 미추홀에 자리 잡은 비류 세력은 중국 등과 해상 무역을 통해 부를 쌓았고 이를 바탕으로 백제 연맹의 왕을 150년 이상 배출했다. 비류 세력이 해상 무역에 치중하는 동안 온조 세력은 한강 주변 소국들을 정복하며 세력을 키워 결국 비류 세력을 제압하고 주도권을 쥐었다. 그리고 왕위에 오른 첫 번째 온조계가 바로 5대 초고왕(肖古王, 재위 166~214)이다. 따라서 '루'를 지닌 초기 왕들은 모두 비류의 직계 후손으로 추측되며, 단순히 한 사람의 왕이 아니라 그 집단의 여러 왕을 대표한다고 여겨진다.

이처럼 실제적으로 백제 건국의 시조가 된 초고왕은 즉위 초부터 신라의 변경을 자주 침범했다. 신라와의 잦은 충돌 가운데 190년, 원산향(圓山鄉, 경북 예천)과 부곡성(군위)을 차례로 공격했을 때의 일이다.

백제군이 부곡성을 포위하고 있는데 신라의 병권을 쥐고 있던 김구도(金仇道)가 날쌘 기병 500명을 데리고 달려왔다. 이때 백제의 군사들이 유인책으로 달아나는데 이를 모르고 신라 기병이 급하게 뒤쫓다가 와산(蛙山, 충북 보은)에 이르러 백제 매복병에게 대패했다.

이 책임을 물어 신라 9대 왕 벌휴이사금(伐休尼師今)이 김구도를 부곡성주로 좌천했다. 김구도는 김알지의 5대손으로 아들이 신라 1대왕 미추이사금(味鄒尼師今)이다. 양국은 특히 소백산맥 근처에서 치열한 공방전을 벌였다. 표면적 이유는 신라에서 반역을 도모하다 발각되어 백제로 망명한 아찬(阿飡) 길선(吉宣)의 송환에 대한 갈등이었다.

백제가 신라의 송환 요구를 거절하며 양국 간 긴장이 높아지자 이를 계기로 소백산맥 일대의 지배권 확보에 나섰다. 이 일대를 차지하면 소백산맥 죽령 너머 메밀꽃밭이던 영주, 문경새재 너머 뽕나무밭인 상주 평야를 손에 넣을 수 있었다.

초고왕 40년 7월 금성이 달을 범했다며 흉조라 여기고 있었는데, 같은 달 서부인(西部人) 회회(茴會)가 흰 사슴을 포획하여 바쳤다. 길조의 동물을 바쳤다며 초고왕이 회회에게 곡식 100석을 하사했다. 다음 달 초고왕이 죽고 제6대 구수왕(仇首王, 재위 214~234)이 즉위했다.

구수왕의 뒤를 큰아들 사반왕(沙伴王, 재위 234)이 이었으나 무능하여 폐위되고 8대 고이왕(古爾王, 재위 234~286)이 왕좌에 앉았다. 그는 4대 개루왕의 둘째 아들이며, 왕이 되자 강화도에서 사냥 대회를 열고 친히 사슴 40여 마리를 화살로 쏘아 잡았다. 꽃무늬를 새긴 까마귀 모양의 오리관을 썼고 까마귀 모양의 가죽신과 하얀 허리띠를 맸다.

한강 유역을 확보한 백제

고이왕은 각 부족들의 군사력을 약화시키고 중앙집권을 강화하기 위해 좌장(左將)을 설치했다. 이 밖에도 관리들의 부패를 방지하는 범장지법(犯贓之法) 등을 만들었다.

재위 11년(244) 8월, 위나라가 관구검을 보내 고구려 정벌에 나섰다. 낙랑태수 유무(劉茂)와 대방태수 궁준(弓遵)이 관구검의 위나라 군대에 참여하여 적극 도왔다. 첫 번째 전투에서는 지형지물을 이용한 고구려가 위나라군 3천 명을 물리치는 전과를 올렸다. 노련한 관구검은 패배를 딛고 좌우군으로 고구려군을 포위해 중군으로 급습하는 전략을 펼쳐 고구려군 1만 8천 명이 죽었다. 1차 침공에서 위나라군과 고구려군은 서로 큰 피해를 끼치고 물러났다.

245년 5월, 관구검의 한나라 군대가 속마현거(束馬懸車)라는 기상천외한 전략을 구사했다. 말발굽에 헝겊을 씌워 소리가 나지 않게 하고 수레를 서로 이어 떨어지지 않게 한 후 험한 산길을 돌아 환도성을 기습 공격했다. 고구려는 속수무책으로 당했지만 동천왕(東川王, 227~248)의 항복을 받지는 못했다. 오히려 거짓으로 투항한 고구려 장수 유유(紐由)가 위나라 장수에게 음식을 바치는 척하며 식기 밑에 숨겨든 단도를 들어 적장을 찌르고 자신도 목숨을 끊었다. 장수를 잃은 위나라 군대는 혼란에 빠졌다. 관구검은 속전속결만 의지하다가 서안평조차도 수복하지 못하고 도망가야 했다.

패장 관구검은 좌천당한 후 위나라 사마씨에게 반역을 꾸미던 중 참수당했다. 이토록 치열한 전쟁이 4년간 진행되면서 대방태수 궁준(弓遵)과 낙랑태수 유무(劉茂)도 병력을 모아 고구려 토벌에 대거 참여하자 고이왕은 좌장 진충에게 산둥반도의 해변을 침입하도록 하여 낙랑인들을 포로로 잡아오며 백제의 대륙 진출의 시초를 열었다. 하지만 낙랑태수 유무가 포로의 귀환을 촉구하자 돌려보내야 했다. 이때까지만 해도 백제의 국력은 낙랑에 비해 약했다.

역사적으로 중국이 통일되고 안정되면 반드시 동북아로 팽창하려 했고 반대로 혼란기에는 고구려나 백제가 요서로 진출했다. 한무제가 기원전 108년 옛 고조선 땅에 설치한 한사군은 고조선 토착민들의 저항을 견디지 못하고 기원전 82년 진번군은 낙랑군에, 임도군은 현도군에 편입되어야만 했다. 206년 낙랑군을 지배하던 공손강(公孫康)은 낙랑의 남쪽 속현이었던 대방을 분리하여 대방군(帶方郡)으로 독립시켰다. 이후 낙랑군과 대방군은 삼한의 발전과 통합에 저해 요소가 되었다.

고이왕 때 백제의 상국인 마한이 고이왕에게 파병을 요구하여 연합군이 결성되었다. 이들은 대방군의 기리영(崎離營)을 공격하여 크게 승리했다. 백제가 이쯤에서 전쟁을 종식하자고 마한을 설득하자, 마한이 독자적으로 대방과 낙랑을 공격하다가 역공을 받아 패하고 마한 연맹 자체가 붕괴되었다. 이때부터 백제가 마한의 중심 세력이 되었고 한강 유역의 지배 구간을 확보했다. 이때부터 백제는 고대 국가로 기반을 확실히 정립했다.

그동안 중국은 백제를 마한의 한 나라로 여겼고 마한의 맹주는 목지국으로만 알았다. 그러나 고이왕이 대륙에 진출하자 백제를 주목하기 시작했다. 대방태수는 자위(自衛) 수단으로 자신의 딸 보과(寶菓)를 고이왕의 아들 책계왕(責稽王, 재위 286~298)에게 시집보냈다.

이 시기에 이미 대방군이 백제의 영향력 아래 들어왔다. 그래서 고구려가 286년 대방을 공격하자 대방왕이 구원을 요청했고 책계왕은 "장인의 나라가 공격받는데 가만히 있을 수 없다"며 파병했다. 이때부터 고구려에게 원망을 받기 시작한 백제는 고구려의 침입을 대비해 아차성(阿且城, 광장동)과 사성(蛇城, 풍납동)을 만들었다.

11
근초고왕, 백제의 황색 깃발로
고구려의 적색 깃발을 덮다

야생마 한 마리가 거칠게 날뛰고 있었다. 왕이 지켜보는 가운데 날랜 기병 장수들이 그 말을 길들여보려고 도전했지만 모두 실패했다.

그때 한 소년이 나타나 날뛰는 야생마의 고삐를 잡더니 말 머리를 태양으로 향하게 했다. 말이 잠시 주춤하는 순간에 소년은 말 등 위에 올라탔다. 소년을 태운 말은 거친 들판을 미친 듯이 달렸다. 한참을 달리다가 지친 말이 소년과 혼연일체가 되어 돌아왔다.

왕과 모든 장수들은 크게 놀라며 소년의 이름을 물었다. 소년은 짧게 대답했다.

"알렉산더(Alexander)."

그는 기원전 356년에 태어났다. 20세에 왕위에 올라 어릴 때 탔던 야생마와 함께 동방 원정을 다니며 평생 고락을 같이 나눴다. 그 말의 이름

알렉산더

은 부케팔로스(Bucephalus)였다.

알렉산더보다 600년 후의 사람인 백제의 제13대 근초고왕(近肖古王, 재위 346~375)도 말을 잘 다루는 명기수였다. 그는 말을 무척 귀히 여겼으며 일본 오진(應神) 천황에게도 아직기(阿直岐)를 통해 암말과 수말 한 필씩을 보내주고 말을 사육하는 법과 승마술도 전해주었다.

삼국시대 3대 정복 군주가 있다. 고구려 광개토대왕, 신라의 진흥왕, 그리고 백제의 제13대 근초고왕이다. 4세기는 근초고왕, 5세기는 광개토대왕, 6세기는 진흥왕의 전성기였다. 백제는 근초고왕의 통치 30년을 지나며 비로소 중앙집권을 공고히 하는 고대국가로 완성되었다. 백제가 삼국 가운데 가장 먼저 전성기를 연 것도 모두 기마 전술의 귀재인 근초고왕의 업적이다. 그래서 백제사 하면 근초고왕이 항시 거론된다. 근초고왕이란 이름은 초고왕과 가깝다는 뜻이다. 왜 이런 왕호(王號)를 지었을까?

백제 역사 시초에 온조와 비류가 있었다. 5대 초고왕부터 부여씨(夫餘氏)인 온조 계열이 즉위하다가 8대 고이왕 때 다시 해씨(解氏)의 비류 계열이 왕권을 차지했다. 즉 고이왕이 쿠데타를 일으켜 7대 사반왕의 세력을 서해에서 제거했다.

고이왕 이후 9대 책계왕(責稽王, 재위 286~298), 10대 분서왕(汾西王, 재위 298~304), 12대 계왕(契王, 재위 344~346)이 고이왕의 후손인데 11대 비류왕(比流王, 재위 304~ 344)만큼은 온조계 인물이었다. 비류왕의 즉위는 낙랑의 자객이 분서왕을 살해하며 이루어졌다.

계왕도 집권 2년 만에 죽고 근초고왕이 집권했다. 그만큼 초기 백제는 비류계와 온조계의 왕실 세력 교체가 빈번했다. 근초고왕은 비류왕의 둘째 아들로 온조계 사람이었다.

근초고왕 이후 백제 왕위는 모두 온조계가 차지했다. 이때부터 백제의 역사가 온조계 시각으로 재구성되었다. 그래서 근초고왕은 '루'자로 끝나는 비류계의 왕들을 이어 온조계로 왕권을 잡은 초고왕의 이름을 차용한 왕명(王名)을 채택했다.

근초고왕의 집권기인 4세기 동아시아 전체가 격변기였다. 먼저 중국에서는 사마중달(司馬仲達)의 아들 사마염(司馬炎)이 위나라를 쓰러트리고 세운 진(晉)나라가 흉노, 선비족 등 북방족의 침략을 견디다 못해 황하 유역을 떠나 양자강 유역으로 쫓겨났다.

남중국으로 밀려난 동진(東晉)은 여러 세력의 각축장이 된 북중국을 되찾기 위해 잦은 전쟁을 벌였다. 중국 대륙의 이런 혼란은 주변국들에게 큰 영향을 끼쳤다. 무엇보다 고구려가 313년 미천왕 때 낙랑군과 대방군을 정복했다.

그동안 백제는 3세기 중반부터 대방군을 통해 중국 문물을 교환했는데, 그 창구가 막히자 다시 해상을 통해 직접 교역해야 했다. 이제 고구려와 백제의 완충지대였던 낙랑이 사라지자 두 나라는 직접 맞부딪쳐야만 했다. 또한 백제가 낙랑과 대방 사람들을 적극 포섭하면서 충돌을 피할

백제 금동관

수 없게 되었다.

　근초고왕은 이러한 정세하에 부합하는 강력한 리더십을 구사했다. 먼저 소백산맥을 넘어 가야의 7개 연맹을 정벌했다. 왜왕을 설득해 왜국 용병도 동원했다. 이 과정에서 강성한 백제의 모습을 보여주기 위해 왜국 사신을 통해 보물을 보내주었다. 그 종류로는 철 기구, 우각궁(牛角弓), 비단 등이 있었다.

　백제는 일본에 왕인 등을 보내 천자문과 종이 등 백제의 문화와 학술도 전수해주었다. 이로써 일본 고대 문화의 기초가 닦였다.

근초고왕, 대륙을 도모하다

현재 일본 신궁에 소재되어 내려온 신비의 검, 칠지도(七支刀)도 당시 근초고왕이 용병을 보내준 왜왕에 대한 하사품이었을 것이다. 이 모든 것은 고구려에 대항하기 위한 사전 정지 작업이었다. 근초고왕은 가야 연맹국들을 통제하고 신라와의 동맹 관계도 강화해놓았다.

백제 근초고왕의 상대는 고구려 제16대 고국원왕(故國原王, 재위 331~371)이었다. 두 나라의 첫 충돌은 369년에 치양성(雉壤城, 황해도 배천군)에서 시작되었다. 먼저 고구려의 고국원왕이 기병 2만으로 치양성을 침입했다. 근초고왕은 태자인 근구수왕(近仇首王)에게 작전 지시를 내리며 맞서 싸우게 했다.

"백제 군사가 고구려군에 비해 월등히 적으니 적을 방심케 한 후 허를 찌르라."

고구려군은 백제군이 다가오다 겁먹은 듯 먼 거리에서 멈칫거렸으나 마음 놓고 민가를 약탈하는 데 정신이 없었다. 이 틈을 탄 백제군이 기습 공격을 감행해 고구려군 5천여 명을 포로로 잡았다. 이 전쟁이 끝나고 근초고왕은 백제 전역에 승전 벽보를 붙였고, 11월 하순 남쪽에서 대규모 열병식을 거행했다.

칠지도

이 열병식에 황제를 상징하는 황색 깃발을 휘날렸다.

2년 뒤 고구려 고국원왕이 복수하기 위해 대규모 병력으로 백제를 공격했다. 근초고왕도 이 전투에 직접 참가해 진두지휘하며 복병전(伏兵戰)을 구상했다. 붉은 깃발을 든 고구려군이 몰려오자 근초고왕은 예성강 변에 매복해 있다가 강을 건너려던 고구려군을 기습했다. 결국 고구려군은 예성강을 넘지 못하고 퇴각했다.

두 번 고구려의 공격을 받은 백제는 그해 겨울 먼저 고구려를 공격했다. 근초고왕이 황색 깃발과 함께 선두에 서서 3만 군사를 이끌고 고구려 평양성을 공격했다. 이때 근초고왕의 전술은 적장을 집중 공격하는 것이었다. 고구려의 고국원왕은 빨간 깃발을 든 정예군 속에 있었다. 이들을 향해 전투병이 총공격하고 궁사들의 화살이 쏟아졌다. 이 화살 중 하나에 고국원왕이 정통으로 맞았다. 비록 이 전투로 백제가 평양성을 함락하지는 못했지만 고구려 왕을 죽이는 혁혁한 전과를 세웠다.

중국과 대등한 기세였던 고구려를 꺾은 근초고왕은 대륙을 도모하기 시작했다. 우선 요서를 공격해 차지하고 진평군(晉平郡) 진평현(晉平縣)이라 칭했다.

한강 유역의 백제와 서해를 사이에 둔 요서의 진평군을 다스리기 위해 근초고왕은 강력한 해군력을 길렀다. 이렇게 황해의 많은 부속 도서를 장악하고 강화도는 백제 왕실의 사냥터로 만들었다. 이후 백제는 바다 건너 부씨(扶氏)의 진(秦)과 선비(鮮卑) 모용씨(慕容氏)의 연(燕)을 정벌했다. 그 후, 산둥반도, 절강성과 요서, 강서 등을 지배했다.

재야 사학자 이도학에 의하면 해양제국 백제의 실크로드는 금강 하구에서 출발했다. 서해안을 지나 중간 기착지인 제주도나 오키나와에 일단 기항하고, 여기서 대만해협을 지나면 인도까지 다다를 수 있었다.

백제의 사인(使人)들이 부남(扶南, 캄보디아)을 비롯한 곤륜(崑崙, 동남아시아 지역)의 사신들이 백제와 의논하지 않고 왜와 직접 교섭을 시도했다 하여 바다에 수장시키기도 했다.

신라 말 최치원은 고구려와 백제가 전성기일 때 백만 군사를 보유하고 오월(吳越)까지 침입했다는 기록을 남겼다. 근초고왕은 백제의 무대를 중국 대륙 일부와 일본열도, 동남아시아와 인도까지 확장했다. 이로써 백제는 한반도를 뛰어넘는 아시아의 제국을 형성했다. 강대국 백제를 만든 근초고왕은 박사(博士) 고흥(高興)에게 백제 최초의 국사책《서기(書記)》를 편찬토록 했다.

12

광개토대왕은 왕관 대신 투구를 쓰고, 훈족 아틸라는 베르디의 오페라가 되다

4세기 초 동양과 서양에 두 정복 군주가 있었다. 동양은 고구려 제19대 광개토대왕(廣開土大王, 374~413)으로 말이 사나울수록 더 잘 다루었으며 말에게도 갑옷을 입힌 철기군(鐵騎軍)을 최초로 구성했다. 서양에는 징기스칸과 알렉산더 대왕과 더불어 세계 3대 정복 군주로 꼽히는 아틸라(Attila, 395~453)가 있었다.

아틸라는 훈족(Huns)이었다. 이들은 본래 북방 기마 민족인 흉노(匈奴)족이며 기원전 3세기 진시황제와 중원을 놓고 다투었다. 진시황제는 이들을 막기 위해 만리장성을 쌓았다. 155년 선비와 후한의 연합군에게 밀려 흉노 제국이 멸망하고 일부가 우랄 산맥을 넘어가 정착한 후 유럽 세계에 돌풍을 일으켰다. 이들은 370년 무렵 헝가리에 최초로 헝(Hung)이라는 나라를 세웠고, 이 나라가 뒤에 거주민이라는 뜻의 헝거(Hungar)로 바뀌어 오늘날의 헝가리(Hungary)가 되었다.

375년 훈족에 의해 게르만 민족(동고트, 서고트)의 대이동(375~800)이 시작되며 전 유럽이 전쟁의 소용돌이에 휘말린다. 독일 지역에 살던 동고트족이 서고트 지역으로 이동하자, 100만 명가량의 서고트인들이 도나우 강을 건너 로마에 들어가 그 영토에 살 수 있도록 요청했다. 힘이 없던 로마 황제는 378년에 이주를 허락했다.

훈족의 연이은 침입으로 로마제국은 395년 동로마와 서로마로 분리되었다. 이 와중에 아틸라가 태어났다. 헝가리에 근거지를 마련한 훈족은 유럽 전역을 공략하기 시작했다.

434년 훈족의 왕 루가(Ruga)가 죽자 조카인 아틸라가 형 블레다(Bleda)와 함께 공동 통치자가 되었다. 당시 동로마는 훈족에게 정기적으로 공물을 바쳤는데 납기를 지체하여 침략을 받게 되자 사절단을 보내 공물을 두 배로 올리기로 약속했다.

광개토대왕과 아틸라

서로마는 훈족에게 서고트인에 대한 통제권까지 넘겨주었다. 드디어 훈족이 서양의 패자가 된 것이었다. 아틸라는 443년 낭만적이고 예술을 좋아하던 형 블레다를 암살하고 훈 제국의 전제군주가 되었다.

그런데 서로마 황제 발렌티아누스(Valentinianus) 3세의 누나 호노리아 (Honoria)가 반란을 도모하다가 발각되어 동로마 수도원으로 추방되는 일이 벌어졌다. 호노리아가 아틸라에게 구출해달라며 금반지를 보냈다. 금반지는 청혼의 표시였다. 아틸라는 지참금으로 발렌티아누스 3세에게 서로마제국의 절반을 요구했다. 발렌티아누스 3세는 거절한 후 호노리아를 다른 남자에게 시집보냈다. 이 일을 빌미로 아틸라는 452년 대군을 일으켜 이탈리아 반도를 휩쓸고 결국 발렌티아누스 3세를 수도 라벤나 (Ravena)에서 몰아냈다. 아틸라의 공격을 피해 수많은 사람들이 갈대숲이 우거진 아드리아 해의 갯벌 지대로 도망갔다. 그들은 "나도 여기 왔다 (Veni etiam)"라고 외쳤는데, 여기서 현재 낭만과 물의 도시가 된 베네치아(Venezia)가 나왔다.

아틸라는 동쪽 우랄산맥과 서쪽 알프스, 남쪽 발칸반도의 도나우 강, 북쪽 발트 해안에 이르는 유럽 최대 제국을 지배했다. 여기에 45개 민족이 속해 있었다.

이런 거대 제국을 지배하던 아틸라는 453년 게르만 제후의 딸 일디코와 7번째 결혼식을 올렸다. 일디코는 평소 자신의 가족이 아틸라에게 살해당한 것에 앙심을 품고 있었다. 그녀는 왕비가 되던 바로 그 날 달빛 (moon)이 환하던 밤에 벌꿀(honey)로 만든 술을 먹고 잠이 든 아틸라를 암살했다. 여기서 아이러니하게도 허니문(honeymoon)이 유래되었다.

아틸라의 죽음에 이어 훈 제국은 분열되었고 머지않아 신기루처럼 역사의 뒤안길로 사라졌다. 그러나 아틸라가 유럽에 남긴 강렬한 공포는 전설이 되어 수많은 문학과 예술 작품으로 쏟아져나왔다. 심지어 아틸라는 드라큘라 이야기의 원조가 되기도 하고, 중세 독일의 전설인 니벨룽겐의 반지 등에도 등장했다. 또한 주세페 베르디는 아틸라를 3막의 오페라로 작곡했다.

<아틸라> 영화포스터

서양에서 아틸라가 로마제국을 장악하는 동안 동양에서는 고구려의 광개토대왕이 동북아를 장악하고 있었다. 광개토대왕과 장수왕(長壽王, 414~491) 시대에 걸쳐 고구려는 고조선의 옛 영토를 거의 회복했던 것으로 보인다. 고구려의 건국이념인 '다물'이 비로소 일시적이나마 성취되었다.

광개토대왕이 즉위할 무렵 고구려의 위치는 샌드위치였다. 위로는 사나운 북방 민족과 한족이 있었고 아래는 같은 부여족인 백제가 주도권 다툼에서 조금도 밀리지 않고 있었다. 3세기에 고구려 왕성인 환도성이 위나라 관구검의 공격으로 함락되었고, 4세기 선비족 일파인 전연이 쳐들어와 미천왕의 무덤을 파헤쳤다. 광개토대왕의 할아버지 고국원왕은 백제의 맹공에 평양성에서 목숨을 잃었다.

18세의 젊은 나이에 광대토대왕은 이런 지정학적 위기를 기회로 삼아 고구려를 동아시아 최강의 국가로 만들어 21년 동안 통치했다. 고구려인 들은 영토를 넓히고 백성을 평안하게 한 광개토대왕을 그냥 '대왕'이 아 니라 왕 중의 왕이라는 뜻인 '태왕(太王)'이라 부르며 존경했다.

경주에서 발견된 '호우명(壺杅銘)'이란 이름의 청동 그릇에도 '태왕'이 라는 글이 새겨져 있고 대왕의 업적을 기리기 위해 아들 장수왕이 중국 동부 지방인 통구에 세운 광개토왕릉비에도 '태왕'이라 기록되어 있다. 고국원왕이 백제의 근초고왕과 싸우다 전사하자, 광대토대왕의 큰아버 지인 소수림왕(小獸林王)은 충격에 빠져 불교를 받아들이고 충효를 강조 하는 유교 교육 기관인 태학을 설치하는 등 고구려를 안정시키려고 노력 했다.

소수림왕에게 자식이 없었기 때문에 차기 왕으로 동생 고국양왕(故國 壤王)이 즉위하였다. 그는 북방에 모용황(慕容皝)의 아들 모용수(慕容垂)가 세운 후연(後燕)과 요동 지방을 놓고 각축전을 벌이며, 남방의 백제를 선 제공격했다. 이러한 아버지 를 뒤이어 391년에 즉위한 광개토대왕의 국가 모델은 고조선이었고, 통치자 모델 은 주몽이었다.

호우명 그릇

그는 고구려를 고조선처럼 동북아 최강 국가로 만들기 위해 왕관을 벗고 투구를 썼으며, 왕좌 대신 말안장에 앉아 전장을 누볐다. 중국식 연호를 거부하고 영락(永樂)대왕이라 자처하며 고구려 주도의 천하 질서를 구축하고자 했다.

광개토대왕의 정복 활동은 백제와 왜, 가야가 대상인 남방 정벌, 거란을 공략하는 서방 정벌, 거란을 치고 숙신과 동부여를 속국으로 묶어두는 동북방 정벌의 3단계로 진행되었다. 즉위 후 그는 제일 먼저 후방을 안정시키기 위해 백제를 공격했다. 392년 7월, 4만 군사로 백제의 부족 성 19개를 함락했고, 두 달 뒤 강화 교동도의 관미성(關彌城)을 공격해 20일 간의 치열한 전투 끝에 빼앗았다.

관미성은 바다로 둘러싸인 절벽 위에 있었다. 이 성을 공격하기 위해서는 기존의 전술을 버려야 했다. 눈보라가 치는 날, 기습 작전으로 방심하던 적의 허를 찔렀다. 광개토대왕은 이 전투를 통해 해전의 중요성을 절감하고 해군을 양성했다. 백제의 아신왕(阿莘王, 재위 392~405)은 난공불락의 관미성을 빼앗기자, 고구려를 공격했으나 대패하고 도읍까지 함락당하는 치욕을 겪었다.

아신왕은 절치부심하며 평소 돈독한 관계였던 왜국과 신라에게 밀리던 가야까지 포함해 삼국동맹을 결성했다. 악에 받힌 아신왕이 군사와 말을 징발하며 전쟁 준비에 몰두하자 백성들이 줄지어 신라로 피신했다. 그동안 신라는 백제와 고구려가 싸울 때 고구려를 도왔는데, 백성들까지 신라로 도망가자 아신왕은 연합군을 몰아 신라 전역을 휩쓸며 장악했다.

신라 내물왕(奈勿王, 356~402)은 황급히 광개토대왕을 찾아가 '신하'를 뜻하는 '노객(奴客)'을 자처하며 은덕을 베풀어달라고 간청했다. 광개토대왕은 내물왕을 천민처럼 여기며 신라에 가득한 삼국동맹군을 몰아내기 위해 5만 대군을 이끌고 단숨에 내려왔다.

왜군은 해안으로 퇴각했고 가야 연맹은 낙동강 유역을 상실해 금관가야의 국력이 크게 약해졌다. 백제 정예군 3만이 성곽을 방어하며 끝까지 맞섰으나 유목민의 풍속대로 기병 중심의 '속전속결'을 펼치는 고구려군을 이기지 못했다.

신라 병합을 앞두고 또 다시 퇴각해야만 했던 백제 아신왕은 생을 마감하며 한 서린 말을 남겼다.

'도대체 광개토가 얼마나 강하기에 그렇게 많이 싸우고도 한 번도 이기지 못했단 말인가!'

이후 402년 광개토대왕은 6만 대군으로 요하를 건너 후연의 숙군성을 함락하고, 동부여와 숙신족까지 정벌했다. 이로써 고조선의 땅인 만주를 다시 차지했다.

13

형제국 고구려와 백제는
왜 그토록 싸웠을까?

- 펄 벅의《대지》

　　　　　　　백제를 건국한 주체 세력은 부여족
계통의 고구려 유민이었다. 신라는 마한과 백제를 건국한 일부 세력이 분
화하여 남해안을 돌아 경주 지방에 도착해 세운 나라였다. 따라서 백제와
고구려는 직계 가족이고 신라는 방계 가족인 셈이다.

　이 세 나라는 더 많은 대지를 차지하기 위해 서로 치열하게 싸웠다. 특
히 고구려와 백제는 삼국시대 초기부터 싸웠다.

　백제 9대 책계왕(責稽王, 재위 286~209)의 부인은 대방태수의 딸 보과
(寶菓)였다. 그런데 고구려가 대방을 침공하자 대방태수의 요청을 받은
책계왕이 고구려를 공격했다. 이때부터 고구려는 백제를 원수로 여기기
시작했다. 고구려가 중국 쪽 영토를 확보하려 싸울 때, 중국 군현들의 지
원 요청을 듣고 백제가 도와주면서 고구려도 백제와 더불어 영토 전쟁을
벌이게 되었다.

신라는 초반에 백제와 고구려가 벌인 치열한 패권 다툼에서 한발 물러서 있었다. 본래 백제와 고구려는 부여에서 갈라진 형제 국가로 지배 세력의 언어나 풍속이 같았다. 백제와 고구려는 부여의 시조인 동명왕을 함께 시조로 모시고 제사를 지냈다. 마치 춘추전국시대에 제후들이 각기 주나라 왕실의 정통성을 이어받았다고 주장한 것과 비슷했다. 이런 양보하기 어려운 경쟁의식이 동남아시아 해역을 지배한 해양강국 백제와 북방 초원을 석권한 고구려 사이에 깔려 있었다.

그래서 고구려와 백제는 4세기부터 6세기까지 치열하게 싸웠다. 당시 신라는 왕권도 약하고 발전도 늦어 고구려와 백제에 눌려 조용히 지냈다. 이런 신라가 22대 지증왕(智證王, 500~514) 때부터 발전하기 시작했다. 그는 사라, 사로, 신라 등 다양하게 사용되던 국호를 '신라'로 통일했으며 순장 제도를 없애 노동력을 확보했다. 기골이 장대했던 지증왕은 그에 맞게 키가 일곱 자 다섯 치(220cm)나 되는 여자를 찾아 왕비로 삼은 것으로도 유명하다.

한반도의 영토 빼앗기 전쟁은 백제와 고구려가 먼저 시작했고, 차츰 신라까지 동참했다. 삼국뿐 아니라 인류 역사에서 전쟁은 영토를 확장하려는 데서 비롯되었다. 역사를 거슬러 올라갈수록 대지는 인간에게 절대적인 가치였다. 펄 벅에게 노벨 문학상을 안겨준 《대지(The Good Earth)》도 그런 인간 심성이 잘 나타나 있는 작품으로, 인간의 삶에 숙명처럼 뿌리박은 땅에 대한 집착을 거대한 서사로 그려놓았다.

가난한 농부 왕룽(王陵)은 오로지 토지를 늘리기 위한 일념으로 파란만장한 일생을 보냈던 사람이다. 왕룽은 황 부잣집의 하인 오란(阿藍)과 결혼하면서 도금한 은반지와 귀고리를 혼인 예물로 주었다. 오란은 아들 잘 낳고 밭일, 집안일 잘할 것 같은 투박한 여인이었다. 왕룽의 머릿속은 온통 '대지'에 대한 욕망으로 가득 차 있었다. 땅이야말로 왕룽의 생존 이유이며 근면과 성실의 동기였다.

순종적인 여자였던 오란은 밭일을 하다가 산통이 오자 억새 풀잎 하나 꺾어들고 방으로 들어가 혼자 아이를 낳고 다시 밭으로 나갔다. 그렇게 두 명의 아들과 딸 하나를 혼자 낳으면서도 불평 없이 왕룽의 빈틈을 채워주었고 그 덕분에 왕룽도 피나게 노력해 조금씩 땅을 사들였다.

그러나 극심한 기근이 닥치자 왕룽을 포함한 가족들은 기아를 참지 못하고 고향을 떠나 대도시로 가야만 했다. 그곳에서도 비참하게 살던 중 어느 날 도시에서 폭동이 일어나 혼란스러운 가운데 그는 한 부잣집에서 보석과 돈을 손에 넣었다. 그는 그 후 고향으로 내려와 보석을 팔고 황 부잣집의 모든 땅과 저택까지 사들였다.

어느덧 큰 부자가 되자 왕룽은 꾀죄죄하게 사는 아내에게 싫증을 느끼고 찻집의 여인 연화(蓮華)를 첩으로 삼아 집에 데려왔다. 오란과 연화는 왕룽의 집에서 서로 다른 역할을 맡았다. 오란은 농사일을 하고 자녀와 시아버지를 돌보는 며느리 일에 충실했고, 연화는 왕룽의 노리개 역할을 맡았다. 세월이 흘러 오란이 병으로 죽고, 왕룽도 늙고 병들어 양지 바른 쪽에 앉아 졸면서 지난 한평생을 회고했다. 그는 대지에 까맣게 메뚜기 떼가 몰려오자 모든 고민을 잊고 메뚜기 떼만 쫓았던 옛날이 더 좋았다고 생각하며 미소 지었다. 그때 아들들이 다가와 땅을 팔자고 하자 왕룽은 격분하며 "절대로 팔아선 안 된다!"고 소리쳤다. 이 모습을 본 아들들은 또 다른 묘한 웃음을 지었다.

고구려 장수왕, 한강 유역을 점령하다

왕릉의 대지에 대한 집착은 삼국의 영토 전쟁과 다를 것이 없었다.

고대 한반도의 삼국은 돌아가며 전성기를 누렸다. 제일 먼저 백제는 근초고왕 때가 전성기였고, 그다음 고구려가 광개토대왕과 그의 아들인 장수왕 때 전성기를 구가했다.

장수왕은 427년 수도를 국내성에서 평양성으로 이전했다. 그때 장수왕은 국내성에 머무르며 광개토대왕처럼 중원을 노렸어야만 했다. 그랬더라면 고구려는 동북아시아를 지배하며 한반도를 통일한 왕조로 남을 수 있었을 것이다.

'교자채신(敎子採薪)'이라는 고사성어가 있다. 춘추전국시대 노나라의 한 아버지가 아들에게 '아궁이에 들어갈 땔나무를 베어오라'고 했다. 아들이 '가까운 산에 가서 베어오겠다'고 하자 아버지는 '가까운 곳의 나무는 언제든 베어 올 수 있으니 놓아두고 멀리 100리 밖의 나무부터 베어오너라'라고 타일렀다. 이 이야기의 교훈은 어떤 문제든 장기적 안목으로 근본적인 처방을 하라는 것이다.

장수왕의 평양 천도로 중원 세력들은 안도하였으나 백제와 신라는 큰 위협을 받았다. 5세기 동아시아 정세는 양쯔 강을 사이에 두고 이남에는 한족 국가가 있었고 이북에는 선비족이 다스리는 북위가 있었던 '남북조' 시대로 요동과 만주 대부분을 차지한 고구려가 중국 북조와 남조 모두에게 큰 부담이 되던 때였다.

장수왕은 이들을 달래고 본격적으로 남진 정책을 추진하기 위해 평양성으로 천도했다. 고구려의 움직임에 대단히 민감하던 북위의 왕 효문제는 크게 안심했다. 그리고 그는 훗날 장수왕이 죽자 하얀 관을 쓰고 상복을 입고 슬퍼했다. 그만큼 고구려가 북방보다 남방에 관심을 쏟자 안도했다는 뜻이다.

한편 고구려의 남진 정책에 당황한 신라의 눌지왕(訥祇王, 417~458)은 백제의 비유왕(毗有王, 427~455)과 군사적 공수 동맹(攻守同盟)인 '나제동맹(羅濟同盟)'을 체결했다. 이에 아랑곳 않고 장수왕이 454년 신라를 먼저 공격하고 다음 해 백제의 수도 한성을 공격하자 백제 21대 개로왕(蓋鹵王, 433~475)은 북위에 구원병을 요청했다. 그러자 북위는 고구려를 자극하지 않기 위해 이를 거절했다.

장수왕은 백제와 전면전을 준비하며 승려 도림(道琳)을 첩자로 보냈다. 바둑을 좋아하던 개로왕은 도림에게 속아 무리한 토목공사를 일으켜 국력을 소모했다. 이때를 노린 장수왕은 475년 3만 군사로 백제를 공격했다. 개로왕은 아차산성에서 목숨을 잃었고 22대 문주왕(文周王, 475~477)이 즉위하여 도읍을 웅진(雄鎭, 공주)으로 옮겼다. 이로써 백제의 500년 한성 시대(기원전 18~475)가 끝나고 웅진 시대(475~477)가 시작되었다. 웅진은 북쪽에 차령산맥과 금강이 있고 동남쪽에 계룡산이 있어 고구려와 신라의 침략을 쉽게 막을 수 있는 천연 요새였다.

백제가 한성을 떠나자 고구려는 한강 유역을 완전히 장악하며 신라를 압박했다. 489년 신라를 공격한 장수왕은 호명성(狐鳴城, 청송) 등 일곱성을 함락했다. 그 후 미질부(彌秩夫, 흥해)까지 쳐들어가 경주를 위협하자, 신라는 백제와 가야에 구원병을 청해 고구려군을 방어했다.

이처럼 백제의 웅진 천도 이후에도 나제동맹은 계속되었고 백제 24대 동성왕(東城王479~501)은 신라의 왕녀를 맞이해 혼인 동맹으로까지 발전했다. 신라의 소지왕(炤知王, 479~499)이 동성왕에게 이별찬 비지(比智)의 딸을 보냈던 것이다. 이로써 양국의 군사동맹은 더욱 공고해졌고, 가까스로 고구려의 남진을 저지했다.

장수왕이 98세의 나이로 죽고, 손자 문자명왕(文咨明王 492~519)이 고구려 21대 왕이 되었다. 그는 새로운 영토를 개척하는 대신 선왕이 확보한 광대한 영토를 지키는 정책을 폈다. 그 후 22대 안장왕(安藏王, 519~531)을 지나 23대 안원왕(安原王, 531~545) 때부터 권력투쟁이 일어나 귀족들이 두 편으로 나뉘어 싸우던 중 왕까지 피살되었다.

14

신라 진흥왕,
"음악이 무슨 죄가 있겠느냐"

- 전장에 울려퍼진 쇼팽의 야상곡

지증왕의 뒤를 이은 23대 법흥왕(法
興王, 514~540)이 천년 신라의 정신적 지주가 될 불교를 받아들였다. 그
는 중앙집권적 통치 체제를 완비하고 523년 금관가야를 병합했다. 금관
가야의 왕 김구해(金仇亥)는 신라의 귀족이 되었는데 그의 증손자가 바로
김유신이다.

법흥왕의 뒤를 이은 24대 왕은 진흥왕(眞興王, 540~576)이다. 이후 신
라가 진흥왕 때부터 최강국이 된다. 고구려는 안원왕 때 귀족들의 내분으
로 3일 동안 내전이 벌어져 왕과 2천여 명의 사람들이 죽고 24대 양원왕
(陽原王, 545~559)이 즉위하는 등 극도로 혼란스러웠다. 이럴 때 진흥왕
은 신라를 잘 이끌고 있었고 백제는 26대 성왕(聖王, 523~554)이 중흥의
깃발을 높이 들고 있었다.

우선 성왕은 한강 유역을 되찾기 위한 준비 작업으로 국호를 '남부여'

로 고쳤다. 이는 부여의 후손으로 부여의 옛 땅에서 고구려를 쫓아내고 부여의 영광을 되찾겠다는 결연한 의지였다. 도읍지도 백마강과 부소산성으로 둘러싸인 사비(泗沘, 부여)로 천도했다. 드디어 백제의 사비 시대(538~660)가 시작된 것이었다.

성왕은 진흥왕에게 나제동맹군을 만들어 고구려를 치자고 제안했다. 영토 확장의 야욕이 컸던 진흥왕도 선뜻 동의해 551년 나제동맹군이 한강 중·상류 지역의 고구려군을 공격했다. 이 싸움의 총지휘관은 성왕의 아들 여창(餘昌)이었고 신라군은 내물왕의 5세손인 거칠부(居柒夫)의 지휘를 받았다. 이 싸움에서 승리한 백제는 드디어 한강 유역을 회복했다.

여창은 빼앗은 지역에 병사들을 잔류시키고 자신은 사비로 돌아갔다. 그러나 진흥왕은 553년 7월 군사를 보내 동북 변경의 백제군을 기습 공격해서 한강 중·상류 지역을 수중에 넣고 신주(新州)를 설치했다.

이로써 120년간 지속되어온 나제동맹은 파기되었다. 이제 신라가 한강의 주인이 되었다. 이로써 신라가 황해 건너 중국과 직접 교류할 교두보와 북쪽 고구려와 서남쪽 백제를 압박할 수 있는 전략적 요충지를 확보했다. 이때부터 신라는 백제에게 배신의 아이콘이 되었다. 백제가 대방을 도와주고 고구려에게 배신의 아이콘이 되었던 것처럼 말이다.

진흥왕에게 의외의 일격을 당한 성왕은 554년 7월 가야와 왜국까지 포함한 연합군을 편성해 태자 여창(汝昌)에게 신라의 관산성(管山城, 충북 옥천)을 공격하도록 했다. 여창이 관산성을 함락하자 크게 기뻐한 성왕이 직접 격려하기 위해 50명의 병사만 데리고 사비성을 떠나 급히 관산성으로 향했다.

진흥왕 순수비

    이 정보를 입수한 진흥왕은 구천(狗川, 옥천) 부근에 복병을 숨겨 두었다가 성왕 일행을 급습하고 급기야 성왕마저 살해했다. 큰 혼란에 빠진 3만 백제군은 파죽지세로 몰려드는 신라군에게 몰살되었다.

    이렇게 한강 유역을 완전히 차지한 진흥왕은 친히 자신이 확보한 땅을 순행하며 북한산에 순수비(巡狩碑)를 세워 영역 표시를 했다.

한강을 확보한 진흥왕, 우륵의 음악을 장려하다

    진흥왕은 여기에 그치지 않고 이사부(異斯夫) 장군을 보내 낙동강 유역

우륵의 가야금

의 가야연맹을 점령했다. 신라가 가야를 차지하기 직전 우륵(于勒)이 신라로 망명했다. 우륵은 고구려 거문고의 대가 왕산악, 조선 세종 시기 박연과 더불어 우리나라 3대 악성(樂聖)이다.

거문고는 중국의 금(琴)을 보고 만든 악기이고 가야금은 중국의 쟁(箏)을 본따 만든 악기이다. 신라가 가야국을 합병하기 직전 대가야의 가실왕(嘉悉王)은 악사 우륵을 시켜 가야금을 만들고 12곡을 작곡하도록 했다. 하지만 가야 왕실이 가무와 음주만 즐기며 정사를 멀리하자 우륵은 가야금을 들고 진흥왕을 찾아갔다.

일부 신하들은 우륵의 영입을 반대했다.

"망한 나라의 음악을 즐겨서는 안 됩니다."

그러나 진흥왕은 "가야는 왕이 음란해 망한 것이지 음악이 무슨 죄가 있느냐"며 우륵의 음악을 나라의 대악(大樂)으로 삼았다. 진흥왕은 예술은 국가, 인종, 이념을 초월한다는 것을 알고 있었다.

제2차 세계대전 중인 1939년 유대계 피아니스트 블라디슬로프 스필만

(Wladyslaw Szpilman)은 폴란드 바르샤바의 한 라디오 프로그램에서 쇼팽의 야상곡을 연주하다가 독일군의 포격을 당했다. 나치는 폴란드를 점령하고 집요하게 유대인들을 탄압하고 있었다. 스필만과 가족도 가스실로 가는 죽음의 기차에 몸을 싣게 되었다. 스필만은 기차에 실려 가려는 순간 유명인이었던 그를 알아본 군인에 의해 간신히 목숨을 구했지만 가족은 모두 가스실로 실려갔다. 겨우 살아난 스필만도 나치의 눈초리를 피해 폭격으로 즐비하게 폐허가 된 건물들 중 한 다락방을 자신만의 은신처로 삼고 숨어 버렸다.

양동이에 담긴 구정물과 썩은 감자 몇 개로 간신히 연명하던 스필만은 어느 날 주방에서 통조림을 발견했다. 마침 벽난로에 삽이 있어 그 삽으로 통조림을 따려다가 깡통이 그만 데굴데굴 굴러갔다. 깡통을 쫓아가 집으려는데 그 앞에 순찰 돌던 독일군 장교 호젠벨트가 서 있었다.

"여기서 뭐하나?"

"깡통 따먹으려고……."

"하는 일은 무엇인가?"

"피아니스트입니다."

"그래? 그럼 한번 쳐봐."

스필만은 장교의 명령을 받고 쇼팽의 발라드 1번 G단조를 연주하기 시작했다. 허기져 있던 스필만은 처음엔 느리게 연주하더니 어쩌면 지상에서 마지막 연주가 될 수도 있다는 생각이 들어 혼신의 힘을 다해 연주했다. 점점 연주 속도는 빨라지고 예술혼을 다 바친 클라이막스에 다다랐다. 스필만의 혼신의 연주에 감동한 호젠벨트는 이후 그에게 매일 음식을

〈피아니스트〉 포스터

가져다주며 보호했다.

그러던 어느 날 독일군이 러시아군에게 밀려 철수하는데 호젠벨트가 스필만에게 자신의 외투를 벗어 입혀주고 마지막 빵을 주며 묻는다.

"이 전쟁이 끝나면 뭐할 건가?"

"다시 피아노 연주를 해야죠."

로만 폴란스키 감독이 실화를 바탕으로 만든 영화 〈피아니스트〉의 줄거리이다. 영화 속에서는 전쟁의 폐허 위에 피아니스트 인생 최고의 명연주가 펼쳐지며 적과 동지의 경계를 순식간에 무너뜨렸다.

신라와 가야 사이도 마찬가지였다. 예술의 가치를 아는 진흥왕의 배려로 우륵은 말년에 충주 탄금대에서 가야금을 타며 여생을 보냈다. 우륵이 탄금대에 머물고 있을 때 진흥왕은 젊은 관료 계고(階古), 법지(法知), 만덕(萬德) 등 세 사람을 보내 음악을 배우게 했다.

세 제자는 각기 재주에 따라 가야금(琴), 노래(歌), 춤(舞)을 배웠다. 이들이 스승의 음악을 익히던 어느 날 스승의 곡을 편곡해 연주했다. 이를 들은 우륵이 눈물을 흘리며 감탄했다.

"낙이불류(樂而不流)하고 애이불비(哀而不悲)하니 드디어 도를 얻었도다."

이는 중용(中庸) 사상으로 "즐기면서도 음탕하지 않고, 애잔하되 몸과 마음이 상하지는 않는다"라는 뜻이다.

그동안 삼국 중 최약체였던 신라를 최강국으로 만든 진흥왕은 신라인들을 단결시키기 위한 방안으로 화랑도(花郎徒)를 만들었다. 귀족 자제 중 꽃같이 아름다운 소년이 화랑이 되었고, 그 아래 다수의 낭도(郎徒)들이 따랐다. 신라 시대 전체에 약 200여 명의 화랑이 있었으며 국선(國仙), 선랑(仙郎) 또는 풍월주(風月主), 화판(花判) 등으로도 불렀다.

이들은 놀이 집단이면서 전사 집단이었다. 전쟁시 조국 신라를 위해서라면 맹수가 되어 적진에 뛰어들었다. 진흥왕은 북쪽으로 함흥평야, 남쪽은 낙동강 유역, 서쪽은 한강 유역과 연결된 황해까지 손에 넣어 100년 뒤 이뤄질 삼국 통일의 기반을 다졌다.

15

스파이들이 난무한 삼국

- 〈007〉 시리즈

　　　　　　　　　　　　　　　　　　영국 작가 이언 플레밍(Ian Fleming)
의 소설이 원작인 스파이 영화 〈007〉 시리즈는 1962년부터 2015년까지
25편이나 제작되어 최고의 사랑을 받았다.

　이 소설의 주인공 제임스 본드(James Bond)는 첩보원이다. 제임스 본
드는 격투기에도 능하지만 잘생긴 외모와 능란한 화술을 가졌다. 제임스
본드의 첩보원명이 바로 '007'이다. '00'은 영국 비밀정보국에서 살인
면허를 받은 첩보원에게만 붙이는 넘버이며 '7'은 살인 면허를 일곱 째
로 받은 요원이라는 뜻이다.

　〈007〉 시리즈의 7편은 〈다이아몬드는 영원히(Diamonds are forever)〉
다. 숀 코네리(Sean Connery)가 제임스 본드 역을 맡았고, 본드걸에 질
세인트 존(Jill St. John)이 출연했다.

　남아프리카에서 엄청난 양의 다이아몬드가 밀수되었는데 그 행방이

《007》 포스터

묘연했다. 영국 정보부는 제임스 본드에게 누가 어떤 목적으로 다이아몬드를 빼돌렸는지 추적하라 지시했다. 밀수 전문가로 위장한 본드는 밀수 조직원들과 접선하면서 진상을 추적하다가 라스베이거스까지 온다. 그 과정에서 차례로 연관된 자들이 살해되며, 본드는 본드걸과 사랑을 나누며 여러 번 위기를 넘긴다.

드디어 본드는 밀수와 밀접한 관련이 있는 화이트그룹 연구소에 침입했다. 그곳에서는 악당 블로펠드가 음성을 변조해 화이트그룹 회장 행세를 하고 있었다. 블로펠드의 속셈은 다이아몬드를 탈취해 파괴력이 엄청난 레이저 빔을 만들어 세계를 지배하려고 했던 것이다. 그러나 본드의 활약으로 실체가 드러나고 영국 정보부의 지원 공격으로 블로펠드 기지는 쑥대밭이 되었다.

삼국시대에도 한강 유역을 차지하기 위해 삼국 간에 〈007〉 시리즈 이상으로 첩보전이 난무했다. 고구려군은 왜 한강 유역을 나제동맹군에게 빼앗겼을까? 아무리 나제동맹군이 강하다 해도 그리 쉽게 물러날 고구려 군대가 아니었다. 바로 신라 진흥왕이 첩자를 통해 고구려 내부를 정확하게 짚고 허점을 쳤기에 가능했다. 이처럼 삼국시대는 스파이들의 무대였다. 특히 삼국 통일이 가까워질수록 스파이들은 삼국 곳곳에서 암약했다.

고구려 장수왕은 바둑 고수인 승려 도림을 백제에 거짓으로 망명시켜 바둑을 좋아하던 백제 개로왕(蓋鹵王, 433~475)에게 접근하도록 했다. 개로왕이 도림에게 속아 화려한 궁실과 웅장한 성을 새로 짓느라 국고를 탕진하여 백제 백성들의 원성이 높아지자, 장수왕은 475년 9월 백제를 급습했다.

한반도 패권을 쥐려는 진흥왕도 거칠부를 첩자로 훈련시켜 511년 고구려로 보냈다. 거칠부는 고구려에서 존경받던 승려 혜량(惠亮)의 문하로 위장해 들어와 고구려의 정보를 캐내는 한편, 서서히 혜량을 포섭했다.

어느 날 혜량은 거칠부에게 고구려 조정에서 눈치 챘으니 빨리 돌아가라고 일러주었다. 진흥왕은 신라로 돌아온 거칠부로부터 고구려에서 23대 안원왕(安原王, 531~545)의 후계를 두고 내전이 벌어졌음을 들었다. 두 왕비가 권력 다툼에 빠지자 귀족들이 둘로 나뉘어 무력 충돌이 일어났다.

이 와중에 안원왕이 피살되고 24대 양원왕(陽原王, 545~559)이 즉위했다.

고구려에 내분이 일자 551년 신흥 유목국가인 돌궐이 쳐들어왔다. 고흘(高紇) 장군이 이를 막아내고 있었는데, 이 틈을 타 나제동맹군이 한강 유역을 점령했다. 이때 혜량은 고구려를 탈출해 진흥왕의 국통(國統)이 되었다. 귀족들의 힘으로 왕이 된 양원왕 때부터 고구려 왕들은 강력한 실권을 휘두르지 못하고 귀족들의 견제를 받아야 했다.

한편 581년 중국에 수나라가 등장하자 고구려 평원왕(平原王, 559~590)은 도읍을 평양에서 장안으로 옮겨 전쟁에 대비했다. 수나라는 돌궐과 거란을 치고 남조의 동진까지 멸망시켜 589년 드디어 전 중국을 통일했다. 이제 수나라에 남은 것은 고구려였다. 이때부터 고구려와 수나라는 서로 첩자를 보내 치밀하게 내정과 지형지세를 탐색했다.

수나라와 일촉즉발의 상황이 이어지는 가운데 평원왕의 뒤를 영양왕(嬰陽王, 590~618)이 이었다. 그는 일단 수나라와의 직접적 충돌을 피하기 위해 형식상 책봉을 요구했고 매년 조공도 바쳤다. 그러면서 은밀히 말갈족과 거란족, 돌궐족을 회유하여 포섭했다.

즉위 8년째인 598년 영양왕은 말갈족을 이끌고 수나라의 요서 지방을 선제공격했다. 수문제(隋文帝)는 대노하여 같은 해 6월 30만 대군을 동원해 반격했다. 그러나 장마철에 군사를 일으킨 수나라 대군은 요하를 건너기도 전에 전염병이 돌고 군량미가 유실되어 철수할 수밖에 없었다.

수문제의 둘째 아들 양광이 부왕과 형을 죽이고 수나라의 2대 황제가 되었다. 그가 바로 수양제(隋煬帝, 569~618)로 재위 내내 광기 어린 통치로 일관한 왕이었다. 수양제는 먼저 200만 백성을 동원해 탄군(베이징)에

수양제

서 항주(위항)까지 1784킬로미터의 대운하를 뚫었다. 한반도 남북 길이가 1000킬로미터라는 것을 생각하면 엄청남 규모의 사업이었다는 것을 알 수 있다. 다. 누군가는 해야 될 일이었지만 백성이 치른 고통이 너무 컸다. 두 번째로 그는 진시황제가 쌓은 만리장성을 개축했다. 이에 더하여 고구려 정벌로 전쟁을 일으키자 수나라 백성들은 그의 폭정에 치를 떨 지경이었다.

수양제와 같은 시대에 신라를 통치했던 왕은 진흥왕의 아들인 25대 진지왕(眞智王, 576~579), 26대 진평왕(眞平王, 579~632), 27대 선덕여왕(善德女王, 632~647)이었다. 이들 중 진지왕은 한강 정복에 큰 공을 세운 거칠부를 최고 관직인 상대등(上大等)으로 임명하여 국정을 맡기고 방탕한 짓만 일삼다가 4년 만에 화백회의에서 폐위되었다. 다음 진평왕에 이르러 고구려와 백제가 진흥왕에게 빼앗긴 영토를 되찾겠다며 빈번히 침공해오자, 수나라와 함께 먼저 고구려를 제거하고자 수나라에 원광(圓光)법사를 보내 설득했다.

수양제는 대운하가 개통되자 운하를 통해 남쪽의 군사와 물자를 집결해 고구려를 세 차례 침공했다. 명분은 영양왕이 수나라의 입조를 거부했다는 것이었다. 영양왕은 수양제의 입조 요구에 반응하지 않고 돌궐 왕 계민칸(啓民可汗)에게 사신을 보냈다. 607년 8월 북방 초원에 가을이 찾아올 때였다. 하필 이 자리에 수양제가 찾아왔다.

같은 해 초 계민칸은 수나라의 전략가 배구(裵矩)에 포섭되어 수양제에게 충성 서약을 했다. 이에 대한 답방으로 수양제가 찾아왔으나 계민칸은 먼저 도착한 고구려 사신과 만나고 있었다. 계민칸이 고구려와 수나라 사이에 양다리를 걸치고 있었고, 고구려도 입조를 거부한 채 돌궐과 내통하고 있음이 드러난 순간이었다. 그 자리에서 수양제는 고구려 사신에게 명했다.

"돌아가 너의 왕에게 전하라. 속히 내조하여 신하의 예를 표하라. 그렇지 않으면 돌궐 기병을 동원해 고구려를 토벌할 것이다."

최후통첩이었다. 그러나 영양왕은 이를 묵살하고 우선 돌궐과 수나라의 분열을 꾀했다.

"수양제가 칸의 형제들을 경쟁시켜 서로 왕이 되라고 부추기고 있다."

이 말에 돌궐은 수양제를 의심하게 되었다. 결국 수양제는 수나라 군대만으로 고구려 침공을 준비해야만 했다.

16

을지문덕에게 진 수양제는 동양의 돈키호테였나?

로마 제국은 지중해를 지배하기까지 수많은 위기를 넘기며 차근차근 힘을 길렀다. 그리고 뛰어난 토목 기술로 나라 안 구석구석까지 도로를 닦았다. 중세 프랑스인들은 그런 로마를 보면서 '로마는 하루 아침에 이루어지지 않았다(Rome was not built in a day)'라는 속담을 만들어냈다. 이 프랑스 속담은 400년 후 스페인 작가 세르반테스(Cervantes, Miguel de, 1547~1616)의 소설《돈키호테(Don Quixote)》에 인용된다.

라만차에 사는 돈키호테는 50대에 중세 기사 소설에 심취한 나머지 정신이 이상해져 자신을 정의의 기사로 착각했다. 그는 세상의 부정을 척결하기 위해 이웃 농부 산초 판자(Sancho Panza)를 데리고 방랑 기사의 길을 떠났다. 야윈 나귀 로시난테(Rozinante)를 타고, 모든 정의의 기사들이 그러했듯 마음속으로 서민 처녀 둘시네아(Dulcinea)를 사모하며 모험을 시작했다.

그는 여관을 성(城)으로, 악인을 학정에 시달리는 백성으로 여기고 풍차를 부패한 귀족이라 착각해 창을 들고 돌진하는 등, 황당무계한 모험과 실패를 거듭하다가 하얀 달의 기사와의 결투에서 패배하고 실의에 빠져 귀향했다. 그 후 그는 망상에 빠졌던 자신을 반성하며 병상에 누워 인생을 마무리했다. 돈키호테가 셰익스피어의 햄릿과 대비되는 명작에 오르면서 세르반테스는 세계에서 손꼽히는 작가가 되었다.

돈키호테는 작품 속에서 수많은 명언을 남겼다.

"결과는 원인을 제거하면 사라진다."

"철기시대 이전을 황금시대라 부르는 이유는 그 시대에 '네 것', '내 것'이라는 단어가 없었기 때문이다."

"시간이 지우지 못할 고통이란 아무것도 없다."

햄릿형 인간이 고뇌하며 머뭇거리는 지성형이라면 돈키호테형 인간은 저돌적인 행동형으로 분류된다. 그래서인지 히틀러도 돈키호테를 매일 읽으며 숭배까지 했다. 역시 돈키호테를 즐겨 읽었다는 존 F. 케네디 전 미국 대통령은 "내가 더 어려서 돈키호테를 보았더라면 내 인생은 더 멋지게 달라졌을 것이다"라고 했다.

수양제도 돈키호테처럼 무모한 일도 무지막지하게 밀어붙이는 인간형이었다. 그럼 과연 수양제는 동양의 돈키호테였을까? 두 남자의 행동은 동기가 전혀 달랐다. 돈키호테는 부정과 타락을 징계하고자 했으나 수양제는 정복과 과시의 욕망으로 만천하를 덮고자 했다. 그렇다고 수양제의 정복욕을 비난할 수만은 없다. 고대 국가는 정복하지 않으면 정복당해야 했다.

 단 수양제는 고구려를 정복하기 위해서라면 로마나 몽골 제국처럼 내실을 더 다지고 치밀하게 준비했어야 했다. 로마는 충분한 준비를 통해 제국을 다스려서 '모든 길은 로마로 통한다(All roads lead to Rome)'는 말이 생겼다. 수양제가 만리장성을 다시 쌓은 것과 달리 로마는 군대가 신속하게 이동하기 위한 길부터 닦았다.

 수양제가 고구려 침공을 노리는 동안 한반도에서는 한강 유역을 차지한 신라에 대한 고구려와 백제의 침공이 빈번했다. 이에 시달린 신라 26대 진평왕(眞平王, 579~643)은 고구려를 노리는 수나라를 돕고자 했다. 608년 진평왕은 원광법사에게 왕명으로 고구려 정벌을 촉구하는 파병 요청서인 걸사표(乞師表)를 쓰게 하여 수양제에게 보냈다. 수양제는 이를 허락했다.

 이때부터 동북아시아의 정세는 신라와 수나라(후에 당나라)가 연대한 동서 세력과 고구려, 백제, 일본, 돌궐이 연결된 남북 세력 간의 대결 구도로 전개되었다.

 드디어 수양제는 611년 2월 전쟁 동원령을 내려 각 지방에 물자와 군사를 할당했다. 이것이 얼마나 가혹했던지 중국 백성들 사이에 무향요동낭사가(無向遼東浪死歌, 요동에 가면 떠돌다가 죽는다는 노래)가 유행했다.

 612년 1월 북경 근처 탁군에 정벌군 200만과 군수물자가 모두 집결했다. 임유각에 오른 수양제가 출전 조서를 외쳤다.

 "고구려의 소추(小醜)가 혼미해져서 무리를 모으고 요동과 예맥의 땅을 거듭 잠식하고 있다. 이제 군령을 내리노니 벼락 치듯 발해를 지나 번개처럼 부여를 스쳐 소탕할 것이니라. 반드시 이겼다고 확신하고 싸울지니라."

그러나 기세등등하게 출발한 수나라 군대는 612년 5월 요동성에서부터 발이 묶였다. 아무리 공격해도 요동성이 함락되지 않자 수양제는 우중문(于仲文), 우문술(宇文述) 등이 거느리는 별동대 30만을 편성해 곧바로 평양성으로 향했다.

이들은 병참 보급을 받지 않는 특공 작전을 폈다. 이에 고구려군은 거짓 패배를 거듭하며 유인 작전을 펴 수나라 군대를 압록강까지 끌어들였다. 이곳에 을지문덕이 기다리고 있었다. 그런데 이상하게도 을지문덕은 수나라 군대와 싸울 때마다 일부러 졌다. 하루에 일곱 번 싸워 일곱 번 진 적도 있었다. 유목민의 특징인 '새 떼처럼 몰려들었다가 구름 떼처럼 흩어지는' 전략을 사용한 것이다.

기세등등해진 수나라 군사들은 허기진 배를 움켜쥐고 을지문덕을 뒤쫓아 어느덧 평양성 앞까지 내려왔다. 이때 을지문덕이 시를 지어 우중문에게 보냈다.

神策究天文 妙算窮地理 (그대의 신묘한 책략은 하늘과 땅에 닿았도다.)
戰勝功旣高 知足願云止 (싸움마다 이겨 큰 공을 세웠으니 이제 족한 줄 알고 그만하게나.)

그제야 우중문은 을지문덕에게 속았음을 알고 지칠 대로 지친 수나라 군사들에게 퇴각 명령을 내렸다. 고구려군이 맹렬히 추격하자 허겁지겁 도망하던 수나라 군대가 살수(薩水)라는 강에 이르렀다. 강의 다리는 모두 끊겨 있었고 몇몇 승려들이 바지를 걷어 올린 채 건너고 있었다.

이를 본 수나라 군사들도 모두 강물 속으로 들어갔다. 군사들이 강 한복판에 이르렀을 때 상류에서 둑이 무너지는 소리가 들리며 거대한 물결이 일시에 몰려 내려왔다. 그 물속에서 허우적대는 수나라 군사들을 강둑에서 고구려 병사들이 화살을 날려 수장시켰다. 이 살수대첩(薩水大捷)에서 3만 대군 중 2700여 명만이 겨우 살아남았다.

전쟁 도중에 백제 무왕(武王)이 수양제에게 사신을 보내 원군을 보내겠다고 하자, 수양제는 크게 기뻐했다. 무왕은 백제군을 요동에 출동시켜 수나라를 돕는 척만 하고 같은 부여족인 고구려에게 수나라 군대의 출정일 등 전략을 알려주었다.

이런 패배를 당하고도 수양제는 이듬해 재차 침공했으나 예부상서 양현감(楊縣監)의 반란으로 도중에 철수해야 했다. 본국으로 급히 돌아간 수양제는 반란군을 집안하고 다음 해인 614년 다시 고구려 정벌을 결행했다. 그러나 거듭된 전쟁에 지칠 대로 지친 수나라 전국 각지에서 봉기가 일어나고 있었다. 고구려 역시 전쟁 후유증에 시달리며 국력이 약화되어 수양제에게 화의를 청했다.

수양제는 그 즉시 군대를 철수하고 돌아갔다. 그러나 수양제는 평생 동지였던 우문술의 아들 우문화급(宇文化及)에게 살해되었다. 이로써 수나라는 중국을 통일한 지 40년 만에 멸망하고 이듬해 이연(李淵)이 당나라를 세웠다.

17
신라 진평왕에게 백제 사위 서동은 브루투스였다

         백제 왕족 서동(薯童)은 신라 진평왕의 셋째 딸 선화공주(善花公主)와 결혼했다. 진평왕이 백제의 왕족을 사위로 맞아들인 것이다. 틈만 나면 싸우던 두 나라에서 어떻게 이런 혼사가 가능했을까?

  신라 진평왕은 아들이 없고 영특한 덕만, 천명, 선화 세 자매만 두었다. 그중에 선화공주가 어려서부터 미모가 출중해 백제까지 소문이 나자, 백제의 왕족 서동이 머리를 깎고 중으로 변장해 서라벌로 갔다.

  서동은 신라로 가기 전 익산의 오금산에서 마(麻)를 캐며 살고 있었는데, 어느 날 금광을 발견해 큰 재산을 모았다. 서동은 중으로 변장해서 서라벌 아이들에게 공짜로 마를 나눠주며 자신이 지은 다음의 노래를 부르고 다니게 했다.

善化公主主隱 他密只嫁良置古 (선화공주님은 남몰래 사귀어 두고)

薯童房乙 夜矣卯乙抱遺去如 (맛둥 방을 밤에 뭘 안고 간다.)

이 노래가 바로 〈서동요(薯童謠)〉로 우리나라 최초의 향가(鄕歌)다. 서동 (薯童)을 '맛둥'이라 읽는데, 귀한 마(麻)라는 뜻이다.

〈서동요〉는 신라 백성 사이에 급속히 퍼져서 진평왕까지 알게 되었다. 당장 대신들이 국가적 수치라며 난리를 쳤다. 진평왕도 딸의 구설수에 곤혹스러워했다. 영문을 모르는 선화공주가 억울해했으나 대신들은 이름도 없는 서동이라는 중과 바람난 선화공주를 왕실에 그냥 둘 수 없다며 귀양 보내야 한다고 주장했다. 진평왕도 어찌할 수 없어 선화공주를 귀양 보내야 했는데, 왕비는 먼 귀양길을 떠나는 딸이 불쌍해 순금 한 말을 마련해 노자(路資)로 주었다.

공주가 귀양지에 다다를 무렵이었다. 근처에 잠복해 있던 서동이 나타나 자신이 공주를 모시겠다면서 시종(侍從)했다. 이때부터 서동은 선화공주와 함께 지내며 공주를 곤란하게 만든 〈서동요〉를 자신이 만들었다고 밝혔다.

선화공주는 백제 왕족인 서동이 머리까지 깎으며 자신과 결혼하려고 노력한 것에 크게 감동했다. 두 사람의 로맨스는 그때부터 시작되었고 서로 결혼까지 약속했다. 그러나 이는 두 사람만의 약속일 뿐 진평왕을 설득해야 하는 과제가 남아 있었다. 그래서 서동은 일단 선화공주를 귀양지에서 백제로 데려다 놓았다. 그 후 자신이 발견한 금광 근처에 있던 용화산(龍華山) 사자사(師子寺)의 지명법사(知命法師)를 찾아가 산더미 같은 황금을 주며 진평왕에게 바치라고 했다. 진평왕은 이 황금을 받고 흡족해하며 서동과 선화공주의 결혼을 허락했다. 이 서동이 훗날 백제의 무왕이 된다.

진평왕은 처음에 서동이 백제 왕족인 줄 몰랐고, 선화공주가 서동을 따라간 후에도 서동이 노다지를 캔 거부(巨富)인 줄만 알았다. 설마 이 사위가 훗날 백제 왕이 되어 자신과 맞서 싸울 줄은 상상도 못했을 것이다.

이런 극적인 사건은 다른 나라의 역사에도 종종 나온다.

로마의 율리우스 카이사르(Julius Caesar)도 자신이 총애한 양아들에게 배신당했다. 그는 다른 귀족들과 달리 로마인들의 엄청난 인기를 기반으로 성공했다. 기원전 52년 갈리아 인들의 대반란을 진압했을 뿐 아니라 라인 강 너머 게르만족과 영국 해협 너머 브리튼 섬을 각기 두 차례씩 공략했다.

카이사르가 로마를 비우고 전쟁터만 돌아다니는 동안 원로원 보수파는 카이사르 대신 폼페이우스(Pompeius)를 지지했다. 로마에서 설 자리를 잃게 된 카이사르는 고민에 빠졌다. 당시 로마 장군은 군대를 이끌고 루비콘 강을 건너 로마 시내로 들어올 수 없게 되어 있었기 때문이다.

그러나 카이사르는 기원전 49년 1월 결단을 내렸다. 갈리아와 이탈리아 사이의 루비콘 강을 건너기로 한 것이다. 그는 "주사위는 던져졌다"라는 한마디와 함께 선두에 서서 군대를 이끌고 로마로 진격했다. 로마에 입성한 카이사르가 로마인들의 열렬한 지지를 받으며 권력을 장악하자 폼페이우스는 도망쳤다. 그 후 카이사르는 이집트의 여왕 클레오파트라와 사랑에 빠져 카이사리온(프톨레마이오스 15세)을 낳았다.

카이사르는 로마인들의 절대적 신임을 바탕으로 로마의 종신 독재관이 되었다. 그러자 원로원은 카이사르가 결국 황제가 되어 원로원을 해산시킬 것이라는 의심을 품고 그를 제거할 기회를 노렸다. 당시 카이사르는 정부(情婦) 세빌리아와의 사이에서 낳은 아들 브루투스를 양아들로 삼아 늘 가까이 두었다. 원로원은 단순하고 우직한 브루투스를 매수했다.

어느 날 카이사르가 원로원 회의장을 나서는데 바로 뒤따르던 브루투스가 등 뒤에 칼을 꽂았다.

"브루투스 너마저……."

이 말을 남기고 카이사르는 땅바닥에 고꾸라졌다.

수양제도 평생 동지의 아들에게 암살당했다. 이후 중국은 걷잡을 수 없는 반란에 휩싸였고, 이 난세를 당고조 이연과 당태종 이세민(李世民)이 평정했다.

수양제가 고구려와 국운을 건 전쟁을 시작한 611년부터 백제도 신라를 가열차게 공격했다. 신라의 가잠성(家岑城), 모산성(母山城), 녹노현(勒弩縣) 등이 백제에게 속속 함락되었다. 이런 국가적 위기 앞에 김유신(金庾信, 595~673)과 김춘추(金春秋, 604~661)가 등장했다.

김유신은 629년 아버지와 함께 고구려의 낭비성(娘臂城)을 치는데 신라군이 크게 패해 사기가 땅바닥에 떨어졌다. 이때 김유신이 직접 나서 적장의 목을 베고 신라군을 일으켜 성을 차지했다.

아들을 두지 못한 진평왕이 첫 딸 덕만공주에게 왕위를 승계할 준비를 하자, 여자를 왕으로 세우려 한다며 불만을 품은 이찬 칠숙(柒宿)과 석품(石品)이 631년 5월에 반란 모의를 하다가 걸렸다. 진평왕은 칠숙을 붙잡아 동시(東市)에서 공개 처형하고 구족을 멸했다. 또한 석품은 백제로 달아났다가 처자식이 그리워 밤에 몰래 돌아올 때 잡아서 처형했다.

진평왕은 새로이 중국의 주인이 된 당태종 이세민에게 같은 해 7월, 두 미녀와 함께 공물을 바쳤다. 그러나 이세민은 위징(魏徵)이 받지 않는 것이 좋겠다고 하자 "저 베트남에서 바친 앵무새도 춥다며 고향으로 돌아가고 싶다고 말하는 것만 같은데 하물며 가족과 멀리 떨어진 두 여인은 어떠하겠는가?"라며 신라로 되돌려보냈다.

이처럼 신라가 내우외환을 당하는 가운데 632년 진평왕이 죽고 선덕여왕(善德女王, 632~647)이 즉위했다. 선덕여왕은 당나라에 매년 조공을 바치며 고구려와 백제의 위협을 견제했고, 640년부터 국비로 당나라 유학생을 많이 보냈다.

641년 백제에서는 무왕이 죽고 31대 의자왕(義慈王, 641~660)이 등극했다. 의자왕의 아버지는 무왕이고 어머니는 선덕여왕의 동생인 선화공주였다.

서동이 선화공주와 결혼한 것은 신라를 차지할 경우 신라인들의 민심을 수습하는 데 도움이 된다고 보았기 때문이다. 그래서 서동은 왕이 된 후 줄기차게 신라를 공격하여 장인인 진평왕과 조금도 양보 없는 전쟁을 치렀다.

18
고구려와 백제 vs 신라와 당나라
- 삼한의 중국판 오월동주

　　　　　　　　　　　　　　의자왕이 즉위한 다음 해 642년, 고구려를 '천하의 중심'이라 호언(豪言)했던 연개소문(淵蓋蘇文, 603~668)이 쿠데타에 성공하여 영류왕(營留王, 618~642)을 제거하고 28대 보장왕(寶藏王, 642~668)을 허수아비로 앉혔다. 이 소식은 즉시 백제, 신라, 당나라에 전해졌다. 이 중 당태종(唐太宗) 이세민(李世民, 199~649)이 가장 놀라며 대책 마련에 부심했다.

　어차피 연개소문이 실권을 쥔 고구려와 당나라는 한 하늘 아래 공존하기 어려웠다. 하지만 연개소문은 일단 유화적 태도를 취했다. 643년 왕에게 일명 '삼교비여정족론(三教譬如鼎足論)'을 펴면서 도교를 장려하던 당나라 태종에게 사신을 보내도록 했다.

　'유불선(儒佛仙)의 삼교는 세 발 달린 솥과 같소. 지금 고구려에 유교와 불교는 흥성한데 도교만 미약합니다. 청컨대 도사(道士)를 보내어

백성에게 가르침을 주시기 바랍니다.'

연개소문의 속내를 읽은 당태종도 노자의 《도덕경(道德經)》과 함께 도사 숙달(叔達) 등 8명을 보내고 신하들을 모아 고구려 정벌을 의논하기 시작했다.

고구려와 당나라의 긴장이 높아가는 가운데, 642년 8월 의자왕은 대장군 윤충(允忠)을 시켜 신라의 서부 지역 요새인 대야성(大耶城, 합천)을 공격했다. 대야성을 포위한 백제군은 성 안에서 백제와 내통하던 모척(毛尺)과 검일(黔日)을 통해 식량 창고에 불을 질렀다. 검일은 성주 김품석(金品釋)의 참모였는데, 김품석이 검일의 예쁜 아내를 강탈해가자 앙심을 품었다. 검일은 마침 백제군이 쳐들어오자 모척과 공모해 백제의 첩자가 되었다.

성 안에 대형 화재가 나자 혼비백산한 신라군이 항복하러 성 밖으로 나오는 족족 백제군에게 모두 사살되었다. 이때 김춘추의 딸 고타소(古陀炤)와 사위인 김품석도 죽었다. 이 사건은 후에 동북아시아가 전부 휘말리는 삼국 통일 전쟁으로 비화되었다.

의자왕은 다시 계백 장군을 앞세워 무려 40여 성을 함락시켰다. 사위와 딸이 전사했다는 소식을 들은 김춘추는 하루 종일 기둥에 멍하니 기대고 서서 그 앞으로 사람이나 개가 지나가도 알아차리지 못했다. 해가 지니 그제야 "내 반드시 백제를 멸하고야 말겠다"며 자리를 떴다.

이때까지만 해도 김춘추와 김유신은 주목받지 못했다. 김유신은 가야국의 시조 수로왕 12대손으로 서라벌계가 아니라는 이유로, 김춘추는 국정을 어지럽히며 음란 행위를 일삼다가 폐위당했던 진지왕(眞智王,

576~579)의 아들 김용춘과 진평왕의 딸 천명공주(天明公主) 사이에서 태어났다는 이유였다. 이 때문에 김춘추는 항상 폐왕의 손자라는 굴레를 쓴 채 한직에 머물러야 했다.

그러나 신라가 백제의 맹공으로 궁지에 몰리자 선덕여왕은 김유신은 물론 김춘추까지 발탁했다. 그동안 김유신은 여동생 문희의 남편인 김춘추와 축국(蹴鞠)을 즐기며 시대를 관망하고 있었다. 선덕여왕은 백제의 맹장 윤충과 계백의 매서운 공격을 견디다 못해 김춘추를 고구려에 보내 원병을 요청하기로 했다.

고구려로 떠날 준비를 마친 김춘추는 김유신을 만나 뒷일을 부탁했다.

"내일이면 고구려에 사신으로 가는데, 60일 후에도 오지 않거든 나를 보지 못할 것이오. 그리되면 어찌 하겠소?"

"공이 돌아오지 못하면 반드시 고구려와 백제 두 왕의 정원을 내가 탄 말발굽으로 짓밟아버리겠소."

두 사람은 칼로 손가락을 벤 피를 접시에 섞으며 맹세했다. 김춘추가 평양으로 가던 날, 백제에서도 이 첩보를 듣고 좌평(佐平) 성충(成忠)을 급파했다.

평양에서 열린 삼국회담

평양에서 고구려, 백제, 신라의 삼국 회담이 열렸다. 고구려 측의 연개소문도 당장 당나라와의 전쟁을 준비할 입장이라 후방 지역의 백제와 신라가 화해하기를 바랐다. 그러나 신라의 김춘추와 백제의 성충은 회의 시간 내내 서로 삿대질까지 해가며 싸웠다.

"내 사위와 딸이 백제군에게 죽었소. 빼앗아간 성을 되돌려주지 않으면 결코 화해하지 않겠소."

"이봐요, 우리는 옛 속국 가야 연맹의 땅을 되찾아 온 것뿐이오. 나제동맹을 신라가 먼저 깨고 백제 땅을 탈취하지 않았소?"

두 사람의 다툼을 보다 못한 연개소문이 버럭 소리를 질렀다.

"두 사람이 계속 다투면 모두 옥에 가둘 것이오. 우리 고구려는 지금 당나라와 한판 승부를 앞두고 있소. 삼한이 함께 뭉쳐 한족과 맞서야 할 상황이거늘 이렇게 다투고만 있다니…… 춘추공, 신라가 진흥왕 시절에 빼앗아간 한강 유역을 내놓으시오."

상황이 위급해진 김춘추가 답변했다.

"삼국이 연합군을 편성해 한족과 맞서야 하고, 한강 유역 반환도 다 지당하시오나 막중지사(莫重之事)를 신하인 제가 혼자 결정할 수 없으니 귀국하여 왕을 설득해 잘 결정되도록 하겠습니다."

그러나 연개소문이 김춘추를 억류하자 김유신이 결사대 1만 명을 모아 한강을 건넜다. 이를 신라에 밀파한 고구려 간첩인 승려 덕창(德昌)이 보장왕에게 보고했는데 마침 그 자리에 김춘추가 보장왕에게 보낸 서신이 도착했다.

"대왕마마. 신이 귀국하면 본래 대국의 땅이었던 곳을 모두 돌려드리도록 왕에게 청하겠습니다."

보장왕은 기뻐하며 김춘추를 석방했다. 김춘추는 국경을 넘으며 데려다준 고구려 신하에게 말했다.

"보장왕에게 보낸 서신은 내가 죽지 않으려고 쓴 것에 불과하다."

그 뒤 신라는 고구려에 대한 기대를 접고 김춘추를 당나라로 보냈고 백제 의자왕의 신하들은 다시 연개소문을 찾아 신라가 점령하고 있던 한강 유역을 되찾자며 설득했다. 이로써 동서로 신라와 당나라가 연대하고 남북으로 고구려와 백제가 연대하기 시작했다.

그동안 원수 보듯 싸운 고구려와 백제가 힘을 합치고, 신라는 당나라와 한편이 되었다. 한반도와 중국 본토가 통채로 이합집산(離合集散)하며 명운을 건 집단 대결이 시작된 것이다. 이것이 중국을 포함한 '삼한중국판(三韓中國版) 오월동주(吳越同舟)'다.

정곡을 찌르는 명문장으로 가득한 《손자병법》에 회계의 상산(常山)에 사는 거대한 뱀 '솔연(率然)'의 이야기가 나온다. 이 뱀은 뱀 장수가 머리를 치면 꼬리로 대들고 꼬리를 치면 머리로 대들고, 중간인 허리를 치면 동시에 머리와 꼬리로 공격했다. 이처럼 군사도 장사진(長蛇陣)을 치고 수미상부(首尾相扶)하게 동시에 적과 싸우면 항시 이기게 된다. 그 사례로 손자는 오월동주(吳越同舟)를 언급했다.

오(吳)와 월(越)은 춘추시대의 앙숙(怏宿)이었다. 월왕 구천(句踐)은 오왕 합려(闔閭)가 잠시 주색에 빠져 있을 때 공격하여 합려를 죽였다. 뒤를 이어 오왕이 된 부차(夫差)는 매일 장작더미 위에 잠을 자면서[臥薪] 치욕을 되새겼다.

그렇게 해서 부차는 부국강병을 이뤘고 기어이 월군을 몰살시키며 월왕 구천까지 생포했다. 오나라로 끌려온 구천은 합려의 묘지기 일을 보고 오왕의 똥 맛까지 보는 상분득신(嘗糞得信)을 하여 겨우 풀려났다. 월나라로 돌아온 구천은 곰의 쓸개를 매일 핥으며[嘗膽] 복수를 다짐했다. 이와 같은 부차와 구천의 일화를 나타낸 사자성어가 바로 와신상담(臥薪嘗膽)이다.

구천은 복수를 위해 부처에게 경국지색(傾國之色) 서시를 보내고 진귀한 조공품을 바치며 20년을 준비했다. 그는 마침내 전쟁을 벌여 수전에서 대승하고 화공으로 오나라를 점령하여 부차를 죽였다.

오나라와 월나라는 부차와 구천뿐만 아니라 백성들끼리도 서로 불구대천(不俱戴天)의 원수지간이었다. 그렇지만 우연히 오나라 사람과 월나라 사람이 같이 탄 배가 풍랑을 만났을 때는 힘을 합쳐 헤쳐나갈 수밖에 없었다. 여기서 원수끼리도 공동의 위기를 만나면 서로 힘을 합하게 된다는 뜻인 오월동주(吳越同舟)가 나왔다. 신라가 당나라와 손잡자 평소 적으로 지내던 고구려와 백제도 오월동주해야만 했다.

19
《모비 딕》과 당태종의 유언,
"다시는 고구려를 치지 마라"

신라 선덕여왕은 643년 9월 당태종에게 신하를 보내 군사원조를 청했다. 당태종은 신라 사신들에게 세 가지 계책을 내놓으며 하나를 택하라고 했다.

"첫째, 짐의 적은 군대가 거란과 말갈의 군사를 모아 요동으로 쳐들어간다 해도 그곳에 계속 주둔하지 않으면 고구려가 또 다시 우리 네 나라(당, 거란, 말갈, 신라)를 침략할 것이니 일시적인 계책이다. 둘째, 짐이 당나라 깃발 수천 개를 줄 터이니 고구려나 백제가 쳐들어오면 그대들 군사 진영에 이 깃발을 꽂아두라. 그리하면 당나라 군대인 줄 알고 도망가리라. 셋째, 신라는 여왕이 다스려 권위가 서지 않기에 이웃나라가 침범하는 것이다. 당나라 왕족을 보낼 터이니 신라 왕으로 삼으면 어떠하겠느냐?"

이 세 가지 중 당태종은 셋째 계책이 가장 현실적이라며 선택을 강요했다. 그러나 어찌 신라 사신들이 대답할 수 있으랴. 사신들은 아무 대답도 못하고 귀국하여 조정에 그대로 보고했다. 그러자 그렇지 않아도 여왕을 탐탁지 않게 여겼던 상대등인 비담(毗曇)과 염종(廉宗) 등이 여왕 폐위론을 들고 나왔고 김유신, 김춘추 등이 여왕을 지지하며 국론이 크게 분열되었다.

1년 후 정월에 선덕여왕은 다시 사신을 보내 당태종에게 조공을 바치며 백제와 고구려를 물리쳐달라고 간청했다. 거듭 신라의 구원 요청을 받은 당태종은 마지못해 고구려에 상리현장(相里玄奬)을 보내 협박했다.

"신라는 내 명령을 따르고 조공을 바치는 나라이니 고구려는 백제와 함께 마땅히 무기를 거두어들이라. 만약 다시 신라를 공격한다면 내년에 군사를 내어 그대 나라를 치리라."

이에 보장왕이 당황해하는데, 신라의 2개 성을 빼앗고 있던 연개소문이 이 소식을 듣고 한걸음에 달려왔다.

"우리와 신라는 원한이 깊소이다. 지난날 고구려와 수나라가 싸울 때 그 틈을 타 우리 500 리 땅을 차지했으니 다시 돌려주지 않으면 우리는 신라를 계속 공격할 것이오. 그러니 당나라도 그만 공갈치시고 자기 나라나 잘 다스리시오."

연개소문의 대갈(大喝)에 크게 놀란 현장이 그대로 돌아가 태종에게 보고했다. 태종은 분노를 감추지 못하고 곧바로 전쟁 준비에 돌입했다. 644년 11월, 실전 경험이 풍부한 10만 병사로 구성된 연개소문 토벌대를 북경에 모았다.

드디어 645년 당태종은 고구려 1차 정벌의 교서를 신라 선덕여왕에게 보내고 앞장서서 친정(親征)하며 고구려로 향했다. 6만 육군은 이세적(李世勣)이 지휘하고 4만 수군은 장량(張亮)이 지휘했다. 이들은 정예병답게 요하를 신속히 건너 개모성과 요동성을 치열한 교전 끝에 함락하고 안시성을 완전히 포위한 뒤 공격하기 시작했다.

연개소문이 고구려 병사와 말갈 병사로 구성된 지원군 15만을 보냈으나 당태종의 유인 전술에 당하고 말았다. 고립무원이 된 안시성은 성주 양만춘(楊萬春)과 군·관·민이 혼연일체가 되어 당군에 결사 저항했다.

당군은 연인원 50만을 동원해 60일 동안 안시성 옆에 성보다 더 높은 흙산을 쌓았다. 안시성은 둘레가 2.5킬로미터도 안 되는 작은 토성에 불과했다. 그 성 옆에 쌓은 거대한 흙산에 당군이 올라가 안시성을 내려다보며 공격하는데 갑자기 흙산이 무너져 안시성의 한 귀퉁이를 무너뜨렸다. 이 기회를 놓치지 않고 고구려군들이 몰려나가 토산을 점령했다. 당태종은 다시 토산을 찾기 위해 3일간 총공세를 폈으나 실패했다. 그러자 땅굴을 파고 들어가는 등 온갖 공격 수단을 다 동원했으나 끈질긴 항전에 부딪쳤다.

더구나 9월로 접어들며 추위가 닥쳐오고 군량미마저 떨어지자 당태종은 안시성을 공격한 지 88일째 되던 날 퇴각할 수밖에 없었다. 당군이 퇴각하다가 태종의 말이 진흙 밭에 빠져 허우적대는데 양만춘이 화살을 쏘니 태종의 왼쪽 눈에 적중했다.

당태종은 양만춘에게 한쪽 눈을 잃고 증오심과 복수심에 이성을 잃었다. 그 후에도 당태종은 포기하지 않고 647년부터 649년까지 쉼 없이 고구려를 침공했다. 3년 동안 산둥반도에서는 매월 고구려 토벌대가 출발해 요동반도로 향했다. 이들의 계속되는 요동 공격을 고구려군은 끈질기게 막아냈다. 그러자 당태종은 또 다시 30만 대군을 동원한 대대적 정벌 계획을 추진하다가 649년 7월 10일에 51세의 나이로 숨을 거두었다.

영문학 3대 비극 중 하나로 선정되기도 하는 《모비 딕(Moby Dick)》은 허먼 멜빌(Herman Melville)이 포경선을 타본 경험을 바탕으로 집필한 소설이다. 《모비 딕》이 말하고자 하는 비극은 단순한 슬픈 이야기가 아니라 인간 무리와 지도자의 본질을 진지하게 다룬 것이다.

포경선 픽 포드 호의 선장 에이허브(Ahab)는 유난히도 뱃살이 새하얀 고래 '모비 딕'과 사투를 벌이다가 한쪽 다리를 잃었다. 이후 에이허브 선장은 고래 뼈로 목발을 짚고 오로지 고래에 대한 복수심으로 살아갔다.

복수의 화신 에이허브 선장은 쉰 살이 넘어 결혼한 아내와 어린 자식을 놓아두고 모비 딕을 쫓았다. 그는 폭풍우와 천둥 번개도 아랑곳하지 않고 대서양에서 희망봉을 돌아 다시 인도양으로, 또 태평양으로 지구를 거의 일주하며 모비 딕을 찾아다녔다. 동료 선원들이 그만두자고 애원해도 소용없었다.

"자네나 우리나 자식을 둔 같은 부모로서 이렇게 비네. 이제 이 위험한 일은 그만두자고."

그러나 오로지 모비 딕을 잡아 복수할 생각뿐이었던 에이허브 선장에게 그런 하소연은 귀에 들어오지 않았다.

그러다가 어느 날 돌연 모비 딕을 만났다. 첫째 날, 모비 딕을 추적하는 보트가 모비 딕의 돌진에 부딪쳐 부서졌다. 둘째 날, 또 배 한 척이 모비 딕의 습격을 받고 에이허브 선장의 의족이 날아갔다. 셋째 날이 되자 목숨을 건 공방전을 벌인 끝에 선장의 화살이 모비 딕의 하얀 배에 제대로 꽂혔다. 그러나 작살 줄이 선장의 목에 휘감겼다. 난폭해진 모비 딕의 몸부림으로 배는 구멍이 나 침몰하고 선장도 더는 보이지 않게 되었다. 복수의 화신이 되어 평정심을 잃었던 에이허브 선장은 히틀러, 스탈린, 당태종과 같이 광기에 휩싸인 지도자의 전형이다.

항시 책을 손에서 놓지 않았던 미국 대통령 오바마는 자신을 달변가로 만든 애독서 3권을 소개했다. 랄프 왈도 에머슨의 《자기신뢰》, 셰익스피어의 희곡 그리고 허먼 멜빌의 《모비 딕》이다. 오바마는 특히 '모비 딕'을 통해 인간의 모호성과 역사의 비극에 대한 감수성이 고취되었다고 회고했다.

당태종은 죽음을 앞두고서야 비로소 자신의 무모함을 깨닫고 뒤를 잇게 될 당고종(唐高宗, 628~683)에게 유언을 남겼다.

"다시는 고구려를 치지 마라."

20
신라와 손을 잡은 당나라, 자만에 빠진 의자왕

- 이들을 통해 본 《인간의 조건》

수나라와 당나라는 고구려 정복을 시작으로 차츰 동아시아 전체를 통일하려는 야심이 있었다. 그러나 고구려를 정복하지 못하자 신라의 거듭된 원군 요청에 적극 응하기 시작했다.

당과 고구려가 혈전을 벌이던 647년 신라에서 상대등 비담이 '여왕 폐위'의 기치를 내세워 반란을 일으켰다. 이 소용돌이 속에서 선덕여왕이 갑자기 죽자, 김유신과 김춘추는 선덕여왕의 사촌 여동생 승만을 진덕여왕(眞德女王, 647~654)으로 추대했다. 진덕여왕은 진평왕의 친동생 국반 갈문왕(國飯葛文王)의 딸이었다. 진덕여왕은 즉위하자 즉시 비담 등 반란 주모자 30명을 처형했다.

진덕여왕이 즉위하면서 국정을 완전히 장악한 김춘추는 치밀한 외교 정책을 펼쳤다. 앞에서 살펴본 대로 선덕여왕 시절인 642년 고구려의 연개소문을 만났고 5년 뒤인 647년에 현해탄을 건너 왜국의 고토쿠 천황

(孝德天皇)을 만났다. 백제의 동맹국으로 항시 신라의 배후를 노리던 일본과 백제를 단절시키기 위해서였다. 그러나 고구려 방문 때와 마찬가지로 실패했다.

김춘추는 여기에 좌절하지 않고 진덕여왕 2년(648) 나당 연합군 결성을 추진하러 아들 법민(法敏, 문무왕)을 데리고 당나라로 향했다. 가슴에 대야성에서 죽은 딸 부부의 원한을 품고서 말이다.

국내에 남은 김유신은 진성여왕에게 대야성의 원수를 갚자고 건의했다. 하지만 진성여왕은 망설였다.

"작은 나라가 큰 나라를 치다가 위기를 만나면 어찌하려는가?(以小觸大 危將奈何)"

그러나 김유신이 워낙 강경하자 허락했다. 김유신은 대야성을 탈환해 백제 장수 8명을 생포하고, 이들과 김품석 부부의 시체를 교환하여 경주에 묻어주었다.

당나라에 머물던 김춘추도 당나라의 군사 지원 약속을 받아냈다. 처음 김춘추가 나당 연합군을 결성해 먼저 백제를 치자고 제안했을 때 고구려 정복에 대한 한(恨)이 남아 있던 당나라는 거절했다. 그러자 김춘추가 직접 고구려를 치기보다 먼저 고구려의 배후를 함께 치자는 제안을 했다. 그동안 고구려와 정면 승부에서 계속 패하기만 했던 당나라가 공감하며 군대 출병을 약속했다.

그러나 당나라는 이때부터 신라의 내정에 깊이 간섭하기 시작했다. 신라도 김춘추의 주도 아래 당나라의 제도와 문화를 모방하는 한화정책(漢化政策)을 단행했다. 649년에는 중조의관제(中朝衣冠制)를 도입해 의관을 중국식으로 바꾸었고, 650년부터 독자 연호인 태화(太和)를 버리고 당고종의 연호인 영휘(永徽)를 사용하기 시작했다. 정치 제도를 당나라 식으로 바꾸는 데 그치지 않고 김춘추의 아들 인문(仁問)을 당에 보내 황제를 숙위(宿衛)하게 했으며, 진성여왕은 〈태평송(太平頌)〉을 짓고 친히 짠 비단에 수놓아 당 황제에게 바쳤다.

大唐開洪業(위대한 당나라 왕업(王業)을 여니)

巍巍皇猷昌(높고도 높은 황제의 길 창창히 빛나네)

(중략)

五三成一德(삼황과 오제의 덕망이 하나 되어)

昭我唐家皇(우리 당나라를 밝게 비추리라)

당나라 찬가를 목청껏 노래한 진덕여왕이 654년 죽자 김춘추가 왕이 되니 29대 태종무열왕(太宗武烈王, 654~661)이었다. 김춘추는 본디 성골 출신이었지만 조부인 진지왕이 폐위되면서 진골로 강등되었다는 설이 있다. 이 설이 맞다면 김춘추는 신라 최초의 진골 출신 왕이 된다.

김춘추가 즉위한 지 2년째인 655년 8월에 고구려 연개소문이 말갈과 연합하여 신라 북부의 30여 성을 점령했다. 신라가 당나라에 긴급히 구원 요청을 하자 당나라는 고구려의 북쪽 성을 공격해 신라에 대한 공격을 누그러뜨렸다. 백제 의자왕도 신라를 공격해 50여 개 성을 차지하며 금세 신라의 수도 금성까지 들이닥칠 기세였다.

신라 조정은 풍전등화 같은 나라의 운명을 지켜내기 위해 갑론을박 끝에 세 가지 결론을 내렸다.

첫째, 해동증자(海東曾子)라 불릴 만큼 총명한 백제 의자왕을 혼군(昏君)으로 만들어야 한다.

둘째, 백제의 이충(二忠)인 윤충과 성충을 없애야 한다. 그들이 있는 한 백제 정벌은 불가능하다.

셋째, 앞의 두 가지 목적을 달성하려면 무력으로는 어렵고 반간계(反間計)와 미인계(美人計)를 써야만 한다.

해동공자 의자왕의 변신

의자왕은 현명했으나 자유분방한 기질이 있어 간섭받기를 싫어했다. 김춘추는 이런 의자왕의 속내를 간파했다.

의자왕의 출생 시기는 590~595년 사이로 추정된다. 그는 선화공주와 무왕의 맏아들로 어려서부터 해동증자(海東曾子)라 불릴 만큼 효심이 깊고 총명했다. 그런데 웬일인지 무왕 33년(634) 나이 40세가 넘어서야 태자가 될 수 있었다. 왜 무왕은 재위 33년이 되도록 장남을 태자로 세우지 못했을까?

무왕의 정비는 선화공주가 아닌 백제 대귀족인 사택적덕(沙宅積德)의 딸인 사택왕후(沙宅王后)였다. 선화공주는 계비(繼妃)였다. 백제의 왕족은 부여(夫餘)씨였고, 그 외 8대 유력 가문으로 해(海), 진(眞), 목(木), 백(苩), 국(國), 협(劦), 사(沙), 연(燕)씨가 있었다. 이중 사택씨(沙宅氏)라고도 부르는 사씨 가문이 으뜸이었다.

왕자 시절 데리고 온 선화공주에게서 의자왕을 낳았으나, 세력이 미약한 가운데 왕위에 올랐던 무왕은 백제 최고 재력가인 사택 가문의 딸을 정비로 받아들였을 것이다. 무왕의 아버지인 29대 법왕(法王, 599~600)이나 조부인 28대 혜왕(惠王, 598~599)이 귀족 가문 간의 권력 투쟁에 휩싸여 모두 재위 2년 만에 승하했는데 아마 변고를 당했으리라 본다.

따라서 무왕은 사택왕후의 강력한 세력 기반을 의식해서 의자왕의 태자 책봉에 어려움을 겪었고, 이 힘든 시기에 의자왕은 해동증자라는 평판을 들으며 마침내 태자를 거쳐 왕까지 오를 수 있었다. 결국 왕자 시절 의자왕의 본심은 왕이 되기 위한 고도의 처세술 속에 감춰져 있었던 것이다.

미륵사지 석탑

무왕은 41년 재위 동안 신라 침략 등 정복 전쟁을 활발히 전개하며 왕권을 강화했고 후반기에 익산으로 천도할 계획까지 세웠다. 그는 익산에 왕궁평성(王宮坪城)을 짓고 동양 최대의 사찰인 미륵사를 창건했다. 비록 천도를 하지는 않았지만 이로써 왕권은 크게 강화되었다.

어렵사리 왕이 된 의자왕은 즉위 직후 대좌평 사택지덕이 은퇴하고 뒤이어 사택왕후까지 죽자, 해동공자 이미지를 버리고 642년 정월 친위 쿠데타를 일으킨다. 그는 사택왕후의 소생들과 왕권을 억압하던 내좌평(內佐平) 기미(岐味) 등 대신 40여 명을 섬에 격리시켰다. 같은 해 2월 의자왕은 전 국토를 순행하며 백성들을 위로하고 사형수를 제외한 모든 죄수를 석방했다. 그리고 7월 낙동강 유역 40여 성을 빼앗고 8월 대야성을 접수했다.

의자왕은 절대왕권을 확립하고 정복 전쟁에서도 승승장구하자 655년부터는 총명하고 결단력 있던 모습이 사라지고 교만하고 향락에 물든 전형적 암군(暗君)의 모습을 보여주었다. 궁궐을 호화롭게 수리하고 궁녀들과 사치 행각을 벌이며 술독에 빠져 지내다시피 했다. 재위 17년째인 657년에는 여섯 자리로 한정된 좌평직에 서자(庶子) 41명을 무더기로 임명하고 토지까지 내렸다. 이로써 백제의 관직 체계에 혼란이 야기되며 지배층의 분열로 이어졌다. 40대 중반이 되도록 억눌려 지내며 해동공자라는 틀 안에 갇혀 살다가 친위 쿠데타에 성공하고 자만해진 의자왕은 이때 주어진 자유로 비인간화되고 말았다.

의자왕 같은 사람은 인간이 지닌 근본적 한계를 무시하고 사는 것을 자유라 생각한다. 평생 노동자로 일관하면서도 세계적 사상가의 반열에 오른 미국의 길거리 철학자 에릭 호퍼(Eric Hoffer)는 《인간의 조건》에서 인간이 지닌 트러블 메이커의 본질을 다뤘다.

그에 따르면 인간은 자연이 잘못 창조한 불완전하고도 매혹적인 피조물이다. 그렇기 때문에 인간이란 자연과 달리 완벽히 자유로울 수 없다. 이런 불완전한 생명체가 성장하고 성숙하기 위해서는 자신의 내면에서 일어나는 가치론적인 선입관과 일정한 거리를 유지해야 한다.

그러나 권력을 가진 자들일수록 내면의 기준을 절대시하는 경향이 있다. 의자왕처럼 절대 권력을 지닌 자는 경직된 자기 기준을 외부에 강요할 때부터 더 이상 성장하지 못한다. 호퍼는 "인간은 자연의 진화 과정에서 최정점에 올랐으나, 자연은 인간을 완벽한 존재로 만드는 것을 깜빡 잊었다"고 주장했다.

개미나 꿀벌은 인간보다 진화 선상에서 아래에 있다. 그러나 개미나 꿀벌은 개미로서 완전하고 꿀벌로서 완전하지만, 인간은 어설픈 이성, 자존감, 절제가 쉽지 않은 욕구를 가지고 있어 영원히 미완성 상태다. 이런 영혼의 해독제는 자연에 없는 '동정심'이다. 동정심만이 인간이 지닌 용기, 명예, 사랑, 희망 등 숭고한 속성이 순식간에 무자비하게 변하는 것을 막아준다. 동정심은 나의 불완정성과 타인의 불완전성을 동시에 긍정하는 데서 발생한다. 따라서 항시 타인과 교감하며 자신의 부족을 채워가려 노력해야만 한다.

의자왕도 타고난 존재 성향인 방탕한 기질을 윤충과 성충이 붙잡아주었다. 이를 정확히 본 김춘추는 두 사람만 제거하면 의자왕은 자기 통제력이 부족하여 스스로 자멸의 길로 걸어갈 것이라고 보았다.

21
신라의 마타하리, 금화

제1차 세계대전을 누빈 네덜란드 출신의 여성 마타하리(Mata Hari)는 역사상 최고의 여자 스파이로 꼽힌다. 그녀는 아름다운 무용가로 프랑스와 독일을 오가는 이중 첩자였다.

그녀는 5개 국어를 구사하며 뛰어난 미모와 탁월한 춤 솜씨로 유럽 사교계를 휘저으며 고급 정보를 취득해 연합국과 독일 양쪽에 팔아 거금을 쥐었다. 프랑스군 총사령관 모건 장군을 유혹해 동거하면서 그의 비밀 금고에 있던 영국 탱크 설계도를 빼내기도 했다. 전쟁이 끝난 후 마타하리는 연합국 병사 5만 명을 죽게 한 정보 누출 혐의로 프랑스 파리에서 총살당했다.

신라에도 마타하리 같은 스파이가 있었다. 바로 금화(錦花)였다. 김춘추는 총명한 의자왕의 총기를 흐리게 할 여인으로 지략과 미모를 갖춘 금화를 선택했다. 그녀를 밀파하기 전 김춘추는 밀봉한 편지를 주며 당부

했다.

"이 편지를 백제의 좌평(佐平) 임자(壬子)에게 은밀히 전달하거라. 너를 의자왕에게 소개하리라. 네 미색(美色)과 모든 재주를 동원해 의자왕을 현혹하여 군사 전력가인 성충과 윤충을 신임하지 못하게 하라. 네 한 몸에 신라의 운명이 달려 있다."

어떻게 백제의 최고위직인 좌평이 적대국 신라의 간첩이 되었을까? 임자의 노비 중에 백제에 포로로 잡혀온 부산 현감 출신 조

마타하리

미압(租未坤)이 있었다. 그는 김춘추가 일부러 위장해서 투항시킨 인물로 임자의 종노릇을 하며 많은 재물로 임자를 회유해 포섭하였다.

좌평의 기원은 중앙 귀족화한 각 지역의 족장(族長)들이었다. 이들이 모인 귀족회의의 의장이 좌평이었다. 백제 초기에는 좌평이 한 명이었으나 후기에 직종이 분화되며 6좌평제로 바뀌었다. 6좌평 중에 수석 좌평은 내신좌평이며 상좌평이라고도 불렀다. 의자왕의 친위 쿠데타로 많은 백제 왕실과 귀족들 사이에 돌이킬 수 없이 불신이 깊어졌다. 이 반목의 틈으로 신라의 첩자가 들어왔다. 그러나 의자왕은 신라를 공격할 때마다 크게 승리하자 한껏 고무되어 전횡을 일삼고 있었다.

그런 의자왕에게 어느 날 임자가 무당으로 위장한 금화를 데려왔다. 그런데 그 금화가 교태를 부리며 "모월, 모일, 모시, 신라군이 모처를 공격할 것이니 이렇게 대비하세요"라고 예언하는 게 아닌가? 처음에 의자왕은 반신반의했으나 금화의 말대로 신라가 침입하자 차츰 믿기 시작했다. 이런 일이 금화와 김유신의 계략인 줄 알 리 없는 의자왕은 금화가 뭐라 말하든 그대로 따랐다. 이에 관한 삼국사기의 기록이다.

'춘삼월에 여러 마리의 여우가 궁궐 안으로 들어왔는데 흰 여우 한 마리가 상좌평(上佐平)의 책상 위에 앉았다(春二月 衆狐入宮中 一白狐坐上佐平書案).'

첩자를 의미하는 여우가 궁중에 여럿 있었다는 뜻이다. 백제 조정은 이들을 잡아내기는커녕 이들이 간첩인지조차 모르고 아예 휘둘렸다.

도림에 빠졌던 개로왕처럼 의자왕은 금화에 너무 깊이 빠졌다. 성충과 윤충 등 충신들이 의자왕에게 여러 차례 금화를 멀리하라고 했으나 듣지 않고 오히려 김유신의 사주를 받은 상좌평 임자의 감언을 받아들여 좌평 성충과 윤충을 유배 보내 죽게 했다. 성충은 죽기 전 의자왕에게 장문의 편지를 보냈다.

'현 시국을 보건대 반드시 큰 전쟁이 일어날 것입니다. 적이 올 때 육로는 반드시 탄현(炭峴, 대전)을 지나지 못하게 막고 수로는 백강(白江, 금강 하구)을 지나지 못하게 막으셔야 합니다.'

그러나 의자왕은 금화가 태평성대가 지속될 것이라고 속삭이자 성충의 말을 무시했다. 당시 의자왕은 친고구려 정책을 펼쳤다. 중국의 통일 왕조인 수(隋)와 그 뒤 당(唐)이 주변 국가들에게 복속을 강요한 가운데 고구려가 가장 강력하게 반발하고 있었다.

백마강에 뜬 의자왕의 유람선과 소정방의 1900척의 배

의자왕은 당의 팽창 정책에 방파제 역할을 하는 고구려와 연대하여 신라를 고립시킬 수 있다고 보았다. 이에 신라는 당나라와 연대하면서 백제 조정의 분열을 이용한 반간계(反間計)를 사용했다. 그리하여 백제의 조정은 간첩과 간신이 득세하게 되었다.

이를 신호로 당나라와 신라군이 660년, 백제를 점령하기 위해 움직이기 시작했다. 나당 동맹이 체결된 지 12년 만이었다. 신라 김유신의 5만 병력은 달구벌(대구)에서 출병하고 같은 시기 당나라 산둥반도에서부터 소정방(蘇定方)의 육해군 13만이 1900여 척의 배에 나눠 탄 채 서해를 건너고 있었다. 당군이 출발했다는 보고를 받은 무열왕은 태자 법민(法閔)을 덕물도까지 보내 영접했다.

두 나라는 그해 7월 10일을 사비성(泗沘城) 공격일로 잡았다. 그러나 문제는 고구려의 연개소문, 그를 묶어둘 필요가 있었다. 658년과 659년 두 해에 걸쳐 당나라군이 고구려를 공격했고 백제와의 싸움을 앞둔 660년 6월에도 나당 연합군은 고구려를 공격하는 척했다. 그러다가 갑자기 방향을 바꿔 백제 공격을 감행했다.

태평세월을 보내던 의자왕은 급보를 받고 그제야 우왕좌왕했다. 다급한 의자왕이 귀양 간 좌평 흥수(興首)에게 방책을 물었다. 흥수는 성충과 똑같은 대비책을 내놓았다. 그러나 임자 등 간신들은 흥수가 귀양살이에 한을 품고 그릇된 방책을 내놓고 있다고 비난했다. 이러는 동안 당군은 백강 북안에 상륙하고 있었고, 신라군은 탄현을 넘어 황산벌로 다가오고 있었다. 맹장 계백이 결사대 5천으로 신라의 5만 대군을 네 차례나 격파하며 선전했으나 중과부적으로 장렬히 전몰했다. 이제 나당 연합군은 거칠 것 없이 사비성으로 물밀 듯 밀려왔다.

《구당서(舊唐書)》,《백제전(百濟傳)》 등에 의하면 백제의 영토는 서해 너머 양자강 유역의 월주(越州)와 현해탄 너머 일본 열도에 이르렀고 남지나해의 베트남 접경 지역도 백제 22담로 중의 하나였다. 이런 곳에서 진귀한 진주, 비취, 옥 등의 보석과 비단이 매일 들어왔다.

신라의 수십여 성을 점령한 의자왕은 신라는 더 이상 상대가 안 된다고 무시한 채, 날마다 백마강에 유람선을 띄우며 놀기에 바빴다. 생존의 위기에 몰린 신라는 세작(細作)을 통해 백제를 안으로부터 허물기 시작했다. 그 결과 인구가 500만에 이르던 해양강국 백제의 역사는 660년 7월 낙화암에 몸을 날린 3천 궁녀의 슬픈 이야기와 함께 끝났다.

같은 해 신라는 태종무열왕이 죽고 문무왕(文武王, 661~681)이 즉위했다. 8월 2일 문무왕은 사비성에서 승전 축하 잔치를 벌였다. 의자왕과 아들 융(隆)은 마루 아래 앉아서 마루 위에 앉은 문무왕과 소정방 등에게 술을 따라 바쳐야 했다. 이를 본 백제의 신하들은 눈물을 훔치고 있었다. 그 자리에서 문무왕은 모척과 검일을 끌어오게 하여 목을 베었다.

"두 놈이 대야성의 식량 창고에 불을 질러 백제군을 끌어들였고, 내 딸과 사위를 죽게 했다. 당장 저 두 놈의 사지를 찢어 강물에 던지고 가족들은 절로 몰입(沒入)시켜 노비로 삼으라."

당나라 소정방은 9월 3일 의자왕과 왕비 은고, 태자 부여효 등을 비롯한 왕자 13명, 대신들 88명, 백성 1만 2807명을 포로로 잡아갔다. 이들이 낙양(洛陽)에 도착한 때는 같은 해 11월 1일이었다. 며칠 뒤 망국의 한을 품은 의자왕이 병사했다.

문무왕은 재위 21년 내내 백제 부흥군, 고구려, 당나라와 차례차례 싸워야 했다. 백제가 망한 후 복신(福神)과 승려 도침(道琛), 흑치상지(黑齒常之) 등을 중심으로 부흥운동이 일어났다. 그들은 662년 5월 일본에 있던 왕자 부여풍(夫餘風)을 데려와 왕으로 추대했다. 이때 부여풍은 일본의 많은 선박과 병사들을 데리고 왔다.

당시 일본의 사이메이(齊明) 천황은 백제 의자왕의 누이로 알려져 있다. 그녀는 백제가 당나라에게 망했다는 비보를 접하고 즉각 군대 파병을 결정했다. 무열왕이 죽던 같은 해 한 달 뒤 사이메이 천황은 백제 수복의 유명을 남기고 죽었다. 이 유언으로 부여풍 왕자가 수천여 명의 일본 병사들을 끌고 귀국했던 것이다.

이들이 당군을 사비성에 고립시키는 등 기세등등하자 당나라는 포로로 잡아갔던 백제 왕자 부여융(扶餘隆)에게 백제 왕을 제수하여 보낸다. 비록 당나라의 제후국일망정 백제를 다시 일으키고 싶었던 융은 흑치상지에게 접근했다.

사이메이 천황

당시 풍왕과 복신은 김제 근처의 피성(避城)으로 도읍지를 옮겼다. 그 때부터 복신이 전횡을 일삼자 내분이 일어나 풍왕이 복신을 죽이며 백제 부흥군은 점점 힘을 잃었다. 이에 크게 상심하고 있었던 흑치상지는 융의 설득으로 당군에 투항하고 말았다.

663년 8월 백강에서 백제 부흥군과 일본 연합군은 1000여 척의 배를 타고 신라, 당나라 연합군과 맞붙었다. 네 차례의 대접전 끝에 백제·일본 연합군이 패배하자 풍왕은 고구려로 망명했다.

백제 왕족이자 의자왕의 후손인 정가왕(禎嘉王)은 아들 복지왕(福智王)과 함께 일본 규슈의 최남단 첩첩산중으로 망명했다. 두 사람은 각각 90킬로미터 떨어진 곳에 살았는데, 복지왕이 해마다 아버지를 찾아갔다. 그때의 풍경을 1400년이 지난 지금도 현지에선 시와스마리(師走祭り) 축제로 재현하고 있다.

한편 백제 부흥군이 백강 전쟁에서 패배한 지 한 달 뒤인 9월 주류성(서천)이 함락되고, 투항했던 흑치상지를 앞세운 당나라 군대가 난공불락의 요새 임존성(예산)마저 점령함으로써 백제 부흥군은 4년 만에 와해되었다. 조국을 잃어버린 백제 유민들은 산유화가(山有花歌)를 부르며 망국의 한을 달랬다. 이후 흑치상지는 당나라 장수가 되어 토번과 돌궐들을 물리치며 크게 명성을 떨쳤다.

22

보물섬 고구려가 무너지니
신라와 당나라가 다투다

당나라는 신라와 합세해 백제를 멸망시켜 고구려를 남과 북에서 포위하는 데 성공했다. 기세등등해진 당나라는 662년 고구려를 침입했다가 연개소문에게 전멸당했다.

이후 감히 고구려를 넘보지 못하던 당나라는 665년 연개소문이 죽었다는 소식을 듣고 환호했다. 연개소문의 뒤를 이어 큰아들 남생(男生)이 대막리지(大莫離支)가 되어 국정을 맡았다.

남생은 여러 성을 순행하기 위해 잠시 평양을 비우며 두 동생에게 국정을 맡겼다. 이때 남생의 반대파가 남건(男建)과 남산(男産)에게 "형이 두 동생을 제거하려 하니 먼저 계략을 써야 한다"고 거짓말을 했다. 그러나 믿지 않자 이번에는 남생에게 사람을 보내 "두 동생이 형을 도성에 오지 못하게 막고 있습니다"라고 이간질했다.

의심이 생긴 남생은 친한 사람을 몰래 도성으로 보냈다. 이 사람이 붙잡히자 두 동생이 왕명으로 남생을 불러들였다. 남생은 평양에 들어오지 않고 국내성으로 들어가 웅거하며 아들 헌성을 당나라에 보내 투항했다. 이어서 연개소문의 동생 연정토(淵淨土)도 남쪽 열두 개 성을 가지고 신라에 투항했다.

고구려 내부의 약점이 드러나자 667년 당나라는 이세적(李世勣)이 지휘하는 대군을 파견해 요동을 건너 각 성을 차례로 정복하며 평양성까지 내려왔다. 이에 호응해 신라군도 평양성을 공격했다.

나당 연합군의 협공에도 고구려는 평양성을 1년 이상 굳게 지켜냈다. 그러나 주요 군무(軍務)를 맡은 승려 신성(信誠)이 이세적과 내통하고 성문을 열어주었다. 당시 고구려는 인구 35만 명, 집 70만 호, 176개의 성으로 이루어진 대국이었고, 이를 바탕으로 연개소문은 당나라와의 전쟁에 한 번도 져본 적이 없었다. 이런 고구려도 내분으로 668년 9월 21일 막을 내리고 말았다.

당나라는 평양에 안동도호부를 설치하고 안동도호에 설인귀(薛仁貴)를 임명했다. 고구려 전역을 9도독부 46주 100현으로 나누었다. 이런 통치 시도는 탁상행정에 불과했다. 압록강 이북의 안시성, 황시성 등 열한 개의 성이 항복하지 않았고, 670년 4월 황해도의 궁모성(窮牟城)에서 검모잠(劍牟岑)이 고구려 유민을 규합했다.

그리고 인천 사야도(史冶島)에서 보장왕의 서자 안승(安勝)을 왕으로 옹립하며 한성(漢城, 재령)을 근거지로 삼고 고구려 부흥 운동을 펼쳤다. 고연무(高延武)는 요동 지역 오골성을 중심으로 당나라에 저항했다. 이즈음 신라는 차츰 당나라를 의심하기 시작했다.

이것이 국가 사이의 정치다. 외부에 적이 있을 때 서로 돕다가 적이 사라지면 서로 싸우게 된다. 이런 인간의 모습이 로버트 루이스 스티븐슨 (Robert Louis Stevenson, 1850~1894)의《보물섬(Treasure Island)》에도 잘 나와 있다.

18세기 영국이 4세기의 백제처럼 해양대국이었던 시절, 주인공 소년 '짐'은 숙박업자의 아들로 태어났다. 어느 날 장기 숙박했던 나이 든 선원이 죽어, 그 유품을 정리하다가 전설의 해적 프린트가 숨겨둔 보물섬의 지도를 발견했다. 이를 알게 된 지주 트로리니와 의사 리브시는 배를 빌려 소년과 함께 보물섬을 찾아나섰다.

그런데 이 배에는 오래전부터 프린트와 함께 노략질을 했던 해적들도 몰래 승선했다. 어느 날 짐은 드럼통 안에서 잠들었다가 요리사인 존 실버와 해적들이 섬에 도착하면 즉시 모두 죽이고 보물을 나누자고 하는 이야기를 엿들었다. 존 실버가 해적들과 한패였던 것이다.

짐은 트로리니와 리브시에게 이 사실을 알리고 해적 중 한 명을 은밀히 자기편으로 만들었다. 그리고 보물섬에 도착하자마자

루이스 스티븐슨의《보물섬》

즉시 해적들과 싸움을 벌여 서로 죽이는 바람에 26명이 5명으로 줄어들었다. 이때 존 실버가 "이러다가 다 죽겠다. 그만 싸우고 우선 보물부터 찾고 보자"고 하여 싸움을 중단했다. 그들은 결국 보물을 찾는 데 성공했지만 이후에도 보물을 서로 차지하려는 인간들의 계략과 배반은 끊이지 않고 계속됐다. 인간들의 어두운 욕망은 계략과 배반을 낳았다.

본래 당태종은 김춘추에게 "백제와 고구려 양국을 평정하면 평양 이남과 백제의 토지는 신라에게 준다"라고 약조했다. 당나라는 아무리 고구려를 공격해도 안 되니 백제를 정벌해 후방 공격 거점을 확보하고 신라로부터 군량을 확보하려는 목적이었다.

이랬던 당나라는 백제가 무너지자 의자왕의 아들 부여융(扶餘隆)을 웅진도독으로 삼아 1만 명의 당군을 두고 백제 땅을 관할하게 하더니 663년 신라를 계림대도독부(鷄林大都督府)라 칭하고 문무왕을 계림주대도독(鷄林州大都督)으로 삼아 신라까지 지배하려고 했다. 그러나 아직도 고구려가 시퍼렇게 살아 있는 상황이라 신라는 당나라에 대항하지 못해 참고 있었다.

고구려가 망하자 당나라는 평양에 안동도호부를 두고 2만 명의 당군으로 직접 지배하려 했다. 그러자 고구려 부흥군이 크게 일어났고 신라는 이를 이용해 당나라를 응징했다. 이것이 나당전쟁이었다.

검모잠은 고구려 부흥을 위해 안승(安勝)을 왕으로 책봉했다. 670년 고구려 부흥군의 고연무(高延武)와 신라의 설오유(薛烏儒)는 연합하여 압록강을 건너 먼저 말갈 병사들의 목을 수없이 베었다. 그러나 다음에 당나라 군사가 계속 몰려왔을 때는 신라의 미온적인 전투로 패배했다. 요동과 만주는 본래 고구려의 터전으로 고구려인들에게는 성지였으나, 신라인들은 별관심이 없었다. 신라의 관심은 요동의 항당 세력에 의해 당나라의 주력 부대가 남하하지 못하게 하는 데 있었다.

검모잠은 같은 해 7월 비슷한 시기에 대병력을 동원해 백제 지역을 정복해나갔다. 8월엔 안승과 고구려 유민 4천 가구를 금마(金馬, 익산)로 옮기게 했다. 그런데 당나라 장수 고간(高侃)이 쳐들어오자 안승과 검모잠은 대처 방안을 놓고 이견을 보였다.

평소 검모잠은 고연무와 합세해 고구려의 성지인 요동 지역까지 수복하고자 했다. 안승은 그렇게 되면 당나라는 물론 신라까지 자극한다고 반대하며 검모잠을 죽이고 신라로 완전히 귀순했다. 당나라 주력 부대가 요동의 항당 세력에 묶여 있는 동안 신라는 백제 전역을 장악하고 한강과 대동강 사이에서 당군과 수차례 치열한 접전을 벌였다.

674년에 당나라 고종은 천황(天皇), 측천무후는 천후(天后)로 호칭을 격상했다. 10년 후 측천무후가 고종 사후 자기 아들인 중종과 예종을 세웠다가 폐위하고 자신이 왕위에 올라 중국 역사상 전무후무한 여제(女帝)가 되었다. 원래 당태종의 후궁이었던 측천무후는 태종이 죽자 관례대로 여승이 되었으나 태종의 아들 고종이 불러 황후까지 오르고 나당전쟁에서도 고종을 대신했다.

그러나 그녀는 파워 게임에는 능숙했으나 국가 경영에는 미숙해 나당전쟁을 효과적으로 이끌지 못했다. 674년에 이르러 당나라는 문무왕의 동생 김인문을 신라 왕으로 임명하는 한편 유인궤(劉仁軌)를 계림도대총관(鷄林道大摠管)으로 임명하고 대군을 동원해 신라 정벌에 나섰다. 그러나 이근행(李謹行)의 육군이 매초성(양주)으로 쳐들어왔으나 격파당했고, 서해를 따라 남하하던 설인귀의 해군은 금강 하구의 기벌포(장항)에서 패배했다.

이로써 나당전쟁 7년은 신라의 승리로 끝났다. 당나라는 결국 안동도호부도 평양에서 요동으로 옮겼고 신라는 대동강과 원산만 이남의 땅을 차지하였다. 그 시기 당나라는 측천무후가 제위에 오를 계략으로 비협조적인 신하들을 무고해 제거하느라 더 이상 만주와 한반도에서 전쟁을 치를 상황이 못 되었다.

문무왕이 한반도 이남의 땅을 완전히 정복한 후 죽으면서 동해의 용이 되어 왜구의 침략을 막겠다며 바닷속에 장사지내라는 유언을 남겼다. 다음 31대 신문왕(神文王, 681~692)은 통일 후의 혼란기를 수습하고 정비했다. 원효대사(元曉大師)와 요석공주(瑤石公主)의 아들 설총(薛聰)은 신문왕에게 군왕의 도리를 일깨우는 화왕계(花王戒)를 들려주었다. 한편 신문왕의 아들인 32대 효소왕(孝昭王, 692~702)때 북방에서 발해가 일어났다.

23
통일신라시대냐 남북국시대냐,
고도를 기다리며

　　　　　　당나라의 힘을 빌린 신라가 불완전
하나마 대동강 이남의 땅을 통일했으나 과연 이를 삼국 통일로 볼 것인
가, 아니면 신라와 발해의 이국(二國) 통일로 볼 것인가는 논란이 많다.

　만일 이국의 통일로만 본다면 한반도는 고구려, 신라, 백제 삼국 체제
에서 신라와 발해의 이국 체제로 전환된 것이다.

　신라의 통일 당시 고구려의 땅 중 일부인 대동강 이남은 신라 영토가
되었으나 그 외의 더 광대한 지역은 유동적이었다. 신라 신문왕은 통일
후의 혼란을 수습하느라 광활한 고구려의 옛 영토를 차지해 볼 엄두를 내
지 못했다. 통일 전쟁 시 공을 세운 진골 세력과 왕권을 강화하려는 세력
사이에 알력이 생기며 진골 귀족인 신문왕의 장인 김흠돌(金欽突)이 반란
을 일으켰다. 다행히 3일 만에 반란을 제압한 신문왕은 이를 계기로 귀족
세력을 철저히 왕권에 복속시키고자 했다.

당나라는 신라와 고구려 유민의 저항을 방어하기 위해 평양의 안동도호부를 요동성으로 옮겨 요동 지역 일부만 관할했으나 이마저도 여의치 않았다.

요동 지방의 고구려 유민들도 당나라에 강력하게 투쟁했다. 고구려 유민 중 한 명이었던 장수 대조영(大祚榮)도 당의 강제 이주 조치에 따라 영주(營州)에 있었다. 그러던 중 거란족 추장 이진충(李盡忠)이 당나라에 반란을 일으켜 영주를 점령했다. 대조영은 고연무, 지천명, 신문덕 등의 장수들과 함께 고구려 유민을 이끌고 요하를 건너 동쪽으로 가 길림성 동모산(東牟山)에 이르러 698년 발해(渤海)를 건국했다.

당황한 당나라는 먼저 이진충을 진압하고 대조영을 뒤쫓아갔으나 산악 지대인 천문령으로 유인되어 섬멸되었다. 고구려가 망한 후에도 39년간 각지에서 당나라에 저항하던 고구려인들이 대조영 아래로 몰려들었다.

차츰 발해의 영토는 옛날 부여, 옥저, 동예 지역이었다가 고구려에 흡수된 한반도 동북부와 시베리아 연해주, 압록강 중류 지역을 포함한 송화강 유역까지 확대되었다. 흑룡강 유역의 흑수말갈(黑水靺鞨)은 외교권을 발해에 양도했다. 마지막엔 멸망하기 이전 고구려의 대부분 지역을 발해가 차지하게 되었다. 당시 돌궐족은 북방 소수민족들을 정벌하고 당나라의 북부 국경 일대를 계속 공격하고 있었다. 705년 측천무후의 통치를 끝내고 당나라를 복원한 중종(中宗)은 발해의 대조영에게 화해를 청할 수밖에 없었다. 대조영도 수락하고 당나라에 답례 사절을 보냈다.

대조영의 아들 제2대 무왕(武王)도 활발하게 정복 정책을 폈다. 이에 위협을 느낀 흑수말갈이 발해를 이탈해 독자적으로 당과 내통하자 격노한

무왕은 732년 당나라를 공격했다. 장군 장문휴(張文休)는 해군을 이끌고 산둥반도 등주를 공격해 등주자사 위준(韋俊)을 죽였다.

당과 전쟁이 시작되자 발해는 일본에 사신을 보내 발해가 고구려의 계승국임을 밝히며 우호관계를 맺고자 했다. 당나라는 발해와의 전쟁에 신라를 끌어들였다. 733년 발해를 정벌하기로 결정한 당나라는 신라 33대 성덕왕(聖德王, 702~737)에게 발해 남쪽을 공격하라고 요구했다. 이에 신라에서 김유신의 손자 김윤중(金允中), 김윤문(金允文) 등이 참전했으나 별성과를 얻지 못했다.

성덕왕의 뒤를 이어 34대 효성왕(孝成王, 737~742)과 35대 경덕왕(景德王, 742~765)이 즉위할 당시는 신라 왕실의 전제적 왕권이 약화되는 시기였다. 특히 경덕왕 16년(757년), 신문왕이 70년 전 귀족들의 경제적 기반을 허물려고 폐지했던 녹읍제(祿邑制)가 다시 살아났다. 녹읍제란 귀족에게 봉급 대신 땅을 주는데, 이때 그 땅에 살던 백성들까지 마음대로 다스리며 조세와 특산물을 받을 수 있는 제도였다. 신문왕은 녹읍제를 폐지하고 해마다 곡식과 비단을 주는 녹봉제로 전환했다. 녹읍제가 다시 부활하자 중앙 귀족은 물론 지방 토호들까지 거대한 세력을 만들며 왕권을 흔들었다. 바로 이것 때문에 신라 하대 150년간 평균 재위 7년짜리 20여 명의 왕이 즉위했다.

발해와 신라는 발해 제3대 문왕(文王, 734~794)에 이르러 발해의 동경 용원부(東京 龍原府, 두만강변 훈춘)와 신라 국경 도시 천정군(泉井君, 원산만 덕원) 사이에 39개의 역을 설치하며 활발히 교류하기 시작했다.

발해의 전성기는 10대 왕 선왕(宣王, 818~830)이 열었다. 이 시기 신라는 쇠퇴기였다. 최치원에 의하면 당나라에 간 발해 사신과 신라 사신은 서로 강대국이라며 상석에 앉으려고 다투었다.

중국 사서(史書)는 다른 민족을 열전에 포함해 편차했다. 후한서(後漢書) 이후의 동이(東夷)열전에 부여, 삼한, 동옥저, 고구려, 백제, 신라 등이 나온다. 동이족들의 기록 중 공통점은 노래와 춤을 즐긴다는 것이다.

발해의 멸망과 장보고의 등장

부여인들은 '노래를 좋아해 가락이 끊이지 않았다(好歌吟 音聲不絶)'고 하고, 고구려인들도 '남녀가 무리지어 노래한다(群聚爲倡樂)'고 한다. 발해인들에게도 답추(踏鎚)라는 풍속이 있었는데. 매해 설날이면 춤과 노래를 잘하는 몇 사람이 앞서가고 뒤에 사녀(士女)들이 따라가며 노래를 따라 부르며 원을 만들어 돌며 뛰어놀았다.

'해동성국'이라는 찬사를 받던 발해는 마지막 왕 대인선(大諲譔, 906~926)에 이르러 거란의 급부상에 대응하지 못하고 103개 성이 모두 거란에 함락되며 926년 파국을 맞았다.

한편 신라는 삼국 통일 후 큰 전쟁 없이 100여 년가량 평화롭게 보내자 나라를 위하는 충성스러운 기상은 사라졌다. 차츰 왕과 신하들은 모두 허영에 눈이 어두워 정란황음(政亂荒淫)에 빠져 들기 시작해서 제36대 혜공왕(惠恭王, 765~780) 이후부터 신라 하대가 시작되었다.

혜공왕이 즉위할 때는 여덟 살이라 어머니 만월부인(滿月夫人)이 섭정했다. 3년 뒤 혜공왕이 열한 살이었을 때 일길찬(一吉湌) 대공(大恭)이 동생과 함께 난을 일으켜 전국 96각간(角干)의 진골 귀족들이 뒤엉켜 서로

혜공왕 때 완성된 에밀레종

싸웠다. 신라가 일찍이 겪어 보지 못한 대란이 벌어졌다. 혜공왕이 열세 살이 되었을 때, 또 다시 대아찬 김융(金融)이 왕권을 노렸으나 다행히 김 양상(金良相)이 김융을 주살하며 겨우 수습되었다. 이때부터 실권을 쥔 김 양상은 급기야 혜공왕과 왕비마저 죽이고 제37대 선덕왕(宣德王, 780~785)이 되었다. 이제 신라는 태종무열왕의 후손이 아니라도 누구나 힘만 있으면 왕이 될 수 있게 되어 왕위계승전이 더 치열해졌다.

선덕왕이 후사가 없이 죽자 김양상을 선덕왕으로 즉위시키는 데 큰 공을 세웠던 김경신(金敬信)이 38대 원성왕(元聖王, 785~798)으로 즉위했다.

해인사

원성왕은 일종의 과거 제도인 독서삼품과(讀書三品科)를 설치하여 이때부터 신라는 무(武)보다 문(文)을 중시하기 시작했다.

39대 소성왕(昭聖王, 799~800)은 별다른 치적 없이 2년 만에 죽었고 그의 아들 40대 애장왕(哀莊王, 800~809)은 802년 왕실 사찰인 해인사를 창건했다. 애장왕은 즉위 10년째에 숙부 김언승(金彦昇)에게 살해당했다.

조카를 죽이고 왕이 된 41대 헌덕왕(憲德王, 809~826) 김언승은 소성왕의 친동생이었다. 무력으로 왕이 된 헌덕왕은 친위 세력들을 중심으로 정치를 개혁해나갔다. 이에 김헌창(金憲昌)이 헌덕왕 14년, 아버지 김주원(金憲昌)이 태종 무열왕의 5대손인데도 왕이 되지 못했다는 명분으로 반란을 일으켰다. 그는 나라 이름을 '장안(長安)'이라 정하고 옛 백제 지역에 큰 세력을 형성했으나 진압되었고, 3년 후 그의 아들 김범문(金梵文)이 다시 난을 일으켰으나 주살당했다. 42대 흥덕왕(興德王, 826~836)의 10년 치세 동안 겨우 정치적 안정을 누리다가 43대 희강왕(僖康王, 836~838)때 처남 김명(金明)이 반란을 일으켜 44대 민애왕(閔哀王, 838~839)이 되었다. 민애왕 역시 김우징(金祐徵)이 데리고 온 장보고(張保皐)의 청해진 병사 5천에게 쫓겨 도망하다가 살해당했다.

이처럼 중앙의 귀족들이 왕위 쟁탈에 여념이 없자 지방 통제가 약화되어 난세에 영웅 난다고 각처에 지방 세력이 점차 고개를 들기 시작했다. 나라가 어지러울수록 백성들은 중심을 잡아줄 인물을 기다린다.

이를 잘 드러낸 작품이 사무엘 베게트(Samuel Beckett 1906~1989)의 대표작이며 노벨문학상 수상작인《고도를 기다리며(En Attendant Godot)》이다.

실존주의 문학의 대표작으로 2차 대전 후 부조리한 인생 속에서도 삶의 의미를 찾고자 한다. 이 작품의 가치는 단지 현대인에게만 적용되는 것이 아니다 시대를 넘어 모든 인간들은 그 종(種)의 보편적 속성에서 기인하는 소외된 실존을 지니고 있다.

디디(Didi)라고 불리는 블라디미르(Vladimir)와 고고(Gogo)라고 불리는 에스트라곤(Estragon)이 고도를 기다린다, 어느 시골 길의 한 그루 나무 곁에서. 이들 앞에 포조(Pozzo)와 럭키(Lucky)가 등장하여 대화를 나누고 사라진다.

석양 무렵 소년이 다가와 '고도가 오늘 오지 않고 내일 꼭 올 것'이라는 말을 하고 떠난다. 다시 고도를 기다리는 디디와 고고. 이들은 과연 고도가 누구 혹은 무엇인지, 한 번도 오지 않았던 고도를 언제까지 기다려야 하는지 알려고도 하지 않는다.

그래도 끝없이 기다리고 있고 기다림, 그 자체가 하나의 일상이 되고 말았다. 하나의 '블랙 코미디(Black humor)'이다.

고도가 신일까? 빵일까? 자유일까? 사실은 디디와 고고도 잘 모르고 작가인 베게트 조차도 모른다고 했다. 이들의 무의미한 기다림일 수 있지만 그래도 무한반복으로 기다린다.

이것이 인간존재의 조건이며 현 주소이다. 회피할 수 없고 암담한 상황에서 고도를 기다리는 분위기는 고조되고, 그럴 때 자칭 고도라며 대중을 자극하는 인물들이 등장한다. 통일신라 말기 혼돈의 상황에서 내가 고도라며 많은 인물들이 자신의 세력을 기르며 이들 중 일부는 세력을 기르고 스스로 장군, 또는 왕이라고까지 칭했다. 해안가에는 해적들이 난무해 신라인들을 납치하여 노예로 팔았다.

장보고는 이를 막기 위해 완도에 청해진을 세웠고 서남해 해상권까지 장악했다. 많은 인재들이 골품제에 구애받지 않고 빈민까지 포용하는 장보고에게 몰려들었다. 지방 세력인 장보고는 드디어 무력을 동원해 김우징(金祐徵)을 도와 45대 신무왕(神武王)으로 세웠다.

장보고의 청해진은 동지나해의 해적을 소탕하고 해상을 장악한 뒤 당나라와 신라, 일본을 잇는 삼각 무역 라인을 구축했다. 이때 신라는 구리거울, 금은세공 등 금속 제품과 모직물 등 고급 직물을 주로 수출했고 서아시아와 동남아시아로부터 신라 귀족들의 애용품인 향료, 염료, 안료 등을 수입했다.

장보고는 청해진을 무역 중계 지역으로 활용하며 재산을 축적하고 독자적 세력 기반을 구축했다. 그래서 신무왕의 아들 46대 문성왕(文聖王, 839~857)도 장보고의 둘째 딸을 왕비로 맞이하고자 했으나 섬사람의 딸은 왕비가 될 수 없다는 귀족들의 반발로 무산되었다. 이에 불만을 품은 장보고가 청해진을 거점 삼아 반기를 들었다. 중앙정부는 무력으로 토벌

할 힘이 없어 당황하다가 장보고의
부하 염장(閻長)을 시켜 장보고를 살
해했다. 이후에도 중앙과 지방에서
반란이 계속 이어졌다.

문성왕은 장보고의 반란 이후에도
계속 다른 귀족들의 반란에 시달리다
가 생을 마감하며 숙부 김의정(金誼
靖)에게 왕위를 계승했다. 그가 47대
헌안왕(憲安王)이며 헌안왕의 사위가
48대 경문왕(景文王, 861~875)이다.
귀족들은 경문왕을 비웃기 위해 '임
금님 귀는 당나귀 귀'라는 이야기를
퍼트렸다.

청해진 조형

경문왕은 물론 그의 두 아들 49대
헌강왕(憲康王, 875~886)과 50대 정강왕(定康王, 886~887)도 귀족들의 득
세를 수습하지 못했다. 경문왕의 딸인 51대 진성여왕(眞聖女王, 887~897)
에 이르러 흉년까지 겹치며 농민에 대한 수탈이 가중되자 진성여왕 3년
때부터 농민 봉기가 거세게 일어나기 시작했다.

24
왕건에게 밀린 궁예는
셰익스피어의 맥베스였다

당시 농민 봉기 중 제일 거세게 일어
난 세력은 사벌주(沙伐州, 상주)의 원종(元宗)과 애노(哀奴)였다. 이들은 진
성왕 3년(889년)에 봉기했는데 정부군도 이들이 무서워 피할 정도였다.
《삼국사기》는 이 시기의 정황을 '소재도적봉기(所在盗賊蜂起)'라 했다.
도처에 도적이 벌 떼처럼 일어났다는 뜻이다.

그럼에도 불구하고 여전히 통일신라의 수도 경주는 《삼국유사》나 《삼
국사기》에 의하면 지상낙원과 같이 번영했다.

自京師至於海內 比屋連墻(서울에서 바다까지 집과 담이 끝없이 이어지고)

笙歌不絶道路 風雨調於四時(길을 따라 노래와 풍악이 그치지 않았으며

사시사철 날씨도 좋았다.)

今之民間 覆屋以瓦不以茅(민가도 모두 기와지붕이어서 초가지붕이 전혀

없다.)

炊飯以炭不以薪(밥 지을 때도 장작이 아닌 숯만 사용했다.)

이런 태평성대에 취했던 귀족들은 심심풀이처럼 왕위 쟁탈전에 심취해 있었고 이를 뒷받침하기 위해 농민들을 더 가혹하게 수탈했다. 이를 피해 도망간 농민들을 중심으로 대규모 반란이 계속 이어졌다.

원종과 애노의 봉기 이후 896년에 서남쪽에서 붉은 바지를 입은 무리인 적고적(赤袴賊)이 난을 일으켜 경주 서부 모량리까지 쳐들어와 민가를 약탈했다. 그 뒤 북원(원주)의 양길(梁吉), 죽주(안성)의 기훤(箕萱) 등이 일어났다.

이 난세를 뚫고 세 인물, 궁예(弓裔), 견훤(甄萱), 왕건(王建, 918~943)이 등장했다. 이들을 중심으로 강호의 세력이 재편성되며 기존 신라와 함께 세 개의 세력권이 정립되어 후삼국시대가 시작되었다.

궁예는 신라 경문왕의 서자로 태어나 권력 다툼에 갓난아이 때 축출되던 중 그만 사고로 한쪽 눈까지 멀어버려 애꾸가 되었다. 이후 세달사(世達寺)의 승려로 지내던 어느 날 까마귀 한 마리가 궁예의 바리때에 '왕(王)'자가 새겨진 상아(象牙)를 떨어뜨렸다. 이후 궁예는 신라를 끝장내려는 열망을 품고 세달사를 떠난 뒤 무리를 모아 싸움터만 찾아다니다가 처음으로 견훤을 찾아갔다. 그러나 웬일인지 견훤이 궁예를 신임하지 않자 궁예는 강원도의 세력가인 양길(梁吉)의 부하로 들어갔다. 여기서 궁예는 양길의 신임을 얻고 우두머리가 되어 강원도를 비롯한 중부 지역을 종횡무진으로 휩쓸고 다녔다. 이때의 궁예는 세달사 승려 출신답게 솔선

수범하고 관용으로 부하들을 통솔했다. 이후 그는 휘하에 있던 병사 3500명의 추대를 받아 양길과 결별하고 독립했다.

견훤은 민담에 의하면 토룡(土龍, 지렁이)의 아들로 태어났다. 견훤은 솔선수범하고 용기 있는 지도자였다. 병사들과 함께 창을 베개로 삼고 적과 싸울 때도 항상 병사들 앞에 섰다. 신라 효공왕(孝恭王, 897~912) 4년인 900년에 견훤은 완산주(전주)에서 의자왕의 원한을 갚는다는 명분으로 후백제를 건국했다.

견훤에 뒤질세라 1년 뒤인 901년 궁예의 후고구려가 송악(개성)에서 출범했다. 이때만 해도 궁예는 추종자들과 공감하는 지도자였다. 식사나 휴식도 병사들과 똑같이 했고, 전리품은 사사로이 갖지 않고 모든 병사에게 골고루 나누어주었다.

왕건의 할아버지인 작제건(作帝建)은 용왕의 딸과 결혼하고 송악에 살았다. 그래서 왕건을 해룡(海龍)의 후손이라 했다. 송악 호족 출신인 왕건은 896년 궁예에게 귀순하고 송악의 성주가 되었다. 이후에도 왕건은 주로 외부에서 정복 활동에 치중하며 후고구려 내부의 권력 다툼에 일절 개입하지 않았다. 그리고 913년 최고 직위인 시중(市中)이 되어서야 궁예의 신임을 유지하면서 청주 호족 아지태(阿志泰) 등 간신들을 처단했다.

점차 포악해지는 궁예에게서 떠난 민심이 자신에게 쏠리자 왕건은 스스로 시중을 사임하고 나주 지역으로 내려가 수군을 통솔했다. 궁예는 스스로 미륵불(彌勒佛)이라 자처하며, 날로 깊어가는 불신증(不信證)을 관심법(觀心法)으로 합리화하며 충신들을 없애고 심지어 부인과 아들까지 죽였다. 결국 918년 궁예는 부하들에게 쫓겨나고 왕건이 고려를 건국하게 되었다.

《맥베스(Macbeth)》는 셰익스피어가 스크틀랜드의 역사극에서 모티브를 취해서 쓴 작품이다. 마녀의 예언에 의지하다가 비극적 최후를 맞은 맥베스의 일생은 궁예와 비슷하다. 궁예처럼 왕족인 맥베스도 야심을 드러내며 자신의 야망을 이루기 위해 무엇이든 저지르는 사람이었다. 하지만 궁예는 스스로 예언자가 된 것과 달리 맥베스는 세 마녀의 예언에 지나치게 귀를 기울이며 심약한 자가 되었다.

스코틀랜드 왕 덩컨(Duncan)의 사촌인 장군 맥베스는 어명으로 뱅쿠오(Banguo) 장군과 함께 반역자 맥도널드(McDonald)를 진압했다. 이때만 해도 맥베스는 전쟁의 여신 벨로나를 부인으로 둔 '군신 마르스'와 같이 용감무쌍하다고 칭송받았다.

그런 맥베스가 반역자의 머리를 창에 꽂아 성벽 위에 높이 세워놓고 귀국하던 중 어두운 숲속에서 세 마녀를 만났다. 이 마녀들은 곧 맥베스가 코더 영주가 되고 뒤이어 스코틀랜드 왕까지 되리라 예언했다.

"오! 코더의 영주여, 미래의 왕이시여."

과연 덩컨 왕은 맥베스에게 반란을 진압한 공로를 크게 치하하며 코더 영주로 임명했다. 이때부터 맥베스는 마녀의 예언을 철석같이 믿고 희망에 부풀어 아내와 함께 왕의 암살을 모의했다.

그러던 중 덩컨 왕이 전국을 순회하다가 코더 성을 방문했다. 절호의 기회가 찾아온 것이었다. 그러나 인정 많은 맥베스가 머뭇거리자 아내가 결단을 촉구했다. 마침내 맥베스는 자기가 다스리는 성 내에서 잠든 왕을 시해했다. 덩컨 왕의 아들 맬컴(Malcolm) 왕자는 잉글랜드로 도망가고

맥베스의 운명을 예언하는 세 마녀

왕위에 오른 맥베스는 신하들 중 조금만 의심이 가도 닥치는 대로 죽이며 스코틀랜드를 피바다로 만들었다.

이로 인해 맥베스는 귀족들과 병사들의 원성을 사게 되었다. 왕비가 된 맥베스의 아내는 덩컨 왕을 죽였다는 죄책감과 또 누가 반란을 일으켜 언제 죽을지 모른다는 불안감에 시달렸다. 결국 그녀는 견디지 못하고 자결했다.

맬컴 왕자가 잉글랜드 군의 도움을 받아 스코틀랜드로 쳐들어오자 귀족들과 병사들까지 맥베스에게 등을 돌리고 맬컴 왕자에게 합세했다. 결국 맥베스는 최후를 맞고 맬컴은 왕위를 되찾았다.

이처럼 세 마녀의 예언은 이 작품의 핵심 요소다. 그녀들은 맥베스에게 긍정적인 예언을 했다. 그런데 그녀들의 평소 모든 예언이 적중했던 것과 달리 맥베스는 파멸했다. 이는 운명의 호의를 과신하지 말라는 경고다. 궁예처럼 예언자가 되어 타인을 조종하려고 하거나 맥베스처럼 종교적 예언에 의지해 자기 야심을 이루려 하면 그때부터 자기 확신은 증발된다. 따라서 상황에 대한 통제력이 점차 상실되고 그 대신 불안 심리에 잠식당하며 자기 파멸로 빠지게 된다. 궁예는 스코틀랜드 왕이 된 맥베스와 똑같이 주술적 힘에 의지하여 잔인한 통치를 했고, 측근들의 반감을 사서 비극적 최후를 맞았다.

25

왕건과 견훤의 마지막 승부처, 대구와 안동

- 삼한인의 《백년의 고독》

신라의 역사는 3대로 나뉜다. 발전기인 상대(上代)는 박혁거세로부터 진덕여왕까지이며, 중대(中代)는 무열왕부터 혜공왕까지의 전성기이고, 하대(下代)는 선덕왕부터 경순왕까지의 쇠퇴기이다. 혜공왕이 '96각간의 난' 속에서 피살되고 선덕왕이 귀족들의 추대로 즉위하며 신라는 기울기 시작했다.

특히 장보고의 난이 발생한 문성왕 8년(846년) 이후 진골들의 권력 쟁탈전이 빈발했다. 그 후 삼국이 통일되는 936년까지 삼한의 백성들은 덩달아 고통받았다. 한마디로 고래 싸움에 새우 등 터지는 격이었다.

궁예 대신 후고구려를 장악한 왕건은 드디어 견훤과 명운을 건 전쟁을 시작했다. 전쟁 초반에는 토룡 견훤의 기세에 해룡 왕건이 밀렸다. 견훤이 신라 경주를 짓밟고 여세를 몰아 공산(公山, 대구) 전투에서 부딪쳤을 때 왕건의 군대는 견훤의 군대에 완전히 포위되었다. 왕건의 목숨이 위태

로울 때 궁예 축출의 일등공신이었던 신숭겸이 목숨을 바쳐 구해내 가까스로 위기를 모면했다.

백제 쪽에 유리하던 전세는 930년 고창군(안동) 전투에서 뒤바뀌었다. 견훤은 도망가는 왕건을 쫓아 안동으로 진격했다. 왕건에 가담한 안동성주 김선평(金宣平)은 견훤이 토룡의 아들이므로 소금에 약할 것이라며 낙동강 물과 주변 개천, 웅덩이에 소금을 풀었다. 그리고 주막의 노파를 시켜 닭똥 소주를 견훤의 부대에 주었다. 소주를 마시고 백제군이 대취하자 왕건의 부대는 기습 공격을 가했다. 여기서 해룡 왕건의 부대가 토룡 견훤의 부대를 이기며 후삼국 통일의 전기를 마련했다.

안동 전투에서 대패한 이후 견훤의 세력은 악화일로를 걷다가 후계자를 두고 내분에 휩싸였다. 견훤은 많은 아내에게서 아들 열 명을 두었는데, 열 아들 중 훤칠하고 지략이 뛰어난 넷째 아들 금강(金剛)을 특히 사랑해 후계자로 염두에 두고 있었다. 이를 알게 된 금강의 세 형인 신검(神劍), 양검(良劍), 용검(龍劍)은 번민에 빠졌다. 이때 양검은 강주(康州, 진주) 도독, 용검은 무주(武州, 광주) 도독으로 나가 있었고 신검만이 견훤 옆에 있었다. 신검은 강주, 무주로 사람을 보내 아버지를 제거할 음모를 꾸몄다.

935년 3월 견훤은 신검에 의해 금산사(金山寺)에 유폐되었다. 신검은 자칭 대왕이라 칭하며 대사면령을 내렸다. 석 달 후 견훤은 막내아들 능예(能乂)와 함께 금산사를 탈출해 왕건에게 투항했다.

견훤이 누구던가? 신라 말 주로 농민들로 구성된 산발적인 반란군을 처음으로 정치 세력화했던 사람이다. 892년 당시 26세의 견훤은 무진주를 점령하고 스스로 왕이라 칭했다. 당시 궁예는 양길의 예하 부대를 이끌고 강원도를 누비고 있었고 왕건은 아직 송악 귀족의 아들에 불과했다. 궁예가 양길을 누르고 경상도와 충청도 일대까지 전광석화처럼 세력을 뻗칠 때 전주에 도읍을 정한 견훤은 우선 배후의 신라를 의식해 북방 공략을 삼가고 있었다. 그래서 삼국시대 서라벌 다음으로 큰 성인 대야성을 901년, 916년, 920년 세 차례 공격해 함락시킨 다음에야 왕건과 전면전을 치르기 시작했다. 견훤은 공산 전투에서 대승하는 등 연이어 승리했고 나주까지 탈환하였다. 이로서 견훤은 과거 백제의 영광을 재현할 가능성까지 보였다.

그러나 930년 안동 전투의 참패로 승승장구하던 견훤의 기세가 꺾였다. 안동의 참패는 전쟁에서 한 번 지는 것 이상의 큰 의미가 있었다. 신라 하대로 올수록 권력의 중심은 지방 호족들로 재편되었다. 안동은 경주를 소백산맥 이북과 연결하는 통로로 누가 차지하느냐에 따라 후삼국 세력의 판도가 달라졌다.

금산사에 유폐된 견훤, 왕건에게 투항하다

후삼국시대의 안동 호족들은 안동에서 가까운 상주 출신인 견훤과 개성의 왕건 사이에서 모호한 입장을 취하고 있었다. 그런데 이들이 안동 전투를 기점으로 점차 왕건에게 기울었다.

이때부터 견훤의 기세가 주춤거리기 시작했다. 엎친 데 덮친 격으로 견훤의 후계자 자리를 놓고 신검계와 금강계가 분열했다. 일각에서는 견훤도 왕건처럼 지방 호족들을 외척으로 포섭하기 위해 많은 부인을 두었고 안동 전투에서 외척의 갈등이 부각되었다고 본다.

또한 전주 호족을 외척으로 둔 금강이 광주 호족을 외척으로 둔 신검에게 제거되자 전주 호족이 후백제를 외면하게 되었다. 따라서 견훤이 금산사를 탈출하도록 도운 세력이 전주 호족일 가능성도 크다.

신검은 견훤을 폐하고 후백제의 2대 왕으로 즉위하면서 교서에 '천려일실(千慮一失)'이란 표현을 썼다. 후백제가 옛 백제를 거의 중흥해가는데 한 번의 실수로 위축되고 말았다는 것이다.

견훤이 왕건에게 투항하자 다음 달에 신라의 마지막 왕인 경순왕(敬順王, 927~935)도 왕건에게 귀순했다. 드디어 삼국 통일의 때가 왔다고 본 왕건은 견훤의 요청을 받아들여 936년 9월, 8만 7천 병력을 동원해 신검을 공격했다.

이때 좌군의 선봉장이 바로 70세가 된 백발의 노장 견훤이었다. 일생을 공들여 이룬 후백제를 자기 손으로 마무리해야 하는 그의 심정은 어떠했을까? 더구나 삼한 통일을 놓고 자웅을 겨룬 왕건을 도와 큰아들 신검을 쳐야 했다. 견훤이 선봉장으로 나선 것은 자신과 생사고락을 같이해온 백제군의 피해를 줄여보고자 했던 고육지책이었다.

과연 많은 백제군들은 흰 수염을 날리며 마상에 앉은 옛 주군을 보더니 감히 대항할 엄두를 내지 못하고 머뭇거렸다. 그들은 결국 각기 투구와 창을 던져버리고 달려와 항복했다. 신검의 후백제군은 일선(一善, 구미)에서 고려군과 만나 싸운 뒤 완산주로 퇴각했다. 고려군이 뒤쫓아 황산(黃山, 논산)을 넘어오자 신검 등 3형제는 항복했다. 이리하여 후삼국시대는 막을 내렸다.

그동안 가장 강성했던 후백제의 견훤은 왕건의 삼국 통일을 도운 며칠 후 황산불사(黃山佛寺)에서 외롭게 지내다가 등창으로 숨을 거두었다. 견훤은 거의 반세기에 이르도록 부여의 후계국인 백제 부흥의 민중적 염원을 한 몸에 받고 천년 사직 신라의 심장부까지 진격했다. 그러나 내분이 일자 왕건에게 삼국 통일의 대업을 안겨주었다. 신라가 외세의 힘을 이용해 통일하며 부여 멸망 이후 지속되어온 고구려의 다물 정신이 약화되었는데, 궁예에 뒤이어 왕건이 다물 정신을 다시 살리며 통일을 추구하자 견훤은 자신의 못다 이룬 다물의 꿈을 왕건에게 넘겨주었다. 이 때문에 왕건은 신라와 달리 외세에 의존하지 않고 통일을 이루어 고토 회복의 국시를 내걸고 북진 정책을 추진할 수 있게 되었다. 견훤은 후삼국시대를 주도하고도 자신이 세운 나라에 맞서 싸우고 왕건에게 통일의 마지막 공을 넘겨주어야만 했던 아이러니한 삶을 살았다.

후삼국시대 민중의 고독

1965년 여름휴가 때 가브리엘 가르시아 마르케스(Gabriel Garcia Marquez)와 아내 그리고 두 아들은 멕시코 아카풀코 해변을 드라이브하고 있었다. 단란한 가족의 행복에 빠져 운전하는 마르케스의 승용차 앞에 노란 나비가 날아들었다. 그 순간 마르케스는 어린 시절 얼음을 만졌던 일과 가족들이 함께 바닷가 모래사장을 걷던 일이 떠올랐다. 그리고 연달아 지난 20년간 늘 구상만 해오던 이야기들이 마법처럼 한꺼번에 풀렸다. 그날부터 마르케스는 18개월 동안 칩거하며 20세기 라틴아메리카의 최고 고전인《백년의 고독(Cien años de soledad)》을 썼다. 이 소설은 콜

롬비아의 열대림 마을 마콘도(Macondo)에 정착한 호세 아르카디오 부엔디아(José Arcadio Buendía) 가문의 5대에 걸친 100년의 역사를 다루었다.

1982년 노벨상 문학상 수상작가인 가르시아 마르케스(Gabriel Garcia Marquez)의 《백년의 고독》 속에도 라틴 아메리카의 어느 가문이 5대 동안 외부 충격으로부터 어떤 충격을 받으며 어떤 식으로 흥망성쇠를 이루는지가 나와 있다.

이 소설의 스토리 라인은 원주민들이 스페인과 영국, 미국의 제국주의적 식민지 수탈에 의해 필연적으로 변화해갔던 과정이다. 그 과정 속에 그들은 오로지 생존을 위해 버티며 무거운 고독 속으로 들어가야 했다. 이 고독의 전제는 바로 자신과 타인과의 소통의 부재다. 이런 민중의 고독이 후삼국시대의 한반도에도 횡행했다.

삼국시대 까마귀의 점지를 받은 궁예와, 해룡의 후손 왕건, 토룡의 후손 견훤이 그러했듯 《백년의 고독》도 등장인물부터 주술적이다. 부엔디아가의 자손들은 유전적으로 고독을 숙명처럼 지니고 태어났다. 부엔디아의 첫 아들 아르카디오(Arcadio)는 어렸을 때 천재라는 소리를 들었는데, 집시의 가르침에 세뇌되어 반미치광이처럼 살고 있었다.

이 소설에서 가장 고독한 인물은 부엔디아의 둘째 아들 아우렐리아노 대령이다. 그는 20년 동안 보수파에 반대해 32번의 봉기를 일으켰다. 그때 각지를 돌며 17명의 자녀를 두었다. 고향에 돌아온 후 그는 고독을 참기 위해 황금 물고기를 만들고 다시 녹여 황금 물고기를 만드는 일을 죽을 때까지 반복했다. 그 후손들 역시 역사의 격랑에 휩쓸려다녔고, 6대째에 근친의 증거인 돼지 꼬리를 단 아이가 태어나며 가문은 몰락했다.

개인은 사회 구조의 변화와 이념, 사상 등 다양한 원인에 의해 어떤 식으로든 영향을 받는다. 이런 영향은 개인 입장에서 신화적이며 마술적으로 보이지만 엄연한 현실이다. 《백년의 고독》은 마술적 리얼리즘의 세계를 아름답게 그려내 전 세계 독자들을 사로잡았다.

후삼국이 치열하게 다투는 동안 중국에서는 당나라가 멸망하고 5대 10국이 연이어 일어났다. 북방 거란족은 이 틈을 타 중원으로 진출하길 원했다. 이를 위해서는 해동성국 발해를 먼저 평정해야 했다.

마침 기회가 왔다. 925년경 백두산이 폭발하며 화산재가 발해에 쏟아져내렸다. 수많은 발해인들이 살기 위해 고려 지역으로 넘어갔다. 혼란에 빠진 발해를 거란은 3일 만에 평정했다. 고구려가 망한 지 30년 후 건국되어 고구려의 광활한 옛 영토를 차지했던 발해는 화산재와 더불어 역사에서 자취를 감췄다. 다행히 발해가 사라질 즈음 고구려 옛 영토를 회복할 웅지(雄志)를 품은 고려가 출범했다.

3장

고려시대

01
태조는 거란의 낙타를 거부하고,
서희는 세 치 혀로 거란을 물리치다

거란은 광개토대왕 때 고구려에 정
복당했었다. 그 후 한반도와 당나라의 정치적 혼란을 틈탄 야율아보기(耶
律阿保機, 872~926)가 907년 여러 부족을 통일해 요나라(遼, 916~1125)를
세우고 발해를 점령했다.

요나라 2대 태종(太宗, 926~947)은 만리장성 이남까지 영토를 확장했
다. 후당(後唐)의 하동절도사(河東節度使) 석경당(石敬瑭)이 거란의 태종에
게 신하를 자청한 후 군사를 빌려 후당을 무너뜨리고 후진(後晉,
936~947)을 세웠다. 이처럼 중국을 쥐락펴락하게 된 거란은 고려 태조
왕건 25년(942) 10월 낙타 50마리를 선물로 보내며 수교를 청했다. 당시
거란족은 자신들도 동이족의 전통을 고수하는 고려와 같은 민족이라며
친근히 접근했다. 그러나 왕건은 일언지하에 거절했다.

"고려와 동족인 발해를 하루아침에 멸망시킨 무도한 거란과 어찌 이웃

거란인의 모습

이 되리오."

거란이 보낸 낙타는 모두 개성 만부교(萬夫橋) 아래서 굶겨 죽이고, 거란의 사자 30명은 섬으로 귀양 보냈다. 이때부터 거란은 고려에 앙심을 품고 이후 대군을 몰아 고려를 침공했다. 그때 거란을 세 치 혀로 물리친 자가 있었다. 태조 왕건이 거란이 보낸 낙타를 굶겨 죽이며 거란의 증오를 사던 바로 그해 태어난 서희(徐熙, 942~988)였다. 어떻게 그는 거란을 설득할 수 있었을까?

같은 해 태조 왕건은 후진의 황제가 된 석경당에게 함께 거란을 치자고 제안했다. 그러나 거란의 도움으로 후당을 꺾은 석경당이 거절하고 도리어 거란에게 고려의 제안을 통보했다.

하지만 석경당이 942년에 죽고 조카 석중귀(石重貴)가 2대 황제 출제(出帝)가 되면서 상황이 달라졌다. 거란이 출제의 등극 과정에 의문이 많다며 해명을 요구했다. 이때부터 출제는 거란을 철천지원수 보듯하며 태조 왕건이 제안했던 양면 공략을 성사시키기 위해 사신을 고려에 보냈다.

그러나 이미 그때는 왕건이 붕어하고 2대 혜종(惠宗, 943~945)이 즉위해 있었다. 얼굴에 주름살이 많아 '돗자리 왕'이라는 별명을 지녔던 혜종은 외가가 빈약했다. 태조 왕건은 호족들의 융합을 위해 혼인 정책을 실시했는데 29명의 왕비에게서 25명의 왕자를 두었다. 이 왕자들이 각기 막강한 외가 세력을 바탕으로 왕위를 노려 고려 내정이 극히 불안했다.

이런 상황에서 고려의 원정이 불가능하자 후진의 출제가 단독으로 944년 거란을 공격했고, 3년의 전쟁 끝에 도리어 거란에게 멸망당했다. 이제 거란은 고려의 정복을 제일 과업으로 설정했다. 이는 태조가 고려의 존립 이유로 세운 북진 정책에 정면으로 부딪치는 것이었다.

그래서 3대 정종(定宗, 923~949)은 거란의 내침을 대비해 30만 광군(光軍)을 조직했으며 서경 천도를 추진했다. 4대 광종(光宗, 925~975)은 청천강 너머 압록강 사이에 여러 성을 쌓았다. 5대 경종(景宗, 975~981) 때는 거란족이 남하하며 발해 유민들을 압박하자 고려로 넘어온 발해 유민 수만 명을 받아들였다.

거란의 1차 침입은 6대 성종(成宗, 981~997) 12년인 993년에 시작되었다. 거란 장수 소손녕(蕭遜寧)의 80만 대군이 물밀 듯 내려오며 봉산군(蓬

山郡)을 지키던 고려군 선봉 윤사언(尹庶顔) 등을 사로잡고 마침내 최후통첩을 보냈다.

"우리가 이미 고구려 옛 땅을 차지했는데 빼앗으려 하는 너희를 토벌하러 왔노라. 속히 항복하여라."

조정 일각에서 서성(西京) 이북의 땅을 내주며 거란을 달래자는 할지론(割地論)이 우세했다. 그러자 한 신하가 나서서 반대했다. 바로 서희였다.

"국토를 내주다니요? 이것은 조상뿐 아니라 자손만대에 죄를 짓는 일입니다. 신민(臣民)이 하나 되어 싸우면 능히 이길 수 있습니다."

고려가 항복하지 않고 항전하겠다고 하자 소손녕은 얼어붙은 청천강을 건너 안융진(安戎鎭)을 공격했다. 안융진은 중랑장 대도수와 불과 수백 명의 군졸이 지키는 작은 성이었다. 80만 거란군의 칼과 창이 성 주위를 빙 둘러 뒤덮었고 성을 넘어가려 하자 안융진 군민들은 남녀노소 할 것 없이 성 위에서 돌을 던지고 뜨거운 물을 퍼부으며 결사적으로 저항했다.

체면을 구긴 소손녕이 직접 선두에 서서 독려하며 인해전술로 성문을 밀치고 들어가려는데 마침 서희 장군의 고려군이 좌우에서 공격해와 퇴각해야만 했다. 크게 망신당한 소손녕은 공격할 엄두를 내지 못하고 고려 조정에 담판을 제안했다. 성종은 서희를 조정 대표로 보냈다.

거란 진영에 도착한 서희를 소손녕이 내려다보았다.

"나는 대국의 귀인이고 너는 소국의 신하이니 마땅히 뜰에서 절하고 올라오라."

"신하가 임금을 뵐 때나 뜰 아래서 절하오. 요나라 임금은 한 분이거늘, 그대도 요나라 임금 노릇을 하려고 하오? 두 나라 대신끼리 만나는데 어찌 상하가 따로 있으리오."

소손녕은 소희의 말에 논박할 수 없어 서로 예절을 나누고 마주 앉았다. 또 소손녕이 먼저 입을 열었다.

"고려는 신라 땅에서 일어났고, 거란은 고구려 땅에서 일어났으니 고구려 땅은 우리 것이다. 그런데 당신들이 침략했다. 또한 경계를 접하고 있는 거란을 놓아두고 멀리 송나라와 친교하고 있다. 이를 고치지 않으면 고려 땅을 잿더미로 만들 것이다."

"그대는 그대 나라의 역사도 모르는구나. 고구려가 세력을 떨칠 때 거란족은 나라도 없이 더 먼 요하 상류에 살았다. 신라가 삼국을 통일할 때 고구려 땅의 남부를 차지하고 북부는 발해가 계승했다. 그 후 우리는 고구려 옛 땅을 터전으로 고려를 건국했다. 이런 데도 그대들이 고구려 옛 땅의 주인이라 하니 지나가는 개도 웃을 일이다."

역사적 사실에 기초한 서희의 말에 소손녕이 설복당했다. 서희와 소손녕은 7일 동안 함께 머물며 우정을 다졌다. 서희가 귀국하는 날, 소손녕은 낙타 10마리, 말 100필, 양 1000마리를 선물로 주었다. 다음 날 거란이 출군하여 여유를 찾은 고려는 강동 6주를 개척해 고려 영토가 압록강까지 확대되었다. 이렇듯 설득력은 공감적 이해에서 나온다.

공감에 관한 명작 중에 제임스 터버(James Thurber)의 《많은 달(Many moons)》이라는 그림책이 있다. 이 작품은 미국에서 가장 권위 있는 문학상 중의 하나이자 '그림책의 노벨상'이라고도 불리는 칼데콧 상(Caldecott Medal) 수상작이기도 하다.

옛날 옛적 바닷가의 어느 왕국에 르노(Lenore)라는 공주가 살았다. 공주는 병에 걸리자 왕에게 하늘의 달을 따다 주면 병이 나을 것 같다고 말했다. 왕과 왕비가 하늘의 달은 따올 수 없는 것이라며 설득해도 공주는 막무가내로 졸랐다.

할 수 없이 왕이 수학자, 현인, 마법사까지 불렀지만 아무도 해결할 수 없었다. 공주의 병이 더 깊어만 가던 중 공주와 친하게 지내던 어릿광대가 나타났다. 공주가 광대에게 물었다.

"달을 따온 거야?"

"아직요. 하지만 곧 따다 드릴게요. 공주님은 달이 얼마나 크다고 생각하세요?"

"내 엄지손톱보다 조금 작지. 내가 엄지손가락으로 달을 가릴 수 있거든."

"달은 무엇으로 만들어졌을까요?"

"바보야, 그것도 몰라? 빛나는 노란색이니 황금이지."

공주의 방을 나온 광대는 황금 구슬로 엄지손톱만 한 달을 만들어 공주에게 주었다. 공주는 기뻐하며 건강을 되찾았다. 하지만 왕은 또다시 밤에 달이 떠올라서 공주가 보게 될까 봐 걱정이 되었다. 밤이 되어 공주는 하늘에 떠오른 달을 보며 침대에 누워 광대가 만들어준 황금 달을 만지고 있었다. 다시 공주의 방을 찾은 광대가 슬픈 얼굴로 물었다.

"공주님, 가르쳐주세요, 공주님이 이미 달을 가지고 있는데 어떻게 하늘에 또 달이 비치지요?"

"이런 바보. 그렇게 쉬운 것도 몰라? 내 이가 하나 빠지면 또 이가 나오잖아. 꽃을 따면 또 다른 꽃이 나오듯 달도 똑같아."

어릿광대의 질문에 공주는 자기가 공감할 만한 대답을 스스로 내놓은 것이었다.

르노 공주만큼 재치 있던 서희가 993년 거란의 1차 침입을 담판으로 물리친 후, 8대 현종(顯宗, 992~1031) 때 거란이 7대 목종(穆宗, 997~1009) 폐위를 구실로 2차, 3차 침입을 해왔다. 2차 침입 때는 거란 20만 군대를 맞아 목종을 폐위하고 현종을 옹립한 강조(康兆) 장군이 20만 고려군으로 맞서 여러 차례 이겼다. 그러자 거란군은 야음을 틈타 고려군을 급습하고 강조를 포로로 잡아갔다. 거란이 개경까지 쳐들어오자 현종은 나주로 피신했다. 그러나 고려군이 남하한 거란군 뒤에서 게릴라식으로 공격하자 견디지 못해 퇴각했다. 1018년의 거란의 3차 침입은 강감찬의 귀주대첩으로 거란군이 전멸하면서 끝났다. 이후 고려는 안정을 되찾았으며 9대 덕종(德宗, 1031~1034) 때부터 북방에 천리장성을 쌓기 시작하여 10대 정종(靖宗, 1034~1046) 때 완공했다.

02
파혼 후 씨받이가 된 공예태후 임씨
- 지리산 피아골 종녀촌과 아마조네스

그리스신화에 등장하는 아마조네스
(Amazones)는 전쟁의 신 아레스와 님프인 하르모니아 사이에서 태어난
여전사들이다. 이들은 싸움도 잘했지만 종족 보존을 위해서도 능동적으
로 활약했다. 여전사 무리는 카스피해 연안에서 활약하면서 1년에 한 차
례씩 다른 나라 남자들을 잡아와 함께 잠을 잤다. 거기서 아들이 태어나
면 죽이거나 추방했고 딸이 태어나면 용맹한 여전사로 길렀다. 그들은 활
을 쏘는 데 방해가 되지 않도록 오른쪽 유방을 잘라냈다. 아마존은 그리
스어 '아마조스(amazos, 유방이 없는)'에서 유래한 지명이다.

지금은 사라지고 없지만 옛날 지리산 깊은 계곡 피아골에서도 아마조
네스와 같이 여자들이 모여 살던 종녀촌(種女村)이 있었다. 종녀는 씨받이
여인이란 뜻으로 자식을 갖기 원하나 낳지 못한 부잣집에 팔려가서 자식
을 낳아주는 일을 했다. 만일 딸을 낳으면 딸을 데리고 종녀촌으로 돌아

와 그 딸도 종녀의 운명을 대물림해야 했다. 품삯은 보통 벼 10가마니 정도였다. 그러나 종녀가 아들을 낳으면 아들은 그 집에 놓아두고 대신 품삯 외에 사례를 더 받으며 종녀촌으로 돌아왔다.

종녀촌의 촌장을 성신(性神)어미라고 불렀는데, 그녀가 종녀들과 고객을 연결해주었다. 종녀촌에서 절대 권력을 행사했던 성신어미는 성신굴에 들어가 남근(男根) 모양으로 만든 제단 앞에서 '종녀들의 무궁한 재생산'을 위해 기원을 올렸다. 피아골의 종녀는 생계를 위해 평생을 씨받이로 살아야 했다.

그런데 고려 역사에 씨받이였다가 왕비가 된 여인이 있었다. 바로 공예태후 임씨(恭睿太后 任氏, 1109~1183)로 고려 제17대 왕 인종(仁宗, 1122~1146)의 세 번째 비(妃)였다.

그녀는 1109년 전남 장흥에서 태어났다. 장흥이란 지명도 인종이 왕비의 고향에 하사한 지명으로 '길이길이 흥하라'는 뜻이다. 아버지는 중서령 임원후(任元厚, 1089~1156)며 외조부는 문하시중 이위(李瑋, 1049~1133)다. 이위는 왕건의 후삼국통일에 공을 세운 삼한 공신 이희목(李希穆)의 후손으로 11대 문종(文宗, 1046~1083) 때 문과에 급제했다. 그 후 그의 딸이 임원후와 결혼하여 공예태후를 낳았다. 공예태후는 5남 4녀를 낳았으며 18대 의종, 19대 명종, 20대 선종의 세 임금을 아들로 둔 고려 시대 최고의 덕을 지닌 여인이었다.

태후가 태어나던 날 외조부 이위는 태후의 생가에 황색 깃발이 세워지더니 깃발 끝이 궁궐 용마루까지 휘날리는 꿈을 꾸었다. 이위는 훗날 외손녀가 궁궐을 거닐게 되리라 예측하며 몹시 사랑했다. 하지만 태후가

15세에 이르도록 궁궐과 아무 인연도 맺지 못하자 평장사(平章事) 김인규(金仁揆)의 아들 김지효(金之孝)와 결혼하게 되었다.

화창한 봄날 신랑 김지효가 탄 방울 소리 울리는 은안백마(銀鞍白馬)가 신부 집으로 향했다. 신부 쪽 부모와 하인 수십 명이 신랑 쪽 사람을 대문 밖에 나와 맞이했다. 어느덧 밤이 되어 신랑이 신부 방에 들어가려는 찰나, 신부가 배가 아프다며 혼례복을 입은 채 방바닥에 뒹굴며 울부짖었다. 아직 초야도 치르지 못한 신랑인지라 달려가 신부를 간호하기도 어려워 문밖에서 서성이기만 했다. 신부의 곡소리에 양가 부모들이 몰려왔다. 방에 들어간 신부의 어머니가 잠시 후 나오더니 신랑 부모에게 말했다.

"신부가 복통으로 혼수상태에 빠졌습니다. 혼인하려다 초상 치르게 생겼으니⋯⋯."

결국 그날 혼인은 치러지지 못했다. 고려의 혼인 풍속은 '남귀여가혼(男歸女家婚)'이라 하여 신부 집에서 첫날밤을 보내고, 다음 날 불공을 드린 후 처가 집에 가서 일정 기간 지내야 했다. 신랑 일행이 돌아가자 거짓말처럼 태후의 병이 나았다.

너무 희한해서 가족들이 점쟁이를 찾았다.

"따님은 저 같은 점쟁이가 쳐다볼 수도 없는 분이십니다. 왕비마마가 되실 분이 평장사댁과 혼인해서야 되겠습니까? 이제 병 걱정은 하실 필요 없습니다."

임원후의 딸이 장차 국모가 된다는 소문이 나며 김인규 아들과의 혼사는 깨지고 당대의 실권자 이자겸(李資謙)의 귀에까지 이 소식이 들어가고 말았다. 이자겸은 고려 초 인주 지방 호족 세력인 경원 이씨로, 그의 두 번째 딸이 15대 숙종(肅宗, 1095~1105)의 아들 16대 예종(睿宗, 1105~1122)에게 시집 가 순덕왕후가 되었다. 순덕왕후가 낳은 아들이 인종인데, 이 인종에게 이자겸은 자신의 셋째, 넷째 딸과 결혼하도록 했다.

당시 풍속이나 법도도 무시하고 힘으로 결혼을 치르게 한 이자겸은 스스로 국공(國公)으로 자처하며 태자급과 대등하게 행동했다. 자신의 생일을 인수절(仁壽節)이라 칭하고 전국에서 축하하도록 했다. 한 가지 아쉬운 것은 인조와 결혼한 두 딸이 아들을 낳지 못하고 있었다는 점이었다. 이런 이자겸에게 비록 점쟁이지만 장차 국모가 될 낭자가 나타났다는 점괘는 신경 쓰이는 소식이었다.

"뭐라고? 임원후의 딸이 장차 국모가 된다고? 지금 내 두 딸이 엄연히 국모인데……."

이자겸은 즉시 임원후를 개성부사로 내쫓았다. 이 무렵 이자겸은 자신의 사돈인 척준경에게 군권을 맡겼다. 1126년 이자겸의 난으로 고려 왕의 혈통이 중단될 위기에 처하자 인종은 이자겸의 부하인 척준경을 이용해 겨우 이자겸을 제거했다. 그의 두 딸도 간관(諫官)들의 탄핵을 받고 대궐에서 쫓겨났다.

하루 만에 두 비를 잃은 인종은 매일 홀로 잠들어야 했다. 어느 날 인종은 떠난 두 비를 잊지 못한 채 잠들다가 이상한 꿈을 꾸었다. 다음 날 아침 인종은 척준경을 불러 간밤에 자신이 꾼 꿈 이야기를 했다.

"지난 꿈에 폐비가 과인에게 임자(荏子, 흰 깨) 다섯 되와 황규(黃葵, 해바라기 씨) 석 되를 주었소."

척준경은 잠시 눈을 지그시 감더니 아뢰었다.

"전하, 길몽(吉夢)이옵니다. 임자는 임씨 성을 말함이고 황규의 황은 황제와 통하니, 임씨 성을 맞아들이시면 다섯 왕자를 두고 그중 세 분이 임금님이 되실 징조입니다."

하루바삐 후사를 얻고 싶었던 인종은 영을 내려 임씨 성을 가진 처녀를 고르라 했다. 그래서 공예태후는 왕의 씨받이로 궁궐에 들어갔다.

인종 4년(1126) 입궁한 태후는 연덕궁주(延德宮主)가 되었고. 1년 만에 의종을 낳았다. 이에 왕이 크게 기뻐하며 은기(銀器)를 하사했다. 그녀는 연이어 자녀를 낳아 5남 4녀를 두었고 1129년 드디어 왕비로 책봉되었다. 그렇게 씨받이 궁인으로 입궁해 세 왕의 모후까지 되었으니 인종은 공예태후를 바라보며 '고려의 경사를 더한 여인'이라고 극찬했다.

03
요정 클리티에의 변신으로
비춰 본 묘청과 김부식

인종은 이자겸이 난을 일으키자 척준경을 이용해 진압했고, 다음 해 척준경마저도 정지상(鄭知常) 등의 탄핵을 이용해 쫓아냈다. 정지상은 서경파(西京派)로 인종에게 승려 묘청(妙淸)과 백수한을 소개했다. 이 두 사람이 이자겸과 척준경이 쫓겨난 자리를 차지하며 김부식(金富軾)을 대표로 하는 개경파와 대립하기 시작했다.

고려 문벌 세력의 양대 축인 개경파와 서경파는 출신 성분과 지향점이 달랐다. 서경파는 고구려의 다물 사상을 이어 북진 정책을 밀고 가자는 세력으로 자주 의식이 강했다. 이에 비해 개경파는 주로 신라를 계승해가자는 입장이었다. 이들 보수 세력들은 마치 태양을 따라 방향을 트는 해바라기처럼 근본적으로 사대주의 경향이 짙었다.

해바라기는 그리스신화에서 님프 클리티에(Clytie)가 변신한 것이다. 물의 요정 클리티에는 태양의 신 아폴론을 너무 사랑했으나 아폴론은 거들떠보지도 않았다. 이에 클리티에는 온종일 긴 머리를 빗지도 않은 채 어깨 아래로 내려뜨리고 차가운 땅바닥에 주저앉아 아폴론만 사모했다. 아폴론은 매일 황금 수레를 몰고 하늘을 가로질렀다. 클리티에는 일주일간 식음을 전폐하고 동에서 서로 돌아가고 또 다시 도는 태양의 행로만 바라보았다.

마침내 그녀의 얼굴은 해바라기 꽃이 되었고 발은 땅속의 뿌리가 되었다. 지금도 해바라기는 여전히 태양을 따라 그 얼굴을 움직인다.

고흐의 〈해바라기〉

단채 신채호(丹齋 申采浩)는 김부식을 사대주의자라고 평가했다. 우리는 문벌 귀족 중 신라계를 대표하는 인물로 유교 경전과 중국 역사에 해박한 김부식의 사대주의를 어떻게 보아야 할까?

당시 지배층은 이상인 자주(自主)와 현실인 사대(事大) 사이에서 갈등하고 있었다. 12세기에 들어선 고려 사회에 부가 편중되어 여러 모순이 드러나며 이자의, 이자겸의 난 등 변란이 이어졌다. 이런 가운데 1115년(예종 10년) 여진족 아골타(阿骨打)가 금나라를 세우고 황제가 되었다. 이에 따라 고려도 사신을 보냈다.

　과연 여진족의 정체성은 무엇인가? 고조선으로부터 생긴 마한, 진한, 변한은 신라와 백제가 되었고 동부여, 북부여, 동옥저, 북옥저는 고구려가 되었다. 그 후 고구려와 백제는 통일신라로 그리고 고구려 일부는 발해가 되었다. 발해가 멸망한 이후 만주 지역에 남아 있던 사람들을 여진족이라 불렀다. 그래서 아골타는 여진과 발해가 본래 한 집안이라고 말했다.

　아골타는 김함보(金函普)의 후손이었는데 김함보는 935년 신라 멸망 이후 발해로 건너온 신라 유민들의 후손이었다. 그래서 여진은 금을 건국하기 전에는 고려를 형의 나라라 여겼으며 거란(요나라)의 영향력 아래 있었다. 차츰 여진족은 강건해지면서 거란과 고려를 압박했다. 이 때문에 윤관은 1007년 고려 동북쪽 변방에 살던 여진을 정벌하고 9성을 쌓았다. 아골타가 금을 건국한 후에는 고려를 동생의 나라라 칭했다. 고려도 금나라가 힘을 과시하기 전 미리 칭신(稱臣)하여 별다른 충돌 없이 지내고 있었다. 이런 상황에서 묘청이 금국 정벌론과 서경 천도론을 들고 나왔다. 그 과정을 살펴보자.

　이자겸의 난으로 왕건이 고려를 건국한 지 200년 만에 자칫 다른 성씨에게 왕위를 빼앗길 뻔했던 인종은 왕권 강화에 골몰했다. 이때 음양(陰陽)의 대가인 묘청과 백수한 등이 서경 천도를 건의했다.

　"음양가들이 말하는 대화세(大華勢)가 바로 서경 임원역(林原驛)입니다. 그곳에 궁궐을 세우면 천하를 다스릴 수 있습니다. 금나라가 조공을 바치고, 36국이 모두 항복할 것입니다."

이에 솔깃해진 인종이 서경에 새 궁궐을 짓게 하여 1129년 완공되자, 궁 이름을 대화궁(大華宮)이라 짓고 낙성식을 거행했다.

인종은 아무래도 개경 귀족들만으로는 왕권 수호가 어렵다고 보고 아예 수도를 서경으로 옮기고자 했다. 하지만 개경 세력이 워낙 드세게 반발해 머뭇거렸다. 초조해진 서경파는 왕을 설득하려 대동강에 몰래 기름을 바른 큼직한 떡 덩이들을 던져 넣었다. 그리고 거짓으로 신룡(神龍)이 성스러움을 토해 강물에 오색 빛이 떠오른다고 했다. 결국 탄로가 나며 서경 천도가 더 어려워지자 서경파는 극약 처방을 내렸다.

1135년 벽두에 서경에서 거사(擧事)를 감행한 것이다. 묘청, 분사시랑(分司侍郞) 조광(趙匡), 병부상서(兵部尙書) 유담(柳旵) 등은 새 국가의 이름을 '대위(大爲)'라 정하고, 연호를 '천개(天開)'라 했다. 이들은 서경과 주변의 군현을 점령하고 개경으로 가는 절령(岊嶺, 황해도 자비령)을 차단했다. 묘청은 인종에게 서신을 보내 서경으로 와 대위국의 황제가 되라고 권했다.

개경파는 신하가 무례하게 왕을 오라 가라 한다며 토벌군을 보내야 한다고 주장했다. 인종은 별수 없이 허락했다. 토벌군 대장이 된 김부식은 우선 개경에 있던 정지상, 백수안, 김당 등을 처단하고 나머지 서경파는 먼 섬으로 유배 보냈다. 2월이 되자 토벌군이 서경을 물 샐 틈 없이 포위했다. 겁먹은 반란 주동자들 사이에서 동요가 일었다. 조광이 "너무 무리하게 거사했다"고 불평하자 묘청이 칼을 만지며 소리쳤다.

"나라를 위하고 왕을 위한 일인데 설마 잘못될 리가 있겠소?"

이 내막은 곧 김부식에게 전달되었다. 김부식은 비밀리에 사람을 보내

밤중 조광의 침실에 편지를 넣어두었다. 아침에 일어난 조광이 편지를 열어보니, "묘청 등의 목을 베어오면 무사하리라"는 김부식의 필체가 적혀 있었다.

다음 날 저녁 조광의 심복이 묘청, 유담, 유호 등의 목을 베어왔다. 이들의 목과 김부식이 보내온 편지를 자루에 담아 분사대부경(分司大府卿) 윤첨(尹瞻)에게 주면서 김부식에게 전달하라고 했다. 이제 조광은 여유 있게 조정에서 푸짐한 상과 벼슬을 내리리라 기대하고 있었다.

이런 기대와 달리 김부식은 윤첨을 옥에 가두고 반란을 일으킨 서북인들을 모두 죽이겠다고 떠들었다. 비로소 조광은 헛된 꿈에서 깨어나 결사항전을 결심했다. 이후 개경군의 회유가 있었으나 거절하고는 성벽을 더 높이 쌓고 장기전에 대비했다. 평소 과중한 조세와 부역 부담 때문에 개경에 불만이 많던 서경의 백성들이 호응하며 토벌군에 많은 타격을 주었다.

이렇게 되자 김부식은 대동강을 거슬러 올라가며 서경성을 공격하고자 했다. 서경군은 토벌군이 다가오자 선박에 나무를 가득 채우고 기다렸다가 썰물이 되자 불을 붙여 올라오는 토벌군의 전함들에게 떠내려 보냈다. 금세 토벌군의 배가 불에 타며 연기가 대동강을 가득 덮었다. 토벌군들이 강물로 뛰어들기 시작하자 강가에 매복해 있던 서경 군민들이 일제히 돌과 화살을 쏘았다. 대동강 물은 토벌군들이 쓰러져 물에 빠지는 소리와 함께 크게 일렁였다.

이 싸움에서 크게 진 김부식은 장기전으로 전략을 바꾸고, 오직 성 내의 식량이 떨어지기만을 기다렸다. 그해 10월이 되니 서경성 내의 식량이 바닥이 나며 백성들이 굶주림에 허덕이기 시작했다. 그래도 김부식은 공격하지 않고 성 주위를 철통같이 감시하기만 했다. 결국 1136년 2월 서경 군민은 기아에 지쳐 마른 막대기처럼 누워 있어야 할 지경이 되었다. 그제야 김부식은 총공격 명령을 내려 서경성을 점령했다. 서경에서 묘청의 난이 일어난 지 1년 만이었다.

이후 고려는 무신보다는 김부식 같은 문신을 우대하는 풍조가 생겨 문신이 완전히 득세했다. 그 결과 고려는 다시 무신의 난을 불러들인다.

04

무신의 난은
'중용'의 상실이다

이자겸과 묘청의 반란을 겪으며 고려 조정은 개경 중심의 문벌 귀족이 세력을 떨치게 되었다. 고려는 태조 왕건 때부터 개경 세력의 견제용으로 서경 세력을 양성해왔는데 이 전통이 완전히 무너졌다. 마치 19세기 조선에서 노론(老論) 일당 독재가 횡행했듯 고려 왕실도 견제 세력을 잃고 개경 일당 독재에 휘둘리기 시작했다. 나침반에서 한 극이 사라지면 나머지 극도 사용할 수 없다. 고려 조정이 그나마 극단으로 치우치지 않고 중용을 지킬 수 있었던 것은 서경 세력과 개경 세력이 서로 견제했기 때문이다.

서경 세력이 말살된 후 누구의 견제도 받지 않게 된 개경 문신 세력은 기고만장해졌다. 그러나 역사의 순리는 항시 한쪽 극으로만 치우치는 것을 방치하지 않는다. 역사학자 토인비(Arnold J. Toynbee)는 '도전과 응전'이 문명 형성의 일반 법칙이라고 말했다. 그는 도전에 대한 응답이 바로 '중용(中庸)'이고 그 중용이 바로 선(善)의 극치라고 보았다.

공자는 '중용의 중(中)이야말로 극(極)이다'라면서 중용이 어정쩡한 회색이 아닌 지나침도 모자람도 없는 지극한 행위라고 보았다. 《중용》은 중국 고전인 사서(四書, 논어, 맹자, 대학. 중용) 가운데 하나이며 삼경(시경, 서경, 역경)과 함께 유교의 대표적 경전이다.

《중용》에서는 인간 심성을 중(中)과 화(和)로 해석한다. 희노애락이 아직 발생하지 않은 상태가 '중'이며(喜怒愛樂之 未發 謂之中), 발생했더라도 절도에 맞는 것을 '화'라 한다(發而皆中節 謂之和). 중용은 어느 쪽에도 치우치지 않고 변함없이 바르고 일정한 조화의 도리이다. 따라서 공자는 최고의 덕목인 중용을 지키기 위해 세 가지 도리를 따라야 한다고 했다.

仁者不憂(인자는 근심하지 않고)

知者不惑(지자는 미혹되지 않으며)

勇者不懼(용자는 두려움이 없다.)

두려움이 없는 것은 '사도(邪道)', 즉 주술(呪術)에 빠지지 않는 것이다. 주술에 빠지면 더 허약한 인간이 된다. 중용적 인간이 되려면 탈주술적 또는 탈종교적이며 지(仁)·인(知)·용(勇)의 세 측면을 구비해야 한다.

정치도 중용이 필요하다. 여러 세력이 각자의 지지 그룹과 가치관을 대변하며 대화를 통해 공통의 선을 추구해가야 한다. 일당독재가 되면 독선에 빠진다. 고려 역시 개경 세력의 균형추였던 서경 세력이 사라진 후 절도 없는 희로애락에 흔들렸다. 재위 기간 내내 혼란스럽게 지냈던 인종이

38세로 일기를 마치고 뒤이어 제18대 의종(毅宗, 1146~1170)이 19세의 나이에 즉위했다.

예술적 재능이 많았던 의종은 어려서부터 공부를 싫어하고 격구 등의 잡기로 소일했다. 오죽하면 어머니인 공예태후도 이런 아들에게 나라를 물려주지 말라고 인종을 설득할 정도였다. 태자가 위기를 만나자 태자 시독(侍讀)인 정습명(鄭襲明)이 의종과 공예태후를 만류했다. "태자의 처신이 미흡하기는 하오나 적자가 왕통을 이어야 후환이 없사옵니다. 또한 신이 신명을 바쳐 태자를 보필할 것이옵니다."

태자가 간신히 위기를 모면하고 왕이 되자, 정습명이 사사건건 의종에게 제왕의 도를 지적하며 간섭했다. 그렇게 5년을 보내다 정습명이 와병으로 칩거하자 환관 정함(鄭諴)과 문신 김존중(金存中)이 의종을 꾀어 정습명을 파직시켰다. 그러자 정습명은 자녀들이 주는 약 그릇을 내던지고 세상을 떠났다. 이때부터 의종은 환관과 내시를 친위 세력으로 세우고 주연과 격구로 세월을 보냈다. 조정 대신들이 직간(直諫)하자 아예 정사를 폐지한 채 놀러 다니기 바빴다. 왕의 유흥은 점점 더 심해져만 갔다.

왕위에 오른 지 24년(1170) 4월 11일, 의종의 탄신일이었다. 의종은 그날 만춘정(萬春亭)에서 축하 잔치를 벌인 뒤 화평제(和平霽)로 놀러 나갔다. 그날도 평소처럼 문신들은 의종 옆에서 기생들과 함께 환락을 즐기고 있었고 무신들은 굶주린 채 밖에서 호위하고 있어야 했다. 견룡대(牽龍隊)의 책임자인 정중부(鄭仲夫)에게 군졸인 이의방(李義方)과 이고(李高)가 불만을 터트렸다.

"장군님, 무신들은 배불리 먹고 술에 취해 희희낙락거리는데 우리는 하루 종일 시종하느라 식사도 못했소. 무관이 죄인입니까? 언제까지 당하고만 있어야 합니까?"

"나도 잘 아네. 때가 오면 저놈들을 박살 내야지."

예전에 김부식의 아들인 내시 김돈중이 인종 앞에서 정중부의 수염을 불로 태워버린 적이 있었다. 그러자 화가 난 정중부는 김돈중의 멱살을 잡고 내동댕이쳤다. 이 수모를 겪은 정중부도 문신들에게 큰 원한을 품고 있었다.

8월 30일 의종이 여느 때와 같이 문신들과 궁녀들을 데리고 들녘에 나갔다. 거나하게 술에 취하자 의종이 무신들에게 구경거리로 전통 무술 오병수박희(五兵手搏戲)를 시켰다. 젊은 군졸들의 대결을 한참 지켜보던 문신 중 한 사람이 장군 이소응(李紹膺)을 불러 어린 병사와 씨름을 시켰다. 60세 가까운 노장이 젊은 병사를 당해내지 못하자 문신 한뢰(韓賴)가 벌떡 일어나더니 이소응의 뺨을 갈기면서 말했다.

"아무리 늙었다지만 그래도 명색이 대장군인데 젊은 군졸한데 지느냐. 그러고도 녹봉(祿俸)을 받는 네놈이야말로 나라를 좀먹는 도둑이다."

그런데도 의종과 문신들은 한뢰를 꾸짖기는커녕 박장대소하며 즐거워했다. 이 꼴을 본 정중부는 한뢰에게 달려가 한주먹에 그를 쓰러뜨렸다.

"이놈! 이소응 장군이 비록 무신이지만 그래도 3품인데 어디 6품짜리 젊은 놈이 손찌검을 해!"

어느새 이의방, 이고가 칼을 뽑아들고 정중부 옆에 붙어섰다. 사태가 심상치 않자 의종이 일어나 정중부의 손을 잡고 달래더니 "그만 보현원(普賢院)으로 가자"며 앞장서 가마에 올랐다.

해질녘이 되어서 보현원에 왕의 행렬이 도착하자 문밖에서 기다리고 있던 이고와 이의방 등이 문신들을 때려죽이기 시작했다. 차츰 보현원은 시산혈해(屍山血海)로 변해갔다. 제정신이 돌아온 의종이 정중부에게 자신을 궁궐로 보내달라고 청했으나 정중부는 이를 무시할 수밖에 없었다. 정중부는 문신 일부에게만 원한이 있었으나, 문신 전체와 의종에게까지 원한을 품은 군졸들의 불만이 한꺼번에 터지면서 문신들의 집까지 부수고 다니자 통제 불능 상태가 되었다. 이런 상태가 3일 동안 지속되며 집단 살육이 진행되었다. 정중부도 어쩔 수 없이 반란을 주도해야만 했다.

정중부는 사건 이후 의종을 추방하고 의종의 동생 명종(明宗, 1170~1197)을 왕으로 세웠다. 명종은 허수아비가 되어 정중부가 시키는 대로 무신들만 관리로 임명했다. 이로써 고려 중기부터 무신 정권의 통치가 시작되었다. 이에 반발해 1173년 8월 문관 출신인 동북면병마사(東北面兵馬使) 김보당(金甫當)이 거제도에 있던 의종을 경주로 모셔다 놓고 반란을 시도했으나 정부군에게 진압당했다. 정중부는 이의민을 경주에 보내 의종을 살해했다. 천하장사였던 이의민은 의종에게 술을 한 잔 권한 후, 붙잡아 허리를 꺾고 연못에 던져버렸다.

1174년 문신이 한 번 더 반발했다. 9월 서경유수 조위총이 평안도 지역에 격문을 돌리고 봉기했다. 묘청의 난 이후 서경 세력이 또 한 번 일어선 것이다. 이 봉기에 농민들이 대거 참여하며 다가올 민란 시대를 예고했다. 정부군은 반란군을 22개월 동안 진압하지 못하고 끌려다니다가 1176년 6월 겨우 진압했다. 이 난이 진행되는 동안 전국적으로 민란의 불이 붙기 시작했다.

05
민란 시대,
분노의 포도주잔을 던지다

무신 정권이 시작된 1170년부터 약 50년간은 민란의 시대였다. 문신의 전횡을 참지 못해 무신이 반발해 문신을 쫓아냈다면 적어도 무신은 문신보다는 더 공정하게 정국을 운영했어야 했다. 그러나 정반대였다. 백성들은 문신 지배하에서 수탈당하던 때보다 더 극심한 압박을 받았다. 그런 데다가 하급 무사들도 난을 일으켜 귀족이 되는 것을 보고, 노비들까지도 누구나 힘만 가지면 귀족이 될 수 있다고 생각하기 시작했다.

최고 권력층부터 지방의 향리들까지 수탈을 자행하자 그동안 억눌려만 지내왔던 하층민들이 드디어 분노하여 들고일어나기 시작했다.

존 언스트 스타인벡(John Ernst Steinbeck)의 《분노의 포도(The Grapes of Wrath)》에서 미국의 소작농들은 대공황이 닥치자 비로소 사회 모순에 눈을 뜨며 무신 정권하에서 민란을 일으킨 고려 민중처럼 생존권 투쟁에

《분노의 포도》 초판 표지

나섰다. 소작농들이 끝 모를 절망 속에서도 따뜻한 감성으로 질기 게 살아가는 모습을 그린 이 작품 으로 스타인벡은 1940년 퓰리처 상을 받았다.

1929년 10월 24일 미국 월스 트리트 증권거래소는 바닥 없이 추락하는 주가로 난장판이 되었 다. 무서운 그날은 '검은 목요일 (Black Thursday)'라 불린다. 이 후에도 주가는 계속 폭락하며 기 업과 은행이 연이어 도산하고 실 업자가 넘쳐나는 대공황이 시작 되었다. 거리에 부랑아들이 넘치 고 아사자(餓死者)들이 속출하는 데도 농장 지주들은 가격 안정을 위해 오렌지 더미에 휘발유를 뿌려 불태 우고, 돼지 가격 폭락을 막기 위해 산 채로 불태워 죽였다. 농장에 오렌지 몇 개를 훔치려다가 총에 맞은 사람들이 갈수록 느는데도 농장주는 오렌 지를 땅에 묻어버렸다.

1930년대 가뭄과 대자본의 진출로 오클라호마 농부들은 조상 대대로 내려온 농지를 버리고 거의 빈털터리인 채 캘리포니아로 향했다. 오클라 호마에서 캘리포니아로 가는 도로인 루트 66은 농민들로 늘 가득 찼다.

톰 조드(Tom Joad) 일가도 그들 틈에 끼어 희망에 부푼 채 낡은 짐마차에 살림살이를 싣고 캘리포니아에 도착했다. 하지만 신천지라 하여 찾아온 캘리포니아에서도 이주민들은 여전히 이주민 캠프를 전전하며 힘겹게 살아야 했다.

조드 일가와 함께 캘리포니아로 왔던 케이시(Casey)는 이주민의 리더가 되어 파업을 선동하다가 지주가 보낸 폭력단의 곤봉에 맞아 죽었다. 이를 본 톰은 그 곤봉을 빼앗아 상대를 두들겨 죽였다. 더는 캠프에 살 수 없게 된 조드 일가는 정처 없이 떠돌며 목화 따는 일 등을 하다가 홍수를 만나 작은 집과 일자리까지 모두 잃었다.

대대로 일구어온 고향을 떠나리라고는 상상도 못한 채 금융가에 대지와 집을 넘겨준 농부들은 누구든 오기만 하면 일자리가 넘쳐난다는 '캘리포니아 농장'의 달콤한 유혹에 넘어갔다. 그러나 이들이 도시 빈민으로 추락하면서 '캘리포니아 드림'은 산산조각이 났다. 내일이란 꿈을 꿀 자유조차 사라진 곳에서 톰은 가슴을 졸이는 어머니에게 맹세했다. "엄마, 저는 어둠 속 어디서나 존재하는 자가 될 거예요. 어머니가 사방 어디를 보시든 굶주린 자들이 먹기 위해 싸우는 곳마다 제가 있을 거예요."

이 책의 마지막은 이런 장면으로 끝난다. 추위를 재촉하는 비가 억수처럼 쏟아지는 어느 초겨울 날, 기아 속에 허덕이던 톰의 여동생 로자샨(Rosasharn)이 사산했다. 그녀는 눈물을 머금고 굶어 죽어가는 낯선 노동자의 머리를 끌어안고 자신의 젖을 먹였다. 그녀의 입술이 모아지더니 신비한 미소를 지었다(Her lips came together and smiled mysteriously).

'굶주린 인간의 영혼에 분노의 포도가 채워지면서 서서히 익어간다.'

이것이 스타인벡의 통찰이었다. 이 통찰처럼 고려 무신 정권 시대에 굶주린 민초들도 대공황 시기의 소작농들처럼 분노의 포도주잔을 들며 전국적 민란을 일으켰다. 명종에 이어 신종(神宗, 1197~1204) 때만 해도 헤아릴 수 없을 만큼 많은 민란이 일어났다. 그중 대표적인 봉기가 1176년 1월에 시작된 망이(亡伊)·망소이(亡所伊)의 난이었다.

망이와 망소이 두 형제가 난을 일으킨 공주 명학소(鳴鶴所)는 본래 후백제 땅이었다. 왕건이 후백제를 공격할 때 가장 격렬하게 저항했던 곳이다. 이 때문에 왕건은 이 고장을 특수 행정 구역인 소(所)로 격하하고 주민들은 모조리 천민으로 전락시켰다.

고려 지방 제도의 핵심은 현(縣)이었고 여기 편성되지 못하고 천민들이 거주하는 지역이 향(鄕), 소(鄕), 부곡(部曲)이었다. 이 중 향과 부곡은 지방 관청의 관리를 받았고, 소는 국가가 직접 관리했는데 소의 천민들은 광산물, 해산물, 수공 제품 등 특수한 공물을 바쳐야 했기 때문이다. 천민들은 성(姓)도 없었고 일반 백성보다 몇 배의 세금 부담을 짊어져야 했다. 이들 중 총명했던 망이, 망소이가 무신난 이후 신분 해방을 꿈꾸며 민란을 일으켰던 것이다.

명학소의 첫 봉기는 명종 6년(1176)에 발생했다. 그해 1월 25일 명학소의 넓은 들판에 수천 명의 천민들이 칼과 창, 낫과 곡괭이, 활과 몽둥이 등을 들고 줄지어 모였다. 망이가 높은 언덕에 올라 소리 높여 외쳤다.

"여러분, 우리도 사람답게 한번 살아봅시다. 그동안 우리가 얼마나 많은 압박과 설움을 받아왔습니까? 이제 죽기를 각오하고 싸워서 이 굴레를 벗어버립시다."

천민들은 열광하며 앞장선 망이, 망소이를 따라 60리 길을 단숨에 뛰어가 공주성을 점령했다. 창고를 열어 곡식을 나누어주고 여세를 몰아 인근 고을들을 차례차례 함락시켰다. 여기 고무된 각지의 백성들이 자립적으로 일어나 세력이 갈수록 불어났다.

명종과 정중부는 연이어 올라오는 급보를 받으며 대경실색(大驚失色)했다. 워낙 반란군의 기세가 강하고 확산 일로에 있어, 오래 논의한 끝에 일단 선유사(宣諭使)를 보내 다음과 같이 달래기로 했다.

첫째, 명학소를 충순현(忠順縣)으로 승격하겠다.

둘째, 반란 지도자를 관리로 특채하겠다.

셋째, 조세를 감면하겠다.

망이는 선유사의 감언이설에 크게 감동하고 1177년 1월 개경까지 올라가 항복했다. 그러나 이는 속임수였다. 정부는 농민군이 해산하자 토벌군을 보내 대대적인 소탕 작전에 들어갔다. 망이가 귀향하는 동안 정부는 명학소에 있던 모친과 아내를 인질로 잡아갔다. 뒤늦게 망이가 속은 걸 알고 원통해하자 동생 망소이가 다시 들고일어나자고 했다.

망이와 망소이는 농민군을 새로 조직해 결사적으로 항전했다. 이것이 2차 봉기로 1177년 2월이었다. 농민군은 열흘도 안 되어 충북 진천(鎭川)까지 점령하고 왕에게 편지를 보냈다.

"왕이 되어가지고 겉으로 백성들 요구를 들어주는 척하며, 뒤로 군대를 보내 토벌할 수가 있느냐? 이젠 싸우다 죽을지언정 결단코 항복하지 않으리라."

망이의 농민군은 봉기 목적을 신분 해방에서 왕조 타도로 바꾸었다. 그 후 농민군은 승승장구하며 아산(牙山) 등 무려 60여 지역을 장악했다.

고려 왕실은 마치 여진족들과 싸울 때처럼 대대적 토벌군을 조직하고 3군으로 나누어 파견했다. 이 시기가 마침 농번기였다. 매해 농사 지어 한 해 한 해 먹고살아야 하는 농민들이 대거 빠져나갔다. 갑자기 줄어든 반란군은 삼면에서 빌려오는 토벌군과 두 달 동안 맞서 싸우다가 망이와 망소이가 체포되면서 패하고 말았다. 하지만 이 난을 계기로 향, 소, 부곡 이 차츰 해방되기 시작했다. 망이·망소이의 난이 한창일 때 정중부는 70세가 넘도록 최고 관직인 문하시중(門下侍中) 자리에 눌러앉아 왕 못지 않은 사치를 누리고 있었다.

06

안마당에서 일어난
프랑켄슈타인의 괴물
최충헌의 반란

《프랑켄슈타인(Frankenstein)》은 영국의 여류작가 메리 셸리(Mary. W. Shellet)가 쓴 공상과학소설이다. 영국의 19세기는 산업혁명으로 화학과 생물학의 최신 이론들이 나오며 인조인간의 출현에 대한 두려움 반, 기대 반이 있었다. 셸리는 그런 시대 상황을 소설로 표현했다.

프랑켄슈타인 박사는 시체 조각으로 사람 모양을 만든 뒤 전기 자극을 가하고 산모의 양수를 부어 인조인간을 만들었다. 인조인간이 인간들에게서 소외를 당하며 무서운 괴물로 낙인찍히자, 인조인간은 진짜 괴물이 되어 무자비한 만행을 저질렀다.

뒤늦게 프랑켄슈타인 박사가 후회하던 중 인조인간이 찾아와 더 이상 인간을 괴롭히지 않겠으니 자신과 똑같은 여성을 하나만 더 만들어 달라고 간청했다. 그러나 프랑켄슈타인이 따르지 않자 그는 프랑켄슈타인이 결혼한 직후 나타나 신부를 목 졸라 죽였다.

고려를 세운 무신들도 묘청의 난 이후 문신들의 호위 무사에 불과할 정도로 무시를 당하자 마치 프랑켄슈타인의 괴물처럼 변해갔다. 그 정점에 최충헌(崔忠獻)이 있었다.

절대 권력을 향유하던 정중부에게 숙적 경대승(慶大升)이 나타났다. 청주 사람으로 힘이 장사였던 경대승은 명종 9년(1179) 9월 결사대 30명을 조직하고 궁궐 담장을 넘어 정중부의 측근을 닥치는 대로 살육했다.

정중부는 늙은 몸을 이끌고 급히 도망쳐 민가에 숨었으나 경대승에게 발각되어 죽었다. 하지만 정중부의 세력이 아직 남아 있고 이의민 등이 음모를 꾸미자 평소 신경쇠약에 시달리던 경대승은 집권 4년 만인 1183년 7월 30세의 젊은 나이에 요절했다. 경대승이 떠난 자리는 배짱이 두둑한 깡패 출신 이의민이 경주에서 올라와 차지했다.

이의민은 경대승 일파를 처단하고 마음대로 세도를 부렸다. 이의민이 신라 옛 수도 경주를 떠나 권력을 잡자 그동안 충청도와 전라도에서 성행했던 민란이 드디어 경주 지역에서도 일어나기 시작했다. 이것이 김사미(金沙彌)·효심(孝心)의 난이었다.

김사미는 운문(雲門, 청도)에서, 효심은 초전(草田, 울산)에서 1193년 7월 서로 정보를 주고받으며 대규모 민란을 일으켰다. 이들이 연합하자 조정에서 토벌군을 보냈으나 대패했다. 이의민이 토벌군 장군인 아들 이지순(李至純)을 통해 김사미, 효심과 내통했던 것이다. 이의민은 자기 연고지인 경주에서 반란이 일어나자 내심 신라 부흥을 노리고 왕이 되고 싶었다.

토벌군이 거듭 패하자 왕실에서도 이의민 부자가 반란군과 내통했다는 것을 짐작했지만 막을 힘이 없었다. 이 때문에 토벌군의 책임자인 대장군 전존걸이 괴로워하다가 자살하면서 이지순과 반란군 사이가 악화되었다.

정부는 훨씬 강화된 2차 토벌군을 구성해 본격적인 토벌 작전에 나섰다. 경주 일대에 계엄령을 선포하는 등의 강경책과 항복하는 자에게 상을 내리는 회유책을 병행하여 김사미·효심의 난은 2년 만에 평정되었다.

소금장수였던 아버지와 사찰 노비 사이에서 천민으로 태어난 이의민은 건달 노릇을 하다가 권력을 잡자 사리사욕을 채우는 데 수단 방법을 가리지 않았다. 두 아들 이지영과 이지광도 이의민 못지않게 횡포가 심해 '쌍도자(雙刀子)'란 악명이 붙었다.

1196년 초, 술에 취한 채 말을 타고 가던 이지영은 한 노비가 잘 훈련된 흰 비둘기 두 마리를 양손에 올려놓고 재주를 선보이는 모습을 보았다. 이지영이 비둘기를 탐내자 노비는 "이 비둘기들은 최충수 어른의 것입니다"라고 거절했다. 그러나 욕심나는 물건은 꼭 가져야 직성이 풀리던 이지영은 노비의 뺨을 때리며 비둘기를 빼앗아갔다. 이 일을 알게 된 최충수는 형 최충헌을 찾아가 하소연했다.

"형님, 이의민 일가가 저지르는 만행을 언제까지 지켜만 보시겠습니까? 형님이 가만히 계시면 나 혼자라도 나서겠습니다."

이 일을 계기로 최충헌은 이의민을 제거할 결심을 굳혔다.

1197년 화사한 봄날, 이의민이 수행원 몇 사람만 대동하고 미타산(彌陀山) 별장에 놀러 갔다. 이 정보를 입수한 최충헌은 별장 밖에 군사들을 매복시켰다. 질펀하게 논 이의민이 별장에서 나오자 최충수가 먼저 칼로 내리쳤다. 이의민이 금세 몸을 피하며 최충수를 베려는 순간 최충헌의 칼날이 이의민의 허리를 잘랐다.

최충헌 형제는 이의민의 머리를 개경 거리에 효수하고 명종을 찾아갔다. 정권을 잡은 최충헌은 명종까지 내쫓고 신종(神宗, 1197~1204)을 세웠다. 이후 최씨 가문은 4대에 걸쳐 60년간 고려를 통치했다. 최충헌이 권좌에 앉아 있던 17년 동안 무려 6명의 왕이 쫓겨났다. 이 중 최충헌이 교체한 왕이 4명이었다.

절대 권력자 최충헌의 뒤통수를 친 사람은 바로 최충헌의 사노비 만적(萬積)이었다. 1198년 개경 북산에 나무하러 온 미조이, 효삼, 연복, 성복, 소삼 등에게 만적이 봉기를 제안했다. 고려시대 노비들은 그야말로 주인이 쓰면 삼키고 달면 뱉어내는 대상이었다. 선량한 주인들은 평생 몸바쳐 일한 노비의 말년을 돌봐주는 경우도 있었다. 하지만 대부분 자기 집 노비가 몹쓸 병이 들거나 늙으면 벌레 대하듯 버렸다.

울분에 찬 만적은 목청을 높였다.

"왕후장상에 어찌 씨가 따로 있겠는가? 고려는 경인년 이래 천민 중에서 고관대작이 많이 일어났다. 누구나 시기만 잘 만나면 귀족이 될 수 있다. 우리도 언제까지 채찍 아래서 살 수 없다."

이들이 주동 인물이 되어 일단 개경 시내 노비부터 결집시키기로 했다.

"거사일에 흥국사(興國寺) 보랑 근처에서 일시에 집결하여 북소리와 고함을 지르면 궁내의 노비들이 숙청할 자들을 해치울 것이다. 우리는 각자 주인 놈들을 때려죽이고 노비 문서를 불태우자."

드디어 거사일이 되었는데 어찌된 일인지 노비들이 수백 명밖에 모이지 않았다. 주동자들은 이대로 거사하자는 쪽과 더 많이 참여하도록 연기하자는 쪽으로 나뉘어 격론을 벌이다 일단 연기하기로 했다. 이것이 결정적 실수였다. 율학박사(律學博士) 한충유(韓忠愈)의 노비 순정(順貞)이 불안감에 쌓여 갈등하다가 주인에게 밀고한 것이다.

한충유는 바로 최충헌을 찾아갔고 만적을 비롯해 주동자 100여 명이 체포당했다. 자기 집 노비에게 일격을 당한 최충헌은 화가 머리끝까지 치밀어 올라 100여 명을 모두 오랏줄에 묶어 강물에 수장시켰다. 밀고한 순정에게는 백금 80냥을 주고 노비에서 해방시켜 양인이 되게 했다.

실패로 끝난 만적의 난은 노비들에게 신분이 천부적인 것이 아니라 인위적인 것이라는 자각을 주었다. 그래서 1200년에 진주 공사 노비들이 고을 관리들을 죽이고 아전들의 집 50채를 불태웠고, 1203년에 개경 노비 50여 명이 나무하러 산에 올라 매일 전투 훈련을 하다가 발각되어 처형되기도 했다. 이 외에도 노비들이 신분의 벽을 깨보려는 반란이 무수하게 일어났다.

07

비만증으로 막을 내린
최씨 무신 정권
- 이규보와 궁정화가 벨라스케스

미국의 극작가 테네시 윌리엄스 (Tennessee Williams)의 《욕망이라는 이름의 전차(A Streetcar Named Desire)》는 전 11장으로 된 극본이다. 때는 늦은 봄부터 초가을, 장소는 뉴올리언스의 '극락세계'라 불리는 거리와 그 거리의 구석에 있는 이층집이다. 주요 등장 인물은 그 집에 살고 있는 블랑쉬(Blanche)와 동생 스텔라(Stella), 스텔라의 남편 스탠리(Stanley)다.

블랑쉬는 연애결혼에 실패하고 욕정에 끌려 살다가 고향에서 쫓겨났다. 그녀는 스텔라가 사는 '극락세계'로 '욕망이라는 이름의 전차'를 타고 예고 없이 찾아왔다. 그녀는 자신의 과거는 숨긴 채 우아하고 청순한 여인처럼 행동했다. 동생 스텔라는 노동자인 남편의 폭력이 무섭지만 부부 생활에 만족해 겨우 참고 있었다. 블랑쉬는 스탠리의 포커 친구 밋치를 좋아해 결혼을 추진했다. 하지만 블랑쉬의 과거를 알게 된 스탠리가 밋치에게 사실을 폭로해 결혼이 취소되었다. 그 후 블랑쉬는 차츰 정신적으로 약해져 몽상에 젖는 나날을 보낸다. 이런 블랑쉬를 스탠리가 겁탈하려 하자 마침내 미쳐버리고 말았다.

결국 스탠리와 스텔라는 블랑쉬를 정신병원에 보냈다. 블랑쉬는 마지막 장면에서 의사에게 명대사를 남겼다.

"당신이 누구든, 저는 늘 낯선 이들의 친절에 기대어 살아왔죠(Whoever you are, I have always depended on the kindness of strangers)."

이 작품처럼 인간은 어느 시대 어느 곳에서든 욕망이라는 이름의 전차를 타고 달려가다가 욕망에 갇혀 마무리된다. 이것이 욕망의 빛과 그림자이다.

최충헌은 1196년 집권하자 강력한 독재 체제를 구축해 무신들의 반복된 유혈 투쟁을 종식시키고 권력이 자손에게 세습되도록 조치했다. 최씨 가문은 최충헌의 뒤를 이어 최우, 최항, 최의 등으로 이어지며 60년 동안 '욕망이라는 이름의 전차'를 탔다.

몽골과 최씨 정권이 처음 맞부딪친 때는 최우가 집권한 지 10년 즈음 되던 해였다. 징기스칸이 1206년 몽골제국을 건설하고부터 동으로 금나라, 서로 동유럽까지 대륙은 징기스칸에 흡수되기 시작했다. 금나라가 약화되자 금의 속국이었던 거란이 독립을 했으나 몽골에 쫓겨 압록강을 건너왔다.

고려는 평양 동쪽 강동성까지 내려온 이들을 몰아냈다. 몽골은 이때부터 고려에 사신 저고여(箸告與)를 보내 조공을 요구했다. 그 저고여가 돌아가는 길에 압록강에서 살해당하자 몽골은 고려를 의심했고 1231년 고종 18년 살리타이의 몽골군이 고려를 침공했다.

충주성 전투에서 농민들이 결사 저항해 몽골을 물리치는 등 부분적인 승리도 있었으나 전반적인 열세를 극복하지 못했다. 결국 고려는 몽골의 무리한 조공을 받아들이는 조건으로 전쟁 4개월 만에 강화를 맺었다.

이후 최우는 머지않아 몽골의 대규모 침입을 예상하고 해상 전투에 약한 몽골과 싸워 버틸 수 있는 강화도로 천도(遷都)를 강행했다. 200년 도읍지를 놓아두고 고려가 1232년 6월 섬으로 들어가자, 이 소식을 들은 8월에 몽골이 다시 침입했다. 몽골군은 단숨에 압록강을 건넜으나 해전에 약해 차마 강화도는 공격하지 못한 채 항복하라고 협박했다. 최우가 항복을 거절하자 몽골은 삼한을 오르락내리락하며 전 국토를 짓밟았다. 한 고을은 몽골 침입 전 6만여 가구가 있었으나 전쟁이 끝난 후 겨우 973호만 남았다. 1231년부터 1259년까지 약 30년간의 전쟁에서 고려 중앙군은 거의 붕괴되었고, 몽골군과 싸운 사람들은 주로 농민, 승려, 천민과 도적 떼들이었다.

최우가 30년간 권력을 전횡하다가 1249년 죽자 최항이 후계자가 되었다. 최우의 서자로 승려 생활을 했던 최항은 현실 감각이 떨어져 무리하게 반대파를 숙청하다가 8년 만에 병사하고 1258년 젊은 아들 최의가 집정했다. 그러나 최의는 성품이 졸렬해 경박한 자들만 측근으로 두었다. 최충헌의 가노 김윤성(金允成)의 아들로 최씨 가문에 대대로 충성을 다해 온 김준(金俊)도 멀리했다.

어느 날 해무(海霧)가 강화도 전체를 덮어 한 치 앞이 안 보이는 새벽에 김준은 지금의 경찰과 유사한 집단인 야별초(夜別抄)를 동원해 관솔불을 들고 최의의 집을 습격했다. 최의의 가병이 모두 잠든 가운데 천하장사인 원발(元拔)이 칼을 들고 문을 막아섰으나 혼자 감당하기 어렵다는 것을 알고 안방으로 뛰어들어가 곤히 잠든 최의를 흔들어 깨웠다. 원발은 간신히 눈을 뜬 최의를 업고 도망치려 했으나 최의가 워낙 비대하고 무거워 업지 못하고 겨우 부축해 다락방에 숨겨놓고 맞서 싸웠다.

야별초 몇 사람이 원발의 칼에 쓰러졌으나 뒤에서 다가온 오수산(吳壽山)의 칼이 원발의 이마를 그었다. 원발은 곧 담을 넘어 도망갔고 야별초는 집 안을 수색해 비대한 몸으로 혼자 걷지도 못하고 어정쩡하게 서 있는 최의를 잡아 죽였다. 이렇게 최씨 정권은 끝이 났다.

고려 무신정권 100년 중 최씨 무신정권만 60년(1196~1258)이다. 이 기간에 가장 혜택받은 문인이 중세 한국문학의 최고 거장인 이규보(李奎報 1168~1241)였다. 산촌에 머물기를 좋아한다 하여 호가 백운거사(白雲居士)이다. 그의 일생 동안 7~8천 수의 시가 쏟아져 나왔다. 스스로 자기 시를 수차례 소각시키기도 했으나 최이가 그의 남은 시를 모아 전집 42권을 출간해주었다. 그는 특기인 주필(走筆)로 몇 백운의 장편시도 막힘없이 써내려갔다. 새 벼슬에 임명되거나 어떤 새로운 일을 경험할 때마다 그 감상을 즉흥시로 읊었다.

그가 태어난 의종 22년(1168)의 2년 뒤에 무신난이 터졌다. 무신들이 집권하며 문벌 귀족들을 제거한 뒤부터 문신들이 홀대받기 시작한다. 그동안 문신들이 차별받은 데 대한 보복이었다. 이런 현실을 피해 청년 때 중국 진(晉)나라 때 죽림칠현(竹林七賢)을 본딴 강좌칠현(江左七賢) - 이인로(李仁老), 오세재(吳世才), 임춘(林春), 조통(趙通), 황보항(皇甫抗), 함순(咸淳), 이담지(李湛之) - 과 5년 정도 어울렸다.

과거에 세 번 계속 낙방하다가 스물두 살이 되던 해 네 번째 과거시험에서 장원 급제했다. 그러나 변변한 벼슬을 하지 못하고 천마산 등에서 은거하며 독서와 창작에 전념했다. 빈궁한 무관자(無官者)의 처지로 지내면서도 왕실과 관리의 부패, 농민 폭동 등 고려의 대내외적 모순을 보며 명종 23년(1193) 〈동명왕편(東明王篇)〉 등을 저술했는데, 고구려의 시조 주몽신화를 장중한 서사시로 표현했다.

다행히 명종 때 최충헌이 권력을 장악하면서부터 문신들이 차츰 대우받기 시작한다. 이규보도 1197년 최충헌 정권의 실력자들인 임유(任濡), 최선(崔詵), 조영인(趙永仁) 등에게 관직을 구하는 편지를 보냈다. 아무 소식이 없자 다음 해 또 구관시(求官詩)를 적은 청탁 서신을 요로에 보냈다. 이런 노력으로 간신히 전주목사에 부임되었으나 참소를 받고 1년 4개월 만에 그만두었다. 그래도 벼슬을 향한 집념을 거두지 못하고 있다가 40세가 되어서야 그 뜻을 이룬다.

희종 3년(1207)이 최충헌의 초청시회(招請詩會)에서 〈모정기(茅亭記)〉를 지어 최충헌이 흡족하게 해주며 바로 왕명과 외교 문서를 다루는 권보직한림(權補直翰林)으로 임명된다. 비로소 지방향리 가문 출신 이규보가 전통 귀족 가문들과 어울릴 위치를 차지한다.

스페인 바로크의 최대 거장 디에고 벨라스케스(Diego Velazquez, 1599~1660)도 귀족 신분을 열망했다. 그도 이규보처럼 중류층 가문의 아들일 뿐 귀족은 아니었다.

왕궁에 개인 화실까지 둔 성
공한 궁정화가였으나 어쩔 수
없이 신분의 벽을 느끼고 귀족
이 되고자 기사단에 가입하려고
노력한다. 그러나 번번히 좌절
되다가 죽기 1년 전에 교황의
허락을 받았다.

옆의 그림에 왕 부부가 거울
속에 비치고 왕실가족이 모두
왕 부부를 보는 가운데 가장 왼
쪽에 벨라스케가 자랑스럽게

벨라스케스와 왕실가족(시녀들, 1656~1657)

휘장을 가슴에 달고 마치 귀족이 된 나를 바라보라는 태도로 서 있다. 그
는 자기 작품에 저작연대와 서명을 거의 하지 않았고 그림도 매우 천천히
그렸으며 말년은 궁정관리직으로 대부분의 시간을 보냈다. 이규보 역시
말년에 고려의 재상인 상국(相國)자리까지 올랐다.

벨라스케스가 세계적 거장이 된 이유는 전통에 구애 받지 않고 자연을
냉정하게 사실적으로 묘사했기 때문이다. 그리하여 자연주의 양식인 뛰
어난 관찰력으로 시각적 인상이 두 드러진 걸작이 탄생했다.

다양한 붓놀림으로 사물의 특징적 인상만을 포착하여 미묘한 색깔로
드러내는 벨라스케스의 기법이 200년 이후 파리의 인상주의 화가들에게
큰 영향을 준다.

고려 후기의 시가문학이 사실주의적 경향이 된 것도 이규보의 영향이 컸다. 이규보에게 도(道)의 기준은 물(物)이며, 도의 그릇이 곧 관직이다. 이런 철학의 영향으로 후에 조선을 건국한 신흥사대부가 등장한다.

다음은 이규보의 시 〈문국령금농향청주백반(聞國令禁農餉淸酒白飯)〉 중 일부이다.

> 長安豪俠家(장안의 권세 있는 집안은)
>
> 珠貝堆如阜(재물이 언덕처럼 가득하구나.)
>
> 力穡奉君子(힘들게 농사지어 그런 벼슬아치들만 받드네.)
>
> 野人亦有之(벼슬에서 물러나서도 미리 모아둔 것으로)
>
> 每飮必醇酎(매양 좋은 술을 즐기는구나.)
>
> 游手尙如此(노는 자들도 이와 같거늘)
>
> 農餉女可後(농부들의 복리는 왜 미루는가.)

당시 농민과 천민에 대한 착취가 워낙 가혹하여 고려 사회 전체가 동요하고 있었다. 이런 현실을 적나라하게 그리고 있다.

이규보가 관리의 수탈을 비판한 시를 내놓기는 했지만 무신정권의 부당성을 지적하지는 않았다. 어차피 권력이야 왕족이 잡든 문신이나 무신이 잡든 서민 입장에서 매한가지라는 것이다. 그보다 스스로 청렴을 지키고 권력을 집행하는 지도층의 정의로움을 촉구했다. 두서너 군수가 장물죄를 저질렀다는 소식을 듣고 이런 시를 지었다.

君看飮河鼴(너도 보겠지 메기도 강물을 마실 때)

不過滿其服(자기 배나 채우고 마는 것을)

問汝將幾口(묻노니 네 입이 얼마나 많길래)

貪喫蒼生肉(백성의 재산을 모두 먹고자 하느냐.)

08
삼별초의 숭엄한 최후
- 찰스 디킨스의 《위대한 유산》

《위대한 유산(Great Expectations)》
은 가난한 어린 시절 구두약 공장에서 일하기도 했지만 후에 영국인들이
가장 사랑하는 인물이 된 찰스 디킨스의 자전적 소설이다. 이 작품은 진
정으로 '위대한 유산'이란 재산이나 권력이 아닌 인간에 대한 애정 어린
신뢰임을 보여준다.

주인공 핍은 가난한 고아였다. 그는 성격이 고약한 누나 집에 얹혀살면
서도 한없이 친절한 대장장이 매형 조 때문에 다행으로 여기며 살았다.
그는 우연히 마을 근처 묘지에서 탈옥수 매그위치를 만나 음식과 쇠사슬
을 끊을 도구를 가져다주었다.

핍은 결혼식을 치르기 직전 남자에게 배신당해 평생 노처녀로 지내는
헤비샴 부인을 만났다. 그는 언제나 노란 웨딩드레스를 입던 헤비샴 부인
과 그녀의 아리따운 양녀 에스테라를 사랑하게 되면서 자신의 비천한 처

지에 환멸을 느꼈다.

　다행히 런던에서 익명의 부자가 핍을 신사로 교육시키겠다며 데려갔다. 그 후견인의 도움으로 신사 수업을 받으며 점차 부유한 생활에 익숙해진 핍은 순수한 인간성을 상실하고 많은 빚까지 지게 되었다. 게다가 자신의 후견인이 어린 시절 친절을 베풀었던 탈옥수 매그위치였고, 그가 에스테라의 아버지였음이 밝혀지면서 큰 충격을 받았다. 호주로 도망간 매그위치는 온갖 노력을 다해 재산을 모아 자신을 도와준 핍을 신사로 만들어주고 싶어 후원해준 것이었다.

　매그위치는 어엿한 영국 신사가 된 핍을 만나기 위해 체포의 위험을 무릅쓰고 런던에 나타났다. 핍은 비록 죄수 신분이지만 모든 것을 바쳐 타락해가는 자신을 후원한 매그위치에게 한없이 고마움을 품었다. 매그위치가 감옥에 갇혀 죽게 되자 매그위치의 재산이 몰수되어 거액의 유산은 물거품이 되고 말았다. 이렇게 모든 것을 다 잃어버린 핍에게 끝까지 함께 해준 사람은 대장장이 매형 조였다.

　고려의 삼별초(三別抄)는 분명히 무신 정권의 호위대였다. 그런데도 왜 삼별초 하면 《위대한 유산》이 떠오를까? 그들의 발자취를 따라가 보자.

　내륙에서 백성들이 초근목피로 목숨을 겨우 부지하며 대몽 항쟁을 하고 있는 동안 바다 건너 강화도의 집권자들은 권력 다툼에 여념이 없었다. 김준은 왕권을 회복시킨다고는 했으나 여전히 그가 실권을 가지고 있었다. 24대 원종(元宗, 1259~1274)은 개경으로 돌아가고자 했으나 김준이 적극 반대했다. 그리되면 몽골이 내정에 간섭하고 자신은 권력을 잃게 되기 때문이었다.

이런 상황에서 평소 김준을 아버지라고 부르며 따랐던 임연(林衍)과 김준 사이에 갈등이 생겼다. 이를 원종이 이용했다. 원종은 1268년 12월 김준을 왕궁에 불러들여 내전에 숨어 있던 임연이 살해하게 했다. 그러나 원종에게 충성을 다할 것 같았던 임연도 교정별감이 되자 달라졌다. 개경 환도는 곧 자신의 권력 상실임을 안 임연은 친몽골파들을 숙청했다. 그러나 몽골의 출륙 환도 요구를 따르고자 하는 원종과 일부 대신들의 압력에 속앓이하다가 병사했다.

그 후 아들 임유무(林惟茂)가 교정별감이 되었으나 오래가지 못하고 원종의 밀명을 받은 홍문계(洪文系)에게 살해당했다. 이로써 100여 년간 지속된 무신 정권이 1270년 종식되었다. 이에 완전히 왕권을 회복한 원종은 친몽골파 대신들을 중용하고 개경으로 환도할 날짜까지 확정했다. 여기에 삼별초가 크게 반발했다.

삼별초는 최씨 정권 2대 집정자인 최우가 야별초를 만들어 주로 밤에 치안 활동을 하게 했던 것이 시초였다. 야별초가 점차 전국적 조직으로 확대되며 수가 늘어나자 최우는 그들을 좌별초(左別抄)와 우별초(右別抄)로 나누었다. 이후 몽골 침략 때 포로로 잡혀갔다가 돌아온 자들을 중심으로 신의군(神義軍)을 편성하여 총 삼군(三軍)으로 이루어진 삼별초가 출범했다.

삼별초는 무신 정권의 기반이기도 했지만 무엇보다 대몽 항쟁 의식이 투철했다. 원종도 이들을 가장 두려워해 삼별초의 해산을 명하며 이들의 명부를 몽골에 바치려고까지 했다. 이제 더는 물러설 곳이 없어진 삼별초는 배중손(裴仲孫)과 노영희(盧永禧)의 지휘 아래 왕족 승화후(承化侯) 왕온

(王溫)을 왕으로 추대하고 난을 일으켰다.

삼별초는 개경과 가까운 강화도를 버리고 진도로 내려갔다. 1270년 6월 강화도에서 천여 척의 배로 출발해 3개월을 항해한 끝에 진도에 도착했다. 이들은 진도에 용장성(龍藏城)을 쌓고 새 도읍지로 선포한 후 전라도를 중심으로 서남해안 지역을 공략하고 해상을 장악했다. 11월 초엔 탐라까지 점령하고 동해와 김해도 수중에 넣었다. 이에 여몽 연합군은 진도를 공격했으나 패배했다. 고려 조정은 날로 강성해지는 삼별초에 위기를 느끼고 사신을 보내 달래보았으나 허사였다.

기세가 오른 삼별초가 진도 방비를 허술히 하는 틈을 타 여몽 연합군이 100여 척의 함선으로 불시에 공격했다. 순식간에 상륙한 여몽 연합군에 맞서 배중손이 끝까지 항전하다가 전사했고 왕온도 홍다구(洪茶丘)의 칼에 베였다.

삼별초는 통한의 눈물을 흘리며 김통정(金通精)의 인솔하에 간신히 연합군의 포위를 뚫고 마지막 보루인 제주도로 내려갔다. 만일 삼별초가 진도에서 더 버텼다면 당시 내륙 각지에서 수시로 일어난 반란과 연계되어 개경 정부가 무너질 상황이었다.

제주도에 도착한 삼별초는 내성과 외성을 쌓고 해가 바뀐 1272년부터 추자도, 거제도, 흑산도 등을 공략하기 시작했다. 점차 공략 범위를 넓혀 조운선(漕運船)을 탈취했고 장흥과 안남도호부(安南都護府, 부천)까지 진출했다. 개경 정부의 힘만으로 도저히 삼별초를 제압할 수 없게 되자 몽골의 세조(世祖)가 직접 징벌을 명했다.

드디어 1273년 4월 여몽 연합군 만여 명이 60여 척의 전함을 타고 탐라를 총공격했다. 삼별초는 결사적으로 막았으나 워낙 많은 병력으로 밀고 들어오는 연합군에게 밀렸다. 연합군이 곧 성 안으로 들어오자 김통정은 70명의 병사를 데리고 한라산에 올라가 장렬히 자결했다.

삼별초는 분명히 무신 정권의 호위대였다. 물론 자신의 입지 때문에 몽골에 항거했다고는 하지만, 고려 왕실도 몽골에 복종한 마당에 세계 제국을 이룬 몽골과 맞섰다. 이런 삼별초에 대해 당시 고려 백성은 절대적 지지를 보냈다. 삼별초는 그 출발보다 마지막 3년이 숭엄했다. 삼별초는 마지막에 모든 것을 잃었으나 고려인들에게 자긍심을 '위대한 유산'으로 남겨주었다.

09

원나라의 신데렐라
기황후와 〈제위보가〉

무신 정권은 24대 원종 10년(1270)
임유무를 끝으로 와해되었다. 그와 동시에 무신 정권의 기반이었던 삼별
초는 머나먼 길을 떠나야만 했고, 고려 정부는 개경으로 환도했다.

고려의 개경 정부는 25대 충렬왕(忠烈王, 1274년~1298년 1월, 1298년
8월 복위~1308년) 때부터 30대 충정왕(忠定王 1349~1351)까지 원의 부마
국(駙馬國)으로 전락했다. 이 기간 원나라 황실은 고려 왕들을 마음대로
세웠다가 폐했다가를 반복했다.

충렬왕은 세자 시절 원나라 연경에 머물며 세조의 딸 제국대장공주(齊
國大長公主) 쿠투루칼리미쉬(忽都魯揭里迷失)과 결혼했고 원종이 죽자 귀
국해 왕이 되었으며 철저하게 친원 정책을 표방하며 원나라의 일본 정벌
전쟁을 도왔다.

충렬왕은 궁인 무비(無比)를 총애하면서 제국대장공주와 그녀의 아들

인 세자 원(諴)의 반발을 샀고, 이에 충렬왕이 스스로 물러났다. 이에 따라 1298년 1월 26대 충선왕(忠宣王, 1298년 1월~8월, 복위 1308년 7월~1313년 5월)이 즉위했다. 충선왕 역시 몽골 부인 계국대장공주(薊國大長公主)와 불화하고 조인규의 딸 조비(趙妃)를 총애했다. 계국대장공주가 원의 왕태후에게 이 사실을 고자질하자 원나라는 사신을 보내 조인규와 그의 처를 원나라로 압송하고 충선왕과 계국대장공주가 함께 부부 간에 애정이 솟구치는 음식을 먹게 했다. 충선왕이 궁지에 몰리자 충렬왕 지지 세력이 복위를 도모하면서 충선왕은 즉위 7개월 만에 왕에서 쫓겨났다. 충선왕은 원으로 호송되어 11년간 연경에 머물러야 했다. 아버지와 아들이 똑같이 원나라 공주와 정략결혼하고, 그 공주보다 고려의 여인을 더 사랑하며 한 번씩 왕위에서 쫓겨난 것이다.

충렬왕이 죽은 후 복위한 충선왕은 복위 두 달 만에 다시 연경으로 돌아갔다. 왕직은 전지(傳旨)를 통해 수행했는데, 이 때문에 개경과 연경을 오가는 도로는 충선왕에게 바치는 물자와 전지를 든 신하들로 북새통이었다. 충선왕은 원 무종의 절대적 신임을 받으며 만주 지역을 다스리는 심양왕(瀋陽王)에도 봉해졌다.

이런 가운데 1310년 개경에서 세자 감(鑑)을 왕으로 세우려는 움직임이 있자, 이를 보고받은 충선왕은 세자와 측근들을 모조리 죽였다. 충선왕이 원나라 체류를 지나치게 고집하자 원나라 황제까지 직접 나서서 귀국을 종용했다. 그러자 귀국하는 대신 복위 5년 만에 왕위를 27대 충숙왕(忠肅王, 1313년 3월~1330년 2월, 복위 1332년 2월~1339년 3월)에게 물려주었다.

그 후에도 충선왕은 그의 아버지 충렬왕처럼 아들을 믿지 못하고 연경에서 전지를 보내 국정에 간섭했다. 이런 충선왕 때문에 충숙왕은 수차례 원나라에 소환당하는 수치를 겪으며 고려 정치는 더 혼란스러워졌다. 여기에 충선왕이 1316년 만주 심양왕의 자리를 조카인 왕고(王暠)에게 넘겨줌에 따라 충숙왕의 입지가 더 좁아졌다.

이 무렵 연경에 머물던 충숙왕은 원나라 영왕(營王)의 딸 복국장공주(濮國長公主) 역린진팔자(亦憐眞八剌)와 결혼해 원 황실의 부마가 되었다. 그 공주가 고려에 온 지 3년 만인 1319년 의문에 싸여 죽자, 원나라는 관리를 파견해 진상을 조사했다. 조사 결과 충숙왕이 복국장공주와 결혼하기 전 혼인한 덕비(德妃) 홍씨(洪氏)를 가까이했으며, 이를 복국장공주가 질투하자 왕이 공주를 심하게 두들겨 패서 죽였다는 것이 밝혀졌다.

이 사건으로 원나라로 불려간 충숙왕은 거의 폐위 상태로 지냈다. 충숙왕은 1324년 개경으로 돌아왔으나 심양왕 왕고는 충숙왕의 좁아진 입지를 틈타 왕위 찬탈 음모를 꾸몄다. 왕고는 개경 내의 측근들에게 '충숙왕이 눈과 귀가 멀어 정사를 돌볼 수 없다'는 거짓 상소를 원나라 태정제(泰定帝)에게 올리게 했다. 이에 태정제가 사실 여부를 확인해 본 결과 왕고파의 무고임이 드러났다. 이때부터 충숙왕의 왕권이 강화되었으나 병약해져 1330년 28대 충혜왕(忠惠王, 1330년 2월~1332년 2월, 복위 1339년 3월~1344년 1월)에게 선위하고 상왕이 되었다. 그러나 16세에 왕이 된 충혜왕이 정사는 뒷전인 채 사냥과 씨름 등에 몰두하는 등 워낙 포악하게 행동하자 원나라가 2년 만에 연경으로 소환하고 충숙왕을 복위시켰다.

충숙왕 복위 2년째인 1333년 익주(益州, 익산)에서 아버지 기자오(奇子

敖)와 함께 농사짓던 한 처녀가 어느 날 아버지에게 제대로 인사도 못하고 원나라 공녀(貢女)로 끌려갔다. 당시 공녀로 뽑힌 여인들은 우물에 빠져 스스로 목숨을 끊을 만큼 절망했는데, 기 여인은 오히려 침착했다.

원나라에 도착한 그녀는 고려 출신 환관 고용보(高龍普)의 주청으로 궁녀가 되었다. 그녀가 황실에서 처음 한 일은 일은 차를 나르고 따르는 일이었다. 당시 원나라 황제는 즉위한 지 2년도 채 안 된 혜종(惠宗)이었다. 혜종은 즉위 직전 황실 내부의 권력 다툼에서 패배하여 1년 반 정도 인천의 대청도에 유배된 적이 있었다. 고용보는 바로 이 점을 노렸다. 고려의 작은 섬에 유배되었던 젊은 시절의 향수를 지니고 있던 혜종은 고려의 시골에서 온 처녀의 아름다움에 흠뻑 빠졌고 그녀를 귀비의 자리에 앉혔다. 고려의 공녀가 '원나라의 신데렐라'가 된 것이다.

그러자 기 여인이 나타나기 전까지 혜종의 총애를 독차지했던 제1황후 타나실리가 그녀를 질투하기 시작했다. 황제가 기 여인을 사랑하면 할수록 황후의 질투는 걷잡을 수 없이 거세어졌다. 그녀는 기 여인의 옷을 벗기고 벌겋게 숯불에 달군 인두로 살을 지지며 말했다.

"황제에겐 네년의 몸뚱이가 아름답겠지만 내 눈에는 뱀보다 더 징그럽다."

그래도 기 여인은 포기하지 않고 타나실리를 역모죄에 연루시켜 사약을 마시게 했다. 드디어 혜종은 기 여인을 제1황후로 삼고자 했다. 하지만 몽골 귀족들은 기 여인이 몽골인이 아니라는 이유로 반대했다. 할 수 없이 혜종은 몽골 옹기라트(弘吉剌) 귀족 가문의 '바얀 후투그(伯顔忽都)'를 제1황후로 삼았다.

드라마 〈기황후〉 포스터

    이때부터 기 여인은 황제의 아들을 낳기 위해 필사적으로 노력했다. 몽골 전설에 따르면 북두칠성의 명맥이 빛나는 삼첩칠봉(三疊七峯)에서 치성을 드리면 황제가 태어난다고 한다. 이를 들은 기 여인은 그 삼첩칠봉이 바로 제주도 삼영동의 원당봉 기슭이라는 말을 듣고 사자를 보내 원당 기슭에 사찰을 짓고 불공을 드리게 했다.

    그 후 기 여인은 1339년 황자 아이유시리다라(愛猶識理達臘)를 낳았다. 혜종은 기 여인을 황후에 앉히려는 데 반대하는 제1황후의 동생 바얀을 제거하고 기 여인을 제2황후에 봉했다. 황후가 된 기 여인은 진귀한 음식이 생기면 징기스칸이 묻힌 태묘(太廟)에 먼저 바치는 등 자신의 친원적 정체성을 내비치며 동시에 고려인들을 등용해 자정원당(資政院黨)이라는 정치 세력을 형성했다. 환관 고용보는 재정 책임을, 환관 박불화는 추밀원 동지추밀원사(同知樞密院事)로 만들어 군사권까지 장악했다. 기황후가 원나라 국정을 장악하자 원나라 귀족들도 덩달아 고려인 부인을 두기 시작했고 고려 풍속이 대유행했다. 이것이 '고려양(高麗樣)'이며 옥과 음식, 집안 가구까지 고려 양식이 큰 인기를 모았다.

고려 조정 내에도 기씨 세력이 팽창했다. 충혜왕은 기황후의 신임을 얻으려고 많은 노력을 기울였고 그 덕분에 같은 해 충숙왕이 죽자 충혜왕이 7년 만에 복귀할 수 있었다. 고려로 돌아온 충혜왕은 새로운 궁궐을 짓는 등 또다시 사치와 방탕한 정치를 하며 민생을 어지럽혔다. 그뿐 아니라 증세 정책을 강행하며 귀족들에게도 상당 부분의 토지를 회수했다. 이에 기황후 집안의 반발을 초래하며 1344년 서른 살에 두 번째로 왕위에서 쫓겨나 원나라로 압송되었다. 이후 여덟 살짜리가 왕이 되었는데 그가 29대 충목왕(忠穆王, 1344~1348)이었다. 워낙 어린 나이에 왕에 오른 충목왕이 중압감에 시달리다가 4년 만에 생을 마감하고 30대 충정왕(忠定王, 1349~1351)이 승계했다.

충정왕이 즉위하던 즈음에 원나라 황제의 오촌 당숙인 노국공주(魯國公主)의 아버지 위왕(魏王)이 위험인물로 낙인찍혀 유배당했다. 기황후는 1349년 노국공주를 충숙왕의 차남 강릉대군(江陵大君)과 혼인시키는 조건으로 위왕을 살려주었다. 2년 후 기황후는 열두 살짜리 충정왕을 폐하고 강릉대군을 고려 31대 공민왕(恭愍王, 1351~1374)으로 책봉했다. 기황후는 자신의 아들을 태자로 책봉하고 권력을 장악한 후 1365년 정후(正

后)가 되었다. 이로써 기 여인은 유일하게 중국 역사상 처음이자 마지막으로 삼한 출신 황후가 되었다.

기황후는 남편 혜종보다 영민해 혜종이 기황후에게 크게 의지했다. 기황후는 고려의 공녀 징발을 금지하고 환관 징발도 축소했다. 고려를 몽골의 지방 성으로 편입하자는 입성론(立省論) 논의를 폐지시켜 고려가 중국에 흡수되지 않도록 막았다.

한편 기황후의 노력으로 왕이 된 공민왕은 원나라의 기대와 달리 반원 정책을 폈고 노국공주도 동조했다. 기황후로서는 청천벽력 같은 배신이었으나 대륙의 정세가 급변하며 주원장이 명나라를 세우고 원나라를 북쪽으로 몰아내는 입장이라 어찌해볼 도리가 없었다. 또한 공민왕은 선왕들과 달리 모친이 몽골 공주도 아니었고 노국공주 역시 부친 바얀이 혜종에게 제거당한 원한도 있어 두 사람은 궁정 내 몽골식 변발을 없애고, 권문세족이 불법 점유한 토지도 몰수했다. 당시 고려에서는 기황후의 오빠 기철(奇轍)과 기원(奇轅)이 승상이 되어 지나치게 내정 간섭을 하며 사리사욕을 채우고

백년전쟁에서 싸웠던 잔다르크

있었는데, 공민왕은 원나라가 약화된 틈을 타 이들을 비밀리에 제거했다. 이때 기황후가 공민왕을 폐하고 덕흥군을 세우려 했으나 이미 원나라의 국세(國勢)가 너무 기울어 뜻을 이루지 못했다.

그 당시 아시아는 물론 유럽에서도 획기적 정치 변동이 일고 있었다. 중원에서는 세계를 정복하고 다니던 기마 민족 원나라가 기울고 주원장(朱元璋)의 명나라가 일어나고 있었다. 이로써 아시아와 유럽에서 '몽골에 의한 평화'가 사라졌으며 유럽은 백년전쟁(1337~1453)에 돌입했다.

1368년 마침내 주원장이 대군을 이끌고 원나라 수도를 점령하자 기황후도 남편 혜종과 함께 북쪽으로 도망가야 했다. 이후 원나라가 소멸하자 기황후도 자취를 감추었다.

기황후는 공녀로 끌려오기 전 고려 익산에 정분이 난 총각이 있었는데, 황후가 된 후에도 그를 잊지 못해 고려의 유행가인 〈제위보가(濟危寶歌)〉를 혼자 자주 읊조렸다고 한다.

> 浣紗溪上傍垂楊(냇가 빨래터에 수양버들 늘어졌는데)
> 執手論心白馬郎(백마 탄 낭군과 손잡고 속삭였네.)
> 縱有連簷三月雨(삼월 봄비가 몇 날 며칠을 내려도)
> 指頭何忍洗餘香(손길에 묻은 임의 향기 어찌 씻어내리오.)

〈제위보가〉는 고려사(高麗史) 악지(樂志)에 이제현(李齊賢, 1278~1367)의 한역(漢譯)본이 나온다. 제위보는 고려시대에 고을마다 설치되어 주로 위난(危難)당한 백성을 돌보던 지금의 보건소나 복지관과 같은 관청으로, 여기서 일하던 여인이 먼 길 떠나려는 낭군과 불렀다는 노래다. 조선 시대 기록인 《동국여지지(東國輿地志)》를 보면 연천에 기황후의 능이 있다고 기록되어 있는데, 어쩌면 기황후는 원나라가 망한 뒤 조용히 고국으로 돌아와 노래 속의 낭군과 함께 여생을 보냈을지도 모르겠다.

원나라 멸망 후 주원장은 난징(南京)에서 명나라를 세웠고 멀리 도망간 혜종은 몽골에 북원을 세웠다. 혜종이 1370년에 죽자 기황후의 아들 아이유시리다가 몽골 제 17대 칸인 소종(1370~1378)이 되었다. 고려에 시집온 노국공주는 공민왕을 도와 기황후의 가족과 친척 등 친원 세력을 숙청하는 데 앞장섰다. 그런 노국공주가 출산 도중 죽자, 프랑스 루이 16세와 정략 결혼한 오스트리아의 공주 마리 앙투아네트가 왕실을 망친 죄를 뒤집어쓴 것과 같은 처지가 되었다.

큰 실의에 빠진 공민왕은 국사는 승려 신돈(辛旽)에게 맡긴 뒤, 노국공주의 혼령을 모시는 사당을 크게 짓고 매일 그 앞에서 눈물로 나날을 보냈다. 다행히 개혁 성향이 강한 신돈이 왕의 대리인이 되어 5년 동안 기득권 세력의 척결에 나섰다. 이 과정에서 많은 정적이 생겼고, 이들이 신돈의 비리를 밝혀냈다.

1371년 7월 신돈이 반역 혐의를 받자 수세에 몰린 공민왕은 최영(崔瑩)을 불러들여 뚜렷한 반역 혐의도 없는 신돈을 참혹하게 죽여야 했다. 다시 공민왕이 정치 일선에 나섰으나 신돈이 키워놓은 사대부들조차 공민왕에게 실망하고 있었다. 공민왕은 부패한 환관들에게 의지할 수밖에 없었고, 설상가상으로 남색에 빠지게 된다.

태조 이성계 어진

공민왕의 남색 대상이었던 홍륜(洪倫)이 후궁 익비(益妃)를 범한 것이 드러나자, 훗날이 두려웠던 홍륜이 1374년(공민왕 23) 9월에 최만생(崔萬生) 등과 함께 왕의 침소에 몰래 들어가 술에 취해 잠이 든 공민왕을 시해했다. 당시 시중(侍中)이었던 이인임(李仁任)이 범행을 밝혀내어 홍륜을 참하고 정권을 잡은 뒤, 최영은 이인임의 신임을 받고 정가의 핵심 인물이 되었다.

곧 고려는 미묘한 사건에 휘말렸다. 고려에 온 명나라 사신이 귀국길에 살해되자 명나라는 해명과 함께 엄청난 공물을 요구했고, 동시에 노골적으로 철령(鐵嶺, 강원도 안변) 이북의 땅을 차지하겠다고 통보했다. 우왕(禑王)과 최영은 명과 일전을 불사하자고 한 반면 이성계(李成桂), 정도전(鄭道傳), 조준(趙浚) 등의 신하들은 불리한 싸움이라며 반대했다. 결국 최영의 주장대로 요동 공격이 결정되었고, 5만 대군을 끌고 압록강을 건너던 이성계는 위화도에서 회군하여 요동 대신 개경을 접수하고 이후 조선 왕조를 열었다.

4장

조선시대

01
아무도 미워하지 않는 자, 킹스맨 허조

잉게 숄(Inge Scholl)의 《아무도 미워하지 않는 자의 죽음(Die Weisse Rose)》은 히틀러가 세계대전을 일으킬 때 맞섰던 저항단체 '백장미단'의 실화를 다룬 이야기다.

히틀러는 집권하면서 독일인 모두에게 빵과 자유를 충분히 주겠다고 공언하며 전쟁을 일으켰다. 당시 독일인들은 열광하며 그 말을 믿었다. 1933년 히틀러가 총리에 취임하면서 뮌헨은 나치의 본거지가 되었다.

어느 날 뮌헨 대학생 조피 숄(Sophie Scholl, 1921~1943)은 강의실 창가에서 '백장미'라는 서명이 적힌 전단지를 우연히 읽게 되었다. 전단지의 내용은 이 전쟁이 계속되면 결국 독일이 패배할 것이고 이후 온 인류에게 증오와 배척을 받을 수밖에 없다는 것이었다. 글이 매우 낮익어 알아보니 오빠인 의과대학생 한스 숄(Hans Scholl, 1918~1943)이 제작해 뿌린 것이었다. 결국 조피는 오빠의 만류에도 불구하고 백장미단의 주요 일원이 되었다. 백장미단의 젊은이들은 전단지를 독일 전역에 배포했다. 그들은 결국 게슈타포의 표적이 되어 1943년 2월 18일, 숄 남매를 포함한 백장미단의 핵심 단원 14명이 국가 반역죄로 체포되었다. 사형을 앞두고도 숄 남매와 동지 크리스토퍼는 끝까지 의연했다. 크리스토퍼가 미소를 지으며 나지막이 말했다.

"죽음이 이렇게 쉬운 줄 미처 몰랐어."

그 말이 끝나기 무섭게 단원들이 하나씩 끌려나갔다. 맨 먼저 조피가 허리와 목을 꼿꼿이 펴고 당당하게 단두대로 걸어갔다. 다음으로 단두대에 머리를 올려놓게 된 한스는 큰 소리로 외쳤다.

"자유여! 영원하라!"

그 후 한스의 누나이자 조피의 언니인 잉게 숄이 이 이야기를 책으로 알리게 되었다. 백장미단 멤버들의 행동 준칙은 임마누엘 칸트(Immanuel Kant)의 정언 명령(categorical imperative)을 따랐다.

'백장미단'의 상징과 한스 · 조피 숄 남매의 기념 우표

제1준칙, 너의 행동이 보편적 자연 법칙과 맞게 하라.

제2준칙, 너 자신을 포함해 모든 사람을 언제나 목적으로 대하고 수단으로 대하지 마라.

정언 명령에 따르면 권력도 보편적 자연 법칙과 인간의 행복을 위한 수단이며 도구이지 목적이 아니다. 그래서 백장미단의 젊은이들은 사람을 독재의 도구로 이용하는 히틀러에게 맞서 항거한 것이었다.

"언제쯤 이 나라는 그 어떤 무엇보다 수많은 보통 사람들의 소소한 일상이 중요하다는 것을 깨닫게 될까요? 언제쯤이면 그런 날들이 올까요? 전쟁과 정쟁(政爭)의 승리보다 소박한 일상이 더 위대한 일임을 이 나라는 언제나 알게 될까요? 과연 그런 날이 올까요?"

백장미단의 바람은 모든 인간이 서로를 수단이 아닌 목적으로 대하는 세상이었다. 사람들을 자신의 출세와 이익과 명예의 수단으로 이용하려고만 할 때 미움은 늘어난다. 자신을 포함해 타자를 목적으로 대하는 사람을 누가 미워할 수 있을까? 그런 사람들이 바로 '아무도 미워하지 않는 자'다. 그렇다면 500년 조선 역사 속 왕 27명 중 '아무도 미워하지 않는 자'는 누가 있을까? 성종(成宗)과 영조(英祖)는 성군, 정조(正祖)는 성군과 개혁 군주, 광해군(光海君)은 급진적 개혁 군주라는 평가를 받으면서도 일각에 반대자들이 있었다. 그러나 세종(世宗)은 달랐다. 어느 누구도 그를 미워할 수 없었다. 신하들은 어떨까? 아마 왕보다는 부지기수로 많을 것이다. 조선 창업 초기 네 임금을 섬긴 명신 허조(許稠, 1360~1439)가 그와 같은 사람이었다.

허조는 태조(太祖, 1392~1408) 이후 2대 정종(定宗, 1398~1400), 3대 태종(太宗, 1400~1418), 4대 세종(世宗, 1418~1450) 네 임금을 모시고 예악 제도와 법전을 마련해 국가의 기반을 확실히 세웠다. 충북 괴산이 고향인 그는 매와 같은 눈에 깡마른 체격으로 '송골매 재상(瘦鷹宰相)'이라고 불렸다. 워낙 깐깐해 자신의 주장을 굽히지 않아 임금이 미워할 정도였다. 그러나 왕을 비롯해 누구나 그의 편견 없는 진심과 능력을 믿었다.

하루는 태종이 인사 행정을 총괄하는 이조정랑(吏曹正郎)을 맡을 인물을 찾지 못해 고심하며 관원 명부를 뒤져보다가 허조의 이름을 보고 "찾았다(得人矣)!"라며 무릎을 쳤다. 그렇게 태종은 허조를 중용했으나 하도 바른말을 해 귀양을 보내려 했다. 그러자 황희(黃喜)가 만류했다.

"임금님의 곁에 반드시 허조와 같은 강직한 신하가 있어야 합니다."

이후 태종은 세종이 왕위를 물려받는 자리에서 허조를 나오게 하여 어깨를 한 손으로 짚더니 세종에게 말했다.

"주상. 이분이 내 주춧돌(柱石之神)이었소. 이런 신하를 평생 곁에 두어야 하오."

세종은 부왕의 말대로 허조를 이조판서(吏曹判書)에 임명해 조선의 인사 관리를 맡겼다. 토론을 좋아하고 반대 의견을 즐기는 세종도 허조와 일할 때마다 '고집불통'이라며 혀를 내둘렀다. 특히 여색을 멀리해 맹사성(孟思誠)은 "자네는 음양(陰陽)의 이치도 모른다"고 놀리곤 했다. 그럴 때마다 허조는 웃으며 대답했다.

"이 사람아, 나도 음양의 이치를 아니 튼튼한 아들을 둘이나 낳았지."

세종은 즉위년인 1418년 사회적 약자를 위한 어명을 내렸다.

"환과고독(鰥寡孤獨)과 잔질인(殘疾人), 폐질인(廢疾人), 개걸인(丐乞人)들을 왕자(王者)의 정치에서 마땅히 돌보아야 한다. 곡식을 베풀고 거처할 집을 주어라."

환과고독은 홀아비와 과부, 고아와 자녀 없는 독거노인을 말하며 이들을 사궁(四窮)이라고도 했다. 잔질인은 장애인, 폐질인은 불치병에 걸린 사람, 개걸인은 빌어먹는 사람을 말했다. 세종은 이들을 가장 먼저 돌보는 것이 왕이 할 일이며 관료가 이들을 먼저 돌보지 않으면 중죄로 다스리겠다고 했다. 사실 정승 허조도 곱사등이였지만 태조 때부터 세종 때까지 어느 누구도 그의 장애에 대해 입도 뻥긋하지 않았다. 그만큼 조선 시대는 왕부터 장애인과 사회적 약자에 대한 배려가 깊었다.

1425년 정월 종묘 제사 때 제례관이었던 허조가 술잔을 들고 가다 계단 아래로 넘어져 술을 엎지르는 불경을 저질렀다. 마땅히 큰 벌을 내려야 하는데, 세종이 가까이 오더니 야단치기는커녕 붙들어 세웠다.

"이조판서, 다친 데는 없소?"

호조를 비롯한 신하들이 황망히 엎드려 사죄를 하자, 세종은 "다시 이런 일이 일어나지 않도록 계단을 충분히 넓히라"고 명했다. 그만큼 허조에 대한 왕의 신뢰는 깊었다. 조선 초기 네 명의 왕들마다 허조의 반대로 곤욕을 치렀지만 허조가 건재할 수 있었던 이유는 무엇이었을까? 바로 사심이 없었기 때문이었다. 사리사욕 없이 허조가 내세운 원칙에는 왕도 공감하지 않을 수가 없었다. 어전회의에서도 사사건건 고집을 부려 왕과 주위 신하들이 피곤해했지만, 사욕이 아닌 왕조의 발전과 백성의 이익을 위한 것이라 따라갈 수밖에 없었다.

02
동방의 카르멘,
황진이

세종의 큰아들 문종(文宗, 1450~1452)
은 1421년 여덟 살 때 세자로 책봉된 후 30년이 지나서야 왕이 되었다.
너무 오랜 기간을 세자로 보낸 데다가 세종이 집권 후반기 8년 동안 병석
에 눕자 부왕 대신 섭정하면서 건강이 크게 악화되어 즉위 2년 3개월 만
에 세상을 하직했다. 그리고 열두 살짜리 단종이 왕이 되자 문종의 동생
인 수양대군이 계유정난(癸酉靖難)을 일으켜 단종을 폐위시키고 스스로
왕좌에 올랐다. 조선은 성종(成宗, 1469~1494) 때까지 줄곧 상승세였다.
그동안 조선 왕실에 내부 권력 다툼은 일었으나 성군 세종 이래 예종과
성종에 이르기까지 개국 이래 최고의 태평성대를 누리고 있었다.

사회 전반에 풍류를 즐기는 풍조가 만연되었고 성종도 왕궁을 빠져나
가 기생을 찾기도 했다. 이 일로 왕비 윤씨가 성종의 얼굴에 손톱자국을
냈다. 이에 시어머니 인수대비가 크게 노했고 결국 윤씨가 폐비가 된 후

영화 〈황진이〉 포스터

사사(賜死)된 사건으로 비화되었다.

폐비 윤씨의 아들이 10대 연산군(燕山君, 1494~1506)으로 즉위하면서 임사홍(任士洪)이 왕의 생모 윤씨의 억울한 죽음을 밀고했다. 이성을 잃은 연산군은 생모 사사를 주장했거나 방관한 사람 등 관련된 자들을 모조리 색출해 처형했다. 이를 갑자사화(甲子士禍)라 한다. 이후 연산은 더 노골적으로 폭정을 일삼았고, 급기야 중종반정이 일어났다.

이 시기 가장 유명한 기생이 바로 황진이였다. 그녀는 황진사(黃進士)와 기생 진현금(陳玄琴) 사이에서 태어났으며 열다섯 살 때 동네 총각이 자신을 사모하다가 상사병으로 죽은 후 충격을 받고 기생이 되었다.

그녀는 용모도 출중하고 노래, 춤, 한시 등에 두루 능숙해 금세 전국적 명성을 얻었다. 황진이의 명성은 중종 17년쯤부터 전국적으로 날리게 되었는데 당대 호걸들은 그녀와 단 하루라도 같이 지내는 것이 큰 자랑거리였다. 하지만 황진이는 묘한 취미가 있었다. 당대 고고한 선비로 이름을 날리는 명사들을 희롱해 그 허명(虛名)을 깨뜨리는 것이었다. 그 명사들이 다가오는 순간 황진이는 명사들을 가차 없이 차버렸다.

1845년 프랑스 작가 프로스페르 메리메(Prosper Merimee)의 소설 《카르멘(Carmen)》의 주인공도 황진이와 같았다. 카르멘은 작곡가 비제(Georges Bizet)가 만든 20세기 최고의 오페라로 더 유명하다. 그녀는 팜므파탈(femme fatale)의 원조로도 불린다.

카르멘은 스페인 남부 세비야(Seville)의 담배 가게에서 일하는 집시 여인이었다. 그녀는 평소 "당신이 나에게 집착하는 순간 나는 자유입니다"라고 노래했다. 어느 날 담배 공장 근처 위병소에서 근무하는 군인인 돈 호세(Don José)는 카르멘을 보자마자 그녀의 치명적인 매력에 빠져들었다.

얼마 후 카르멘은 함께 일하는 여공들과 싸우다가 그만한 여공의 얼굴을 손톱으로 긁은 죄로 체포되었다. 포승줄에 묶인 카르멘을 돈 호세가 호송했다. 이때 돈 호세는 군인 신분도 망각한 채 카르멘을 풀어준 다음, 탈영하고 카르멘을 따라 산속 밀수꾼들의 소굴로 도망쳤다.

돈 호세는 엉겁결에 밀수꾼들을 도와주다가 살인까지 저질렀다. 그렇게 돈 호세는 자신의 인생까지 바치며 카르멘을 사랑했으나, 카르멘은 얼마 후 투우장에서 만난 투우의 영웅 에스카밀로(Escamillo)와 사랑에 빠졌다.

두 사람이 투우장에서 다정히 키스를 나누는 모습을 본 후 돈 호세는 카르멘에게 제발 돌아와달라고 애원했다. 하지만 카르멘은 싸늘히 거절하고 투우장으로 갔다. 돈 호세는 카르멘을 따라가 카르멘이 에스카밀로가 사납게 날뛰는 황소의 심장에 칼을 찔러넣는 광경을 보며 관중과 더불어 열광하는 모습을 안타깝게 바라보고 있었다.

열광하던 카르멘은 벌떡 일어나 돈 호세가 끼워 주었던 반지를 빼서 내던지며 에스카밀로의 품 안으로 달려갔다. 그 모습을 본 돈 호세는 이성을 잃고 카르멘의 뒤를 쫓아가 그녀의 등 깊숙이 단도를 찔렀다. 돈 호세는 쓰러진 카르멘을 안고 울부짖었다.

"오, 내 사랑 카르멘."

카르멘에게 한 번 찍힌 남자는 결코 그녀의 손에서 벗어날 수가 없었다. 그렇게 포획된 남자를 카르멘은 언제든 자기 마음 내키는 대로 떠날 수 있었다.

"당신이 날 사랑하지 않는다구요? 내가 당신을 사랑하면 당신은 바로 내 포로가 되고 말지요. 그때부터 조심하세요. 당신이 잡았다고 믿는 순간 나는 새처럼 날아갈 거예요."

동방의 카르멘 황진이도 수많은 남자의 애간장을 태웠다. 당시 생불(生佛)로 존경받던 지족선사(知足禪士)가 황진이의 웃음 앞에 10년 면벽(面壁) 구도를 깨고 파계승(破戒僧)이 되었으며, 근엄한 왕족 벽계수(碧溪水)도 '청산리 벽계수야'라는 황진이의 시조에 넘어가 콧대가 꺾였다. 그 시대 최고의 명창이었던 이시종도 황진이의 다음 시조에 넘어가 6년간 황진이에게 정성을 바쳤다.

截取冬之夜半强(동짓달 기나긴 밤을 한 허리 베어내어)

春風被裏屈幡藏(춘풍 이불 아래 서리서리 넣었다가)

有燈無月郎來夕(어른 님 오신 날 밤이거든)

曲曲鋪舒寸寸長(굽이굽이 펴리라)

황진이는 특히 중종 때의 대학자 서경덕(徐敬德, 1489~1546)과의 일화가 유명하다.

서경덕은 유학을 이념으로 세운 조선에서 처음으로 기철학(氣哲學)의 체계를 만들었다. 이는 한국 철학사의 금자탑이었다. 그는 유교의 나라 조선이 유교의 가르침과는 다르게 통치 계급 내부에서 정권을 놓고 대대적 유혈 투쟁이 전개되는 것을 보았다. 그는 여기에 실망하고 학문의 요체가 경전 암송이 아니라 물질에 대한 끝없는 사색이라고 보았다.

그는 18세 때《대학(大學)》의 '격물치지(格物致知)'를 읽다가 자기도 모르게 눈물을 흘리며 감동했다.

'학문을 한다면서 사물의 이치를 모른다면 무슨 소용이 있겠는가?'

그리고 벽에 종이를 붙여놓고 세상 사물들의 이름을 발견하는 대로 하나씩 차례대로 써놓고 그 특성을 규명하는 데 몰두했다. 이 때문에 건강을 해쳐 21세 때 더는 공부를 할 수가 없게 되자 1년 동안 전국 명산을 유람했다. 1519년 그는 조광조(趙光祖)가 만든 현량과(賢良科)에 수석으로 천거되었으나 사양하고 송도(松都) 화담(花潭)에 서재를 세우고 연구를 계속했다.

서경덕은 정치에 참여한 많은 선비들이 참화를 당하는 것을 보고 과거에 뜻을 접었으나 어머니가 계속 권하는 바람에 1531년 생원시(生員試)에 응시해 장원급제했다. 그러나 벼슬길에 나가지는 않았다. 후에도 그는 가난했지만 조정에서 번번이 불러도 사양하고 화담에 머물렀다.

서경덕은 자신만의 독창적 학습 방법을 개발했다. 주체적으로 사색한 뒤 구체적 사물 대상을 관찰하고 경험하여 유물론적 우주관을 형성했다.

이처럼 사심 없이 학문하는 서경덕 주위에 배우기 좋아하는 청년들이 모여들었고 그를 스승으로 존경했다.

어느 날 제자가 "밥 지을 쌀이 떨어졌다"고 푸념하자 서경덕은 웃으며 대답했다.

"산나물도 있고 마실 물은 얼마든지 있지 않은가?"

이런 서경덕을 사람들은 황진이, 박연폭포(朴淵瀑布)와 함께 송도삼절(松都三絶)이라 불렀다.

황진이는 누구보다 항시 담백하고 초연한 서경덕에 대해 관심이 많았다. 하지만 서경덕만큼은 황진이의 유혹에 넘어가지 않았다. 자존심이 상한 황진이는 작심하고 비가 억수로 쏟아지는 날을 택해 서경덕을 찾아갔다. 그녀는 빗물이 젖어 몸에 달라붙은 옷을 입은 채 혼자 사는 서경덕의 대문을 두들겼다. 서경덕은 황진이를 방 안에 들이고 비에 젖은 옷을 벗겨준 뒤 따뜻한 아랫목에 이불을 덮고 누워 몸을 녹이게 했다.

실오라기 하나 걸치지 않고 이불 속에 누워 이제나 저제나 서경덕이 다가오나 기다리다가 황진이는 자신도 모르게 깊이 잠들었다. 일어나 보니 아침이었고 그 시간까지 서경덕은 윗목 책상 앞에 앉아 독서에 열중하고 있었다. 그제야 황진이는 '조선 팔도에 저런 남자도 다 있구나'라며 감탄했다. 그녀는 이불 속에서 조용히 옷을 입고 일어나 서경덕에게 큰절을 올렸다.

"저를 용서해주시고 제자로 받아주세요."

서경덕은 흔쾌히 승낙했다. 훗날 황진이는 스승이 된 서경덕에 대해 이렇게 자랑했다.

"내 미색에 홀리지 않은 사람이 없었다. 그런데 선생만큼은 지난 수년 동안 온갖 수단을 동원해 미혹해 보았지만 미동도 하지 않으셨다. 선생이야말로 조선의 큰 성인이시다."

03

조선의 로빈 후드 임꺽정,
정쟁을 중지시키다

풀

김수영(金洙暎)

풀이 눕는다
비를 몰아오는 동풍에 나부껴
풀은 눕고
드디어 울었다.
날이 흐려서 더 울다가
다시 누웠다.

풀이 눕는다.
바람보다도 더 빨리 눕는다.

바람보다도 더 빨리 울고

바람보다도 더 먼저 일어난다.

날이 흐리고 풀이 눕는다.

발목까지

발밑까지 눕는다.

바람보다 늦게 누워도

바람보다 먼저 일어나고

바람보다 늦게 울어도

바람보다 먼저 웃는다.

날이 흐리고 풀뿌리가 눕는다.

왕조 사회에서는 왕과 사대부가 나라의 방향을 결정했지만 변수가 많
았다. 주변국의 동향과 세계사적 조류가 큰 영향을 미쳤다. 또한 민심도
중요했다. 민초들은 본능적으로 시대적 흐름을 감지했다. 김수영 시인이
말하는 풀은 백성이다. 백성은 연약하지만 어떤 것보다 강한 생명력을 지
닌 풀이다. 풀은 바람이 불기 전에 미리 눕고 바람이 미처 지나가기도 전
에 먼저 일어난다.

　1392년 건국한 조선은 건국 이래 100여 년 간 정치와 문화, 경제에서
융성을 누렸다. 그러나 연산이 등극한 15세기 후반부터 사화(士禍)의 시
대가 시작되었다. 폭군 연산이 무오사화(1498), 갑자사화(1504)를 일으켰
고, 중종 때 기묘사화(1519), 명종 즉위년에 을사사화(1545)가 줄줄이 일

로빈 후드 동상

어났다. 이처럼 50년간 사화가 연이어 터지며 시대가 불안해지자 사람들은 의적(義賊)을 기대했다. 영국의 로빈 후드(Robin Hood)처럼 말이다.

영국 구전문학에 등장하는 로빈 후드는 60명의 호걸을 거느리며 항시 불의와 맞서 탐욕스러운 부자들의 재산을 약탈해 서민들에게 나누어준 의적이었다. 로빈 후드 이야기는 12세기 말에 실존했던 귀족 로버트 피츠우스(Robert Fitz-Ooth)가 모델이다.

로빈 후드는 어려서부터 명궁으로 이름이 높았다. 그가 장성해 활쏘기 대회에 참가하려고 궁으로 가던 중 왕의 숲인 셔우드(Sherwood)에서 산림관들과 마주쳤는데, 그들의 꾐에 빠져 왕의 사슴을 쏘아 죽이고 노팅엄의 감옥으로 끌려가는 도중 나무꾼의 도움을 받아 숲속으로 도망쳤다.

이때부터 로빈 후드는 숲속에서 '숲속 반역자'들의 무리와 살게 되었다. 이 무리는 영국 제일의 궁사(弓士)였던 로빈 후드를 두목으로 삼았다. 거구에 유머러스한 리틀 존이 로빈 후드의 심복이 되어 그와 정의로운 모험을 함께했다. 그 모험이란 귀족들이 착취한 재물을 백성들에게 되돌려주고 가난한 사람들을 도와주는 의적 활동이었다.

백성들이 로빈 후드 일당을 '유쾌한 사람들'이라 부르며 좋아하기 시작하자 당황한 왕실에서 거액의 현상금을 내걸었다. 그러나 백성들은 로빈 후드를 잡으려 하기는커녕 도와주었다.

유교 도학(道學) 정치를 펴겠다고 출발한 조선에서도 모범을 보여야 할 권신들이 추악한 정치 싸움을 벌였다. 중종의 아들 인종은 계모 문정왕후의 시기심에 짓눌려 재위 9개월 만에 승하했고 관리들의 수탈도 심해지면서 민심이 흉흉해졌다. 이때 조선에도 로빈 후드 같은 의적이 등장했다. 바로 임꺽정이었다.

임꺽정은 경기도 양주 지역 백정(白丁) 출신으로 천하장사였다. 그는 전라도에 왜구가 침략했을 때 출전하여 큰 전공을 세웠으나 백정이라는 이유로 보상은커녕 무시만 당하자, 그동안 탐관오리들을 보고 품었던 분노가 폭발했다.

그는 고향 양주를 떠나 한남정맥(漢南正脈)을 따라 인천 계양산(桂陽山)에 이르러 일 년 이상 무술을 익혔다. 그 후 자신과 비슷한 처지의 사람들을 모으고 경기도 감악산(紺岳山)으로 들어가 산채를 만들었다. 낮에는 산채에 숨어 있다가 밤에만 약탈했다. 그때 임꺽정이 머물던 굴이 감악산 장군봉 아래 지금도 그대로 있다.

처음에 소소한 도적질을 일삼던 임꺽정은 서서히 따르는 무리가 많아지자 무리의 구호로 사마천(司馬遷)의 《사기(史記)》에 나오는 '왕후장상에 어찌 씨가 따로 있겠느냐(王侯將相寧有種乎)'를 외치기 시작했다. 이때부터 임꺽정 무리는 의적이라는 평가를 받으며 양반 중심 사회의 조선에 반발하는 젊은이들이 속속 모여들었다. 세력이 커지자 임꺽정은 황해도 구월산(九月山)으로 진출해 청석골을 소굴로 삼았다. 임꺽정은 대낮에도 관가와 토호의 재물을 노략질했다. 이런 임꺽정의 민란은 문정왕후의 친아들 명종 14년(1559)에 시작되어 1562년까지 3년간 줄기차게 이어졌다.

임꺽정의 무리가 유랑민과 도적 무리를 규합해 중앙정부와 싸우며 이토록 오랫동안 지속된 이유는 무엇이었을까? 바로 관군과의 전면 대결을 피해 경기도나 황해도의 산악 지역을 중심으로 게릴라 전략을 펴고, 의적 활동을 통해 백성들의 신망을 얻었기 때문이었다. 임꺽정은 확실히 일반 도적 떼와는 달랐다.

어느 봄날 황해도에서 서울로 가는 길목에 임꺽정 무리가 매복해 있다가 팔도에서 모은 문정왕후(文定王后) 윤대비의 생일 선물을 실은 수백 개의 수레를 막아섰다. 관졸을 거느리고 삼엄한 경비를 펴던 수령이 임꺽정을 꾸짖었다.

"이 천하의 도둑놈아, 백정인 주제에 감히 관가의 행차를 가로막다니, 이 창으로 네놈의 시커먼 배를 뚫으리라."

"하하하하하. 관가의 행차? 윤대비가 대왕대비냐? 권력에 눈먼 화냥년이지. 굶어 죽는 백성의 피를 자기 생일 선물로 바치라고? 이 수레를 모두 놓고 빈손으로 돌아가면 목숨만은 살려주겠다."

임꺽정이 대왕대비를 모독하자 수령이 참지 못해 창을 겨누고 달려들었으나 임꺽정이 단칼에 수령의 목을 베었다. 관졸들과 의적 떼 사이에 일대 접전이 벌어졌으나 금세 군졸들이 추풍낙엽처럼 땅바닥에 피범벅이 되어 뒹굴었다.

문정왕후의 생일 선물이 고스란히 임꺽정의 소굴로 들어가자 조정이 발칵 뒤집혔다. 조정에서는 황해도 일대의 관리를 무관으로 교체하고 용맹한 이억근(李億根)을 장수 삼아 300여 명의 군사들을 보내 임꺽정의 소굴 청석골을 급습했다. 그러니 이들이 다가오는 것을 파수꾼을 통해 보고 받은 임꺽정은 험한 골짜기로 군사들을 유인해 몰살하고 이억근의 목을 잘라 오동나무 상자에 넣어 개성 수령에게 보냈다.

청석골 급습이 실패한 후 관군의 사기는 더욱 저하되었고 임꺽정 무리는 한양까지 출몰하기 시작했다. 심지어 한양에 근거지를 마련하고 황해도에서 뺏은 물건을 팔기도 했다. 임꺽정 무리가 날로 창궐할 당시 조정에서는 명종의 외숙 윤원형(尹元衡) 일파와 명종의 비 인순왕후(仁順王后) 심씨(沈氏)의 외숙 이량(李樑) 일파가 다투며 민심을 수습할 여유가 없었다.

명종은 일단 모든 정치 투쟁을 중단하라는 엄명을 내리고 오직 임꺽정 일당을 소탕하는 데 전력을 기울이도록 했다. 강원도, 경기도, 함경도, 평안도, 황해도 등 5도마다 임꺽정 일당을 잡는 총책임자 한 명씩을 정했다. 5도의 책임자들이 관군을 데리고 임꺽정을 잡으러 다녔으나 번번이 패했다.

임꺽정을 몰래 도운 사람들은 일반 백성들뿐 아니라 고을 아전과 일부 부유층까지 다양했다. 이들로부터 관군이 언제 어디로 쳐들어오는지 미리 정보를 입수했다. 또한 의적들은 서민들이 신던 신발인 미투리를 거꾸로 신고 눈 위를 걸어 관군을 속이고 역습하기도 했다.

이런 신출귀몰한 의적을 잡으러 다니는 관군의 물자를 대느라 백성들의 부담이 더 커졌고, 관군은 책임을 면하려고 무고한 백성을 도둑 대신 잡아가 죽이는 등 백성들의 원성만 높았다. 그러던 중 전세 역전의 기회가 생겼다.

1560년 10월, 삼도 토포사(三道討捕使) 남치근(南致勤)은 임꺽정의 모사 서림(徐林)을 체포했다. 서림은 꾀가 많으나 죽을까 봐 늘 전전긍긍하던 인물이었다. 서림은 남치근이 협조하면 살려주고 포상까지 해줄 거라는 말에 포섭되었다.

서림(徐林)의 밀고로 임꺽정의 은신처를 알아낸 남치근은 황해도 구월산 일대를 포위하였다. 악랄한 남치근은 포위망을 좁혀가며 근처 수백 리를 초토화시켰다. 민가를 불태우는 것은 물론 개와 닭까지 모두 몰살했다.

이중첩자 서림의 모략으로 임꺽정 무리는 차츰 힘을 잃어갔다. 관군이 산을 이 잡듯 뒤지는 가운데 4개월여가 지난 1561년 1월 말, 임꺽정이 어느 촌가(村家)로 숨어들었다. 관군이 뒤쫓아오자 한 노파가 사립문 밖으로 나오며 "도둑이다"라고 소리치고 남쪽을 가리켰다. 그 틈을 타 관군으로 위장한 임꺽정이 유유히 북쪽으로 도망치는데 서림이 보고 "저놈이 임꺽정이다"라고 소리쳤다. 수백 명의 관군이 금세 임꺽정과 뒤엉켜 일대 혈전이 벌어졌으나 임꺽정을 당해내지 못하자 남치근이 일제히 후퇴시키고 화살을 쏘게 하여 임꺽정을 고슴도치로 만들어 죽였다.

이로써 공익이 아닌 사익에 눈먼 공권력에 대해 거침없이 도전한 임꺽정은 사라지고 조정은 다시금 당쟁에 빠져들게 되었다.

04

이황과 조식, '주홍 글씨'에 얽혀
영남을 분열시키다

조선의 여인들은 삼종지도(三從之道)
를 따라야 했다. 어려서는 아버지를 따르고 결혼한 후 남편을 따르고 남
편과 사별한 후 아들을 따라야 한다는 뜻이다. 《경국대전(經國大典)》에 따
르면 여자는 개가를 할 수 없었고 개가했다 하더라도 그 아들은 과거도
보지 못하는 등 아예 사람 취급을 받지 못했다. 그러나 남자는 아내가 죽
은 지 3년이 지나면 재혼이 가능했다. 그뿐 아니라 남자는 부인이 있어도
첩을 둘 수 있었다. 과부는 일생 수절을 강요받았으며 만일 간통한 경우
이마에 글씨를 문신으로 새겨넣는 자자형(刺字刑)을 당했다. 너대니얼 호
손(Nathaniel Hawthorne)의 《주홍 글씨(The Scarlet Letter)》처럼 말이다.

17세기 중엽 영국의 경건한 청교도들이 정착한 미국 보스턴에서 간통
사건이 일어났다. 그 여인은 헤스터 프린(Hester Prynne)으로 처형대 위
에 아이를 안고 서 있었다. 주변에 둘러선 사람들이 그녀를 경멸의 눈빛

《주홍 글자》 초판

으로 쏘아보며 "함께 죄 지은 놈이 누구냐?"고 소리쳐 묻고 있었다. 그녀의 가슴엔 주홍색 글씨로 간통을 뜻하는 'Adultery'의 'A'자가 붙어 있었다. 주위의 비난에도 헤스터 프린은 당당했고 가슴의 주홍 글자만 햇볕에 반짝였다.

그녀는 간통죄로 감옥에 갇혔고, 석방된 후에도 평생 가슴에 주홍 글씨를 달고 살아야 했다. 하지만 헤스터 프린은 감옥을 나올 때도 그늘로 숨지 않고 당당히 햇빛 아래로 걸어 나왔다. 그 햇빛은 어느 것 하나 버리지 않고 땅 위의 모든 것을 골고루 비쳐주고 있었다. 이후에도 헤스터 프린은 사람들의 비난을 당당하게 이겨내며 살아갔다. 이런 그녀의 모습에 사람들은 처음에 뻔뻔하다고 비난했으나 차츰 주홍 글씨의 본래 의미를 잊어버리고 가슴의 'A'를 'Able(유능한)'이나 'Angel(천사)'로 받아들이기 시작했다.

조선은 청교도 가치관이 지배하던 보스턴보다도 더 여성에 대한 성 윤리가 엄격했다. 과부는 외간 남자는 물론 남자 종과도 얼굴을 맞대거나 이야기를 나누어서는 안 되었다. 혹 성욕이 일면 바늘로 허벅지를 찔러가

292

면서라도 꼭 참아야만 했다. 그렇게 청상과부로 평생을 고이 살 경우 열녀문과 열녀비를 세워 칭송해주었다. 조선의 열녀문과 열녀비는 여인들의 한과 눈물이 서린 돌덩이다.

조선 14대 왕 선조(宣祖, 1567~1608) 때 일이다. 진주 명문가이며 진사시까지 급제한 하종악(河宗岳)이 상처(喪妻)를 했다. 그 후 대사헌 이인형의 손녀 이씨(李氏)를 후처로 맞이했다. 이씨의 어머니도 후처인지라 역시 후처 자리로 결혼한 것이다. 이 씨는 혼례식 날 처음 본 중년의 남편에게 지극정성을 다했다.

그러나 이씨가 스물여덟 살 때 그만 남편 하종악이 병을 앓다가 죽었다. 청상과부가 된 이씨는 조선 사대부 가문의 아낙네답게 모범적인 수절을 하기 시작했다. 남자란 남자는 자신이 부리는 하인까지 포함해 어떤 자와도 마주 보지 않았고 말 한 마디도 직접 나누지 않았다.

이렇게 단정한 몸가짐을 하고 사는데 어느 날 하종악의 전처 딸인 출가외인(出嫁外人) 하씨(河氏)가 그녀를 모함했다.

"아버지가 죽은 후 계모가 음행을 저지르고 다닌다. 우리 하씨 가문을 어떻게 보고 더러운 짓을 하고 다닌단 말인가?"

하씨가 아버지의 재산이 탐이 나 이씨를 무고한 것이었다. 자식이 없는 이씨가 간통녀가 될 경우 모든 유산을 자신이 차지할 수 있기 때문이었다.

이씨는 진주목사에게 끌려가 가혹한 신문을 받기 시작했다.

"사대부 여인이 어찌 정절을 지키지 않았는가?"

"나는 하늘을 향해 한 점 부끄럼 없소. 간통은커녕 내 집에서 부리는 종들과 눈도 마주친 적이 없소."

이씨가 부인하자 진주목사는 이씨의 종 열두 명을 끌어와 주리를 틀었다. 이들은 곤장을 맞으면서도 주인 아씨의 결백을 주장했다. 다음엔 마을 사람들을 차례로 불러 추궁했으나 모두 이 씨의 행실을 칭송만 할 뿐 어디에서도 간통의 증거를 찾을 수가 없었다. 이 사건으로 진주 일대가 소란스러웠으나 증거가 없어 결국 사건이 종결되었다. 하지만 이 사건은 엉뚱한 곳에서 다시 시작되었다.

하종악의 인척 하항(河沆)이 재산에 눈먼 하씨의 사주를 받고 스승 남명(南冥) 조식(曺植)을 찾아갔다. 향리에서 후학을 양성하던 조식은 제자들에서 불같이 화를 내며 이씨를 단죄해야 한다고 강조했다. 스승의 뜻을 받든 정인홍, 이희만, 하항 등이 공론을 제기했다. 먼저 경상감사에게 이씨를 엄벌하라고 요구했다.

이제 진주의 사건은 경상도로 확대되었다. 경상도 감영에 대대적인 옥사가 일어나 심문하던 도중 이씨의 종이 곤장에 맞아 죽었다. 그래도 증거가 나오지 않자 경상감사도 이씨를 풀어주었다. 그러자 조식의 제자들이 더러운 여자가 사는 집이라며 이씨의 집으로 쳐들어가 집을 부수고 난동을 부렸다.

이씨는 이들을 난동죄로 경상감영에 고발했다. 조식의 문인들을 대거 구속한 경상감사는 경과를 적은 장계를 조정에 올렸다. 재산을 노린 한 여인의 무고로 시작된 다툼은 진주에서 경상도를 거쳐 중앙으로까지 확대되었다.

평소 소일할 논쟁거리를 찾던 사대부들에게 이 사건은 호재였다. 당장 음란한 이씨를 처벌하자는 무리와 난동 부린 선비를 처벌하자는 두 무리로 나뉘어 설전을 벌였다. 이 논쟁에서 이씨 처벌론이 이겨, 애꿎게도 진주목사와 경상 감사가 파직되고 난동 부린 조식의 제자들은 모두 방면되었다.

억울한 입장이 된 과부 이씨는 인척인 이정의 첩에게 하소연했다. 이정은 영남 유림의 가문으로 경주 부윤과 청주목사를 지냈고 남명 조식이나 퇴계(退溪) 이황(李滉)과도 교분이 두터웠다. 이정은 처음 조식을 찾아가 근거도 없는 일에 유림이 나서지 말라고 조언하자, 조식이 음행한 여인을 비호한다며 이정과 의절했다. 황당한 이정은 이런 사연을 담은 편지를 이황에게 보냈고 이황에게 답장을 받았다.

"그런 사소한 일로 친구가 갈라서다니, 옹졸한 짓이다."

이 서신이 공개되자 조식의 제자들이 스승을 옹졸하다고 했다며 이황을 맹렬히 비난했다. 이에 이황의 제자들도 벌 떼처럼 일어나 조식을 비난하며 조선 영남 학맥이 완전히 분당되었다. 선조는 이 일로 명성이 자자한 학자들까지 틈이 생겼다고 한탄하며 "이씨는 무죄이니 더 거론하지 말라"는 어명을 내렸다.

05

조선의 당쟁은
《오만과 편견》인가?

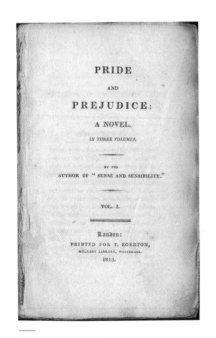

《오만과 편견》 초판

《오만과 편견(Pride and Prejudice)》은 제인 오스틴(Jane Austen)의 작품으로 18세기 영국 귀족 사회의 풍속을 담고 있는데, 그중 젊은 남녀가 결혼하기까지의 심리적 갈등을 해학과 유머가 넘치는 문체로 묘사하고 있다.

조용한 시골 베넷(The Bennets) 가문의 다섯 딸들 중 두 딸이 결혼할 나이가 되었다. 장녀 제인(Jane)은 뛰어난 미모만큼이나 착하며 겸손했고, 둘째인 엘리자베스(Elizabeth)는 이 소설의 주인공으로 매력적이며 자기주장이 강해 관습에 매이지 않고 재치가 많았다.

어느 여름 베넷가의 근처 대저택에 젊은 귀족 다시(Darcy)와 그의 친구 빙리(Bingley)가 머물렀다. 대저택에서 열린 무도회에 참석한 엘리자베스와 다시는 서로 첫눈에 강렬한 호감을 느꼈다. 조신한 제인도 빙리를 좋아하게 되었으나 그 감정을 숨겼다.

무뚝뚝하고 고집이 센 다시와 자존심이 강한 엘리자베스는 속마음을 내놓지 못한 채 사랑의 줄다리기를 시작했다. 성격 전문가라고 자부하는 엘리자베스는 다시를 귀족 신분을 내세우는 오만한 남성이라고 생각했다. 두 사람은 상대방을 오만과 편견에 찬 속물로 여기고 서로에 대한 진심을 억눌렀다.

그 뒤 여러 일을 경험하며 엘리자베스는 사람이 겉으로 풍기는 인상이 꼭 믿을 만한 것은 못 된다는 사실을 깨닫고, 다시가 사실은 오만한 사람이 아니라 너그럽고 속이 깊은 인물임을 알게 되었다. 다시도 결혼이란 신분이 중요하다는 편견을 버리고 엘리자베스에게 구혼했다. 서로를 향한 편견에서 깨어난 두 사람은 비로소 행복하게 맺어졌다.

《오만과 편견》은 단순한 애정소설의 경지를 넘어서서 인간의 편견에 찬 오만을 통렬히 비판하며 시대를 초월해 공감을 얻고 있다. 지나친 갈등과 심각한 싸움은 모두 '오만과 편견' 때문에 일어난다. 유한한 인간들끼리 모여 사는 사회에 갈등은 필연적이다. 갈등을 잘 활용한다면 독단을 미연에 방지하고 보다 더 성숙하고 상호 호혜적인 사회를 만들 수 있다. 그러나 갈등이 너무 깊어 사회 통합을 저해하고 기어이 분열시키고야 마는 경우가 많다.

조선은 성리학의 나라였다. 성리학에 물든 사대부들이 나라를 지배했다는 뜻이다. 따라서 당쟁을 일으킨 세력들은 모두 동질성을 지닌 사대부들이었다. 조선의 초기는 훈구파가 주류였다. 고려를 무너뜨리고 조선을 건국한 신흥 사대부들 중에 세조의 집권 과정에 큰 공을 세운 한명회(韓明澮), 신숙주(申叔舟), 권람(權擥) 등 250여 명이 훈구파(勳舊派)를 형성했다.

그러나 세조는 세종이 키운 집현전 출신 학사들의 지지를 받지 못하자 집현전을 없애버리고 보완책으로 재야로 남아 있던 사림(士林)의 거두 김종직(金宗直)을 등용했다. 김종직은 조선 건국 당시 '충신은 두 임금을 따를 수 없다(忠臣不事二君)'라며 조정을 떠난 야은(冶隱) 길재(吉再)의 제자인 김숙자(金叔滋)의 아들이었다. 사림파는 세조가 훈구파를 견제하기 위해 기른 세력이었으며 이들의 양자 대결은 필연적이었다.

훈구파에 도전한 사림파

조선 제9대 왕 성종(成宗, 1469~1494) 때 사림파들이 대거 관직에 등용되면서 훈구파를 견제하기 시작했다. 이들은 유자광을 중심으로 연산군 시절 김종직의 제자 김일손(金馹孫)이 성종실록을 편찬하며 삽입한 '조의제문(弔義帝文)'을 문제 삼았다. 조의제문은 항우에 의해 폐위된 초나라의 의제(義帝)를 애도하며 항우를 비판하는 내용이었다.

유자광 등 훈구 세력은 이를 단종을 폐위한 세조에 대한 은유적 비판으로 해석하여 무오사화(戊午士禍)를 일으켜 김일손, 이목(李穆) 등을 죽이고 정여창(鄭汝昌), 김굉필(金宏弼) 등을 추방했다. 그 뒤 연산군이 패륜과 향락을 일삼으며 부실해진 국가 재정을 메우려고 공신전을 몰수하려고 하자 훈구 세력이 반발했다.

그러자 궁중 세력인 성종의 사돈 임사홍(任士洪)이 연산의 생모 폐비 윤씨 사건을 들춰내 갑자사화(甲子士禍)가 일어났다. 이 사화로 엄청난 타격을 받은 훈구 세력은 결국 중종반정(中宗反正)을 일으켜 연산군을 쫓아냈다.

훈구파의 도움으로 왕에 오른 중종은 훈구파가 사사건건 간섭하자 1515년, 대대적으로 김굉필의 제자인 조광조(趙光祖) 등 사림을 등용했다. 엄격한 도학 사상가인 조광조는 훈구 세력을 견제하며 철인 군주 정치를 표방하며 중종까지도 가르치려 들었다. 중종이 염증을 내자 훈구 세력인 남곤(南袞), 심정(沈貞), 홍경주(洪景舟) 등이 중종에게 조광조 등이 국정을 어지럽힌다는 상소를 올리며 기묘사화(己卯士禍)가 일어났다. 이 사화로 조광조, 김식(金湜), 김정(金淨) 등 사림 세력이 숙청되었다.

중종 이후 즉위한 인종은 단명했으며, 인종의 이복동생인 명종이 어린 아이로 즉위하자 문정왕후가 수렴청정을 했다. 기묘사화 이후 사림 세력이 정계 일선에서 물러나자 왕실의 외척인 대윤(大尹) 윤임(尹任)과 소윤(小尹) 윤원형(尹元衡)이 권력 다툼에 빠졌다.

윤원형은 문정왕후의 친동생이며 윤임은 중종의 아내 장경왕후의 오빠로 인종의 삼촌이었다. 그래서 인종 치세 8개월 동안 대윤파가 득세했고 이에 가담한 사림파가 많았다. 하지만 명종 즉위 후 문정왕후의 신임을 받는 소윤파가 윤임 등이 역모를 꾀한다 무고한 을사사화(乙巳士禍)가 발생하여, 대윤은 물론 사림 세력도 크게 피해를 입었다.

그러나 명종 20년(1565년) 문정왕후가 죽자 문정왕후의 양팔이었던 윤원형과 승려 보우(普雨)도 철퇴를 맞았다. 그동안의 4대 사화를 통해 사림이 큰 피해를 보았으나 사림은 재야에서 스스로 실력을 갈고 닦는 세력으로 그 저변이 넓었다. 한정적인 훈구 세력은 점차 줄어들고 외척으로 명맥을 유지하다가 문정왕후의 퇴장과 함께 역사의 전면에서 물러났다.

선조 이후 조정은 사림파가 완전히 장악했다. 훈척정치(勳戚政治)가 종식되자 정권을 잡은 사림은 학연과 사상에 따른 붕당을 결성하고 이때부터 우리가 소위 당쟁이라고 부르는 논리의 승부가 시작된다.

사림의 첫 번째 분열 요인은 선조 8년(1575)에 발생한 이조전랑(吏曹銓郎)을 놓고 벌인 자리다툼이었다. 이조전랑은 이조의 정 5품인 정랑과 정 6품인 좌랑을 통칭하는 말이다. 비록 직급은 낮지만 여론 기관인 3사의 관리 천거권을 가진 조정의 꽃이었다. 이조판사도 이들의 인사권에 개입할 수 없었다. 이조전랑을 거치면 거의 재상(宰相)까지 보장되었다.

이조전랑에 신(新)사림 김효원(金孝元)이 천거되자 명종비 인순왕후의 동생이며 구(舊)사림의 대표격인 심의겸(沈義謙)이 반대했다. 구사림은 선왕 명종 통치기에 조정에 나온 사람들이었고 신사림은 선조 즉위 후에 관리가 된 사람들이었다. 구사람이 김효원을 반대한 표면적 이유는 김효원이 윤원형의 식객을 지내며 권력에 아부한 소인배라는 것이었다. 그럼에도 김효원은 이조전랑에 임명되었으며 후에 김효원이 다른 벼슬로 옮겨 갈 때 심의겸의 동생 심충겸(沈忠謙)이 후임으로 천거되었다. 그러자 이번에는 김효원이 반대했다.

사림의 계속되는 분열

이때부터 사림은 동인(東人)과 서인(西人)으로 분리되었다. 김효원의 집이 도성 동쪽 건촌동에 있었고 심의겸은 도성 서쪽 정동에 있었던 연유로 두 사람을 따르는 무리를 각각 동인과 서인으로 구분해 불렀다.

서인은 주로 기호학파 사류들로 주기 철학을 주장한 이이와 성혼의 문하생들이었다. 주요 인물은 정철(鄭澈), 이항복(李恒福), 윤두수(尹斗壽), 조헌(趙憲) 등이 있었다. 동인은 주리 철학을 배경으로 한 이황, 조식의 영남학파였다. 이들의 주요 인물은 유성룡(柳成龍), 정여립(鄭汝立), 이덕형(李德馨), 이원형(李元亨), 김성일(金誠一), 이산해(李山海) 등이었다.

이이는 심의겸과 김효원을 외직으로 물러나게 하면서까지 동인과 서인의 화해를 위해 노력했다. 그런 이이가 1584년 죽고 난 후 동인과 서인은 본격적인 투쟁에 돌입했다. 얼마 후 동인 측에서 정여립 모반 사건이 일어났다. 이때 서인이었던 정철이 조사 책임자가 되어 동인의 인사 천여 명이 제거되었다. 이 와중에도 동인의 유성룡과 이산해는 건재했다.

당시 좌의정이었던 정철은 선조가 오랫동안 왕비로부터 적자(嫡子)를 두지 못하자 후궁 소생의 왕자들 중에서라도 세자를 책봉하려는 계획을 세우고 선조에게 주청하기 전 영의정 이산해와 만나 상의하기로 약조했었다. 그러나 이산해는 약속을 어기고 신성군의 어머니인 후궁 인빈 김씨(仁嬪金氏)를 만나 정철 제거 음모를 꾸몄는데, 인빈 김씨에게 선조가 신성군(信城君)을 총애하는데도 정철이 광해군을 세자로 책봉하고 인빈 김씨 모자까지 죽이려 한다고 거짓말을 했다.

인빈 김씨가 이를 선조에게 달려가 고하자 선조는 대노하며 정철을 삭

탈관직하고 서인들도 대거 실각시켰다. 이후 인조반정까지 30년간을 동인이 집권했다.

서인을 숙청하는 과정에서 이산해는 정철 등을 사형시켜야 한다는 강경 입장이었고, 유성룡은 유배로 마무리 지어야 한다며 온건론을 폈다. 이 의견 충돌로 동인은 둘로 나뉘었다. 강경파들은 이산해와 이발을 중심으로 북인(北人)이 되었고 온건파 유성룡, 우성전 등은 남인(南人)이 되었다.

북인에는 조식의 문하생이 많았고 남인에는 퇴계의 문하생들이 많았다. 동인이 분당한 이후에는 유성룡, 김성일, 우성전(禹性傳) 등 남인이 정권을 잡았다. 그러나 1602년 유성룡은 북인 정인홍(鄭仁弘)으로부터 임진왜란 때 일본과 화해를 주장했다며 탄핵당했다.

이렇게 정권을 장악한 북인은 이산해 등 노장 중심의 대북(大北)과 허균(許筠), 이이첨(李爾瞻) 등 소장 중심의 소북(小北)으로 나뉘었다. 광해군을 지지했던 대북은 광해군 즉위 후 권력을 독점했지만 내부 알력이 생겼다. 인목대비를 제거해야 한다는 세력이 육북(肉北)이 되었고, 영창대군을 죽여야 한다는 세력은 골북(骨北)이 되었다. 이들을 반대하던 세력은 중북(中北)이 되었다.

인조반정을 통해 광해군을 제거한 서인은 대북파를 대대적으로 숙청했다. 그러나 서인은 그동안 일당 독재가 분열로 이어지는 것을 경험했고 또한 백성들이 광해군을 쫓아낸 이유를 쉽게 납득하지 못하자 남인을 등용했다. 인목대비 폐위를 반대하다 유배 간 남인 이원익(李元翼)에게 영의정을 맡겼다. 이로써 제1당이던 서인이 제2당을 맡게 되었다.

그러나 남인이 비록 어용 야당으로 출발했으나 점차 정권 장악을 노렸다. 남인은 숙종(肅宗 1661~1720) 초반에도 권력 독점을 했으나 1680년 경신환국(庚申換局) 때 서인들의 반격을 받고 가혹한 보복을 당했다. 이때 서인들이 남인의 처분을 놓고 또 노론(老論)과 소론(少論)으로 나뉘었다.

송시열(宋時烈)을 영수로 삼은 노론은 남인에게 피의 숙청을 원했고, 윤증(尹拯)이 영수가 된 소론은 화해 노선을 원했다. 사림이 동인과 서인으로 분리된 후 동인은 남인과 북인으로, 북인은 다시 대북과 소북이 되고 남인은 청남(淸南)과 탁남(濁南)으로, 북인은 육북, 골북, 중북으로 계속 분화하였다.

이렇게 장기간 동인이 분열을 계속하는 동안에도 서인은 단일 대오를 유지했으나 결국 숙종의 환국정치(換局政治)에 말려 노론과 소론의 두 당파로 나뉘고 말았다.

남인은 1689년 장희빈(張禧嬪, 1659~1701)의 소생을 원자로 책봉하는 과정에서 일어난 기사환국(己巳換局)으로 정권을 다시 장악했다. 그러자 서인은 숙종의 총애를 받기 시작한 숙빈 최씨에게 장희빈과 남인들을 고자질하게 했다. 그 결과 숙종 20년(1694) 갑술환국(甲戌換局)이 일어났다. 장희빈은 사약을 받았고 남인은 정계에서 거의 퇴출되며 이후 노론은 경종(景宗, 1720~1724)대 일시 소론에게 정권을 내준 것 외에는 1910년까지 무려 217년간 권력을 독점했다.

조선의 당쟁사도 겉으로 보기엔 오만과 편견이 가득 찬 싸움으로 보인다. 그러나 당쟁은 지나친 부분은 있었지만 어느 정도 부패를 막고 권력이 순환하는 순기능도 있었다. 조선이 세계에서 유례가 드물게 단일 왕조로 500년을 유지했던 요인 중 하나가 당쟁을 통해 일당독재를 막을 수 있었기 때문이다. 또한 환관의 정치 개입이 빈발했던 중국과 달리 조선은 환관이 정치에 개입하지 못했던 것도 당쟁의 긍정적 측면이다. 조선은 영조 말기 이후 노론이 계속 득세하며 정조를 지나 일당독재로 굳어지자 더 이상 대안 세력을 찾지 못하며 결국 문을 닫게 되었다.

06

주막과 인조반정
- 베르톨트 브레히트의 《사천의 선인》

중국 사천(四川)에 '왕(Wang)'이라는 떠돌이 물장사가 있었다. 그는 하늘에서 착한 사람을 찾기 위해 세 명의 신이 방문한다는 소식을 듣고 신들을 모실 숙소를 준비하고자 노력했다. 하지만 아무도 왕의 말을 믿지 않아 신들이 머물 숙소를 마련하기가 어려웠다. 그런데 딱 한 사람, 가난한 창녀 '센테(Sen Te)'가 방세를 줄 손님마저 포기하고 자신의 작고 누추한 방에 신들을 맞이했다. 하룻밤 묵은 신들은 답례로 은화 천 냥을 주었다. 센테는 그 돈으로 작은 담배 가게를 열었는데, 몰려드는 빈민들에게 선행을 베풀다가 그만 파산에 직면했다. 이 위기를 극복하고자 센테는 허구 인물인 사촌오빠 '슈이타(Shui Ta)'로 변장했다.

어느 날 센테는 직장 없이 방황하는 비행사 '양순(Yang Sun)'을 만나 사랑하게 되었고 그의 아이를 임신했다. 센테는 양순을 도우려 빚까지 얻어 베이징의 비행사 자리를 부정한 방법으로 마련해주려고 했다. 하지만 양순은 셴테를 버렸고 결혼은 좌절됐다.

셴테는 장차 아이를 낳고 혼자 키워야 한다는 생각에 다시 '슈이타'로 변장한 다음 부자 이발사의 재산과 빈민들을 이용해 담배 공장을 차렸다. 담배 공장은 나날이 번창하고 셴테의 배도 더 불러왔다.

사람들은 어느 날 셴테가 실종되자 슈이타가 살해했을 것이라 의심하여 그를 법정에 세웠다. 셴테는 모든 사람들을 나가게 한 후 자신과 슈이타는 동일 인물이라고 자백했다. 착하게 산다는 것은 너무나도 힘든 일이라며 신들에게 호소했지만 신들은 아무런 말도 하지 않은 채 구름을 타고 사라졌다.

《사천의 선인(Der gute Mensch von Sezuan)》은 독일의 희곡 작가 베르톨트 브레히트(Bertolt Brecht, 1898~1956)에게 세계적인 명성을 가져다주었다. 이 희곡에서 브레히트는 '절대적 선(善)'이란 존재하지 않는다는 것을 보여주었다. 즉 사유가 존재를 규정하지 않고 사회적 존재가 사유를 규정한다는 것이다.

유교적 사유의 나라 조선의 당쟁사는 브레히트의 철학을 분명히 보여주었다. 조선의 당파 싸움은 모두 명분을 내세우고 진행되었다. 그러나 그 명분을 한 꺼풀 벗기면 권력욕이 드러난다. 진리처럼 보이는 명분은 세상을 속이기 위한 수단에 불과했던 것이다.

퇴계 이황과 남명 조식은 1501년에 출생한 동갑내기였다. 이황은 경북 예안(안동) 출신이고 남명은 경남 합천 출신으로 두 사람 다 후학들의 추앙을 받는 당대 석학이었다. 그러나 둘은 각기 다른 세계관을 가지고 있었다.

남명은 끝까지 고결한 선비의 풍모를 지키려 했고 황희는 학자와 관료의 삶을 병행했다. 무엇보다 퇴계는 주자학에 충성해 주자학의 이론을 심화시키고자 했고 남명은 삼강오륜(三綱五倫) 등 강상(綱常)의 윤리를 실천하는 데 심혈을 기울었다. 퇴계는 도산서당(陶山書堂)을 지어 후학을 길렀고 남명은 지리산 아래에 산천재(山天齋)에 거처하며 몰려드는 후학을 가르쳤다. 이렇게 하여 퇴계학파와 남명학파가 형성되었다.

양대 학파의 거두인 두 사람은 생전에 한 번도 만난 적이 없다. 가끔 편지만 교환하며 천리신교(千里神交)의 아쉬움만 토로했다. 이러한 두 집단의 관계가 하종악의 후처 음행 사건을 계기로 대립 관계가 되었다. 한 번 시작된 대립은 이후에도 계속되었다. 이황과 조식은 같은 동인이었다가 차츰 이황의 제자들은 남인으로, 조식의 제자들은 북인으로 분화했다. 선조 말년, 이씨 간통 사건 때 이황을 비난했던 조식의 문인 정인홍은 이황의 문인 유성룡을 탄핵했다. 그리고 광해군을 도와 북인 정권을 세웠다.

광해군은 임진왜란 중 피신하는 선조가 어쩔 수 없이 책봉한 세자였는데, 선조가 새 장가를 들어 적자 영창대군을 얻자 광해군의 입지가 일엽편주(一葉片舟)처럼 흔들렸다. 이럴 때에도 정인홍은 광해군 곁을 지켰다. 그 덕으로 북인들은 광해가 즉위한 이후 자신들의 세상을 만났다.

광해는 대북파를 중심으로 대외적으로 자주적 실리 외교를 폈고 대내적으로 건전 재정을 추구했다. 이때 만든 조세 제도가 대동법으로 소작인들의 세금을 면제해 주는 대신 지주들에게 세금을 걷는 조세 혁명이었다.

민심은 광해를 중심으로 뭉쳤으나 조선의 양반들은 큰 충격에 빠졌다. 게다가 광해가 명나라를 멀리하고 청나라와 가까이하려 하자 명나라 숭배 사상에 빠져 있던 서인 세력은 더 이상 견딜 수가 없었다. 이때부터 서인들은 은밀히 반정을 도모했다. 인조반정의 준비는 주로 사대문 밖의 외딴 주막에서 이루어졌는데, 이 주막의 주인은 거구에 힘이 장사인 이기축(李起築)이었다. 그는 본디 종반(宗班) 가문 출신이었으나 고아로 태어나 떠돌다가 충청도 공주 지방의 부잣집 정씨의 머슴으로 들어갔다. 당시 주인집에는 혼기가 찬 딸이 있었는데 인물도 곱고 비상한 이 딸에게 청혼이 빗발쳤으나 모두 거절했다. 알고 봤더니 이기축과 몰래 정분(情分)이 나 있었던 것이었다. 정씨는 딸이 머슴과 바람났다고 불같이 화를 내며 둘을 집에서 내쫓았다.

정 부잣집 딸과 이기축은 한양 정동 입구 한적한 곳으로 올라와 술장사를 시작했다. 그러면서도 아내는 남편에게 공부를 하기를 권했다.

"사람은 모름지기 글을 알아야 합니다. 이제부터 서당에 다니세요. 당신은 반드시 큰일을 할 사람입니다."

단순 우직한 이기축은 아내가 시키는 대로 했다. 그때 반정을 모의하며 은밀한 곳을 찾던 세력은 이 주막을 적당한 장소로 선정하고 모여들기 시작했다.

어느 날 이기축의 아내는 그들에게 제일 좋은 술과 고량진미(膏粱珍味)를 내어놓았다. 먼저 후일 인조(仁祖, 1623~1649)가 될 능양군(綾陽君)에게 은잔에 가득 술을 부어 공손히 올리고, 차례차례 술잔을 돌렸다. 거나하게 취한 일동이 일어서며 술값을 내려 했으나 주모는 극구 사절하고 자주 오시라고만 했다.

다음 날 아내는 주막을 열지 않고 이기축에게 중국 역사서를 펴더니 '이윤폐태갑(伊尹廢太甲, 은나라를 일으킨 명재상 이윤이 타락한 왕 태갑을 쫓아냈다는 고사)'을 가리키며 무슨 뜻이냐고 물었다. 그가 "잘 모르겠다"고 하자 아내는 능양군 집으로 가서 물어보고 오라 했다. 그리하여 그는 영문도 모른 채 중국 역사서를 옆구리에 끼고 능양군에게 가 여쭈었다. 능양군은 그 구절을 보더니 기겁을 하며 물었다.

"누가 물어오라 하더냐?"

"소인의 아내가 알아오라 했나이다."

"잘 알았으니, 이제 그만 물러가게."

이기축이 물러간 다음 능양군은 크게 걱정이 되어 측근들을 불러 털어놓았다.

"아무래도 이것들이 눈치챈 것 같으니 당장 없애야겠다."

그 말과 함께 일동은 바로 기축의 술집으로 달려갔다. 그런데 웬걸, 곱게 차려 입은 주모가 주막을 활짝 열고 최고급 술상을 차려놓은 채 반가이 맞이하는 것이 아닌가? 주모는 매섭게 노려보는 능양군에게 큰 절을 올리며 차분히 입을 열었다.

"소녀의 당돌함을 용서하옵소서. 지금은 소녀 비록 주막집 주모 일을 하오나 공주 땅 토반(土班)의 여식이옵고 제 지아비 역시 평민의 자식이 아니라 종반의 자손입니다. 하오니 여러 어른들이 도모하시는 큰일에 제 지아비도 동참하게 해주소서. 비록 무식하기는 하나 의리도 있고 힘이 장사이오니 큰 보탬이 될까 하옵니다."

그리하여 반정 세력은 이기축을 동지로 끌어들였고 이후 이 주막은 반란 세력의 단골 회합장소가 되었다.

1623년 3월 13일 드디어 반정군의 선봉장에 이기축이 서서 창의문(彰義門)으로 돌진해 도끼로 문을 깨부쉈다. 이기축은 기축년(己丑年)에 태어나 기축(己丑)이라 불렸는데 그런 그를 반정에 공이 크다 하여 인조가 친히 기축(起築)으로 이름을 바꾸어 주고 영달을 누리게 해주었으니 이는 오직 부인의 지혜 때문이었다.

30년전쟁, 그리고 살아남은 자의 슬픔

조선에서 인조반정이 일어났을 때, 유럽은 30년전쟁(1618~1648) 중이었다. 당시 섬나라 영국은 런던의 튜더 왕가 세력이 지방 영주들과 스코틀랜드까지 장악했고, 프랑스에서도 부르봉 왕가를 중심으로 피레네 산맥과 라인 강 그리고 알프스 산맥을 경계로 하는 강력한 나라를 이루어냈다. 하지만 독일의 역사로 볼 수 있는 신성로마제국은 통합을 이루어내지 못했다. 합스부르크 왕가의 카를 5세(1500~1558)가 신성로마제국의 황제로 즉위하며 영국, 프랑스, 러시아 정도를 제외한 독일 영토를 포함해 스페인, 네덜란드, 오스트리아, 나폴리 등 해외 식민지까지 광대한 영토를 물려받았다. 이 드넓은 영토에 정치적·종교적으로 정통성을 확보한 제국을 건설하려는 시도를 했으나 드레스덴 지역의 작센 왕가 등 북부 영주 세력들이 반발해 그 뜻을 이루지 못했다. 이런 좌절 끝에 찾아온 것이 1618년에 시작된 30년 전쟁이다.

이 전쟁은 유럽이 각기 종교와 이해관계에 따라 양분된 채 독일 영토에서 진행되었다. 전쟁의 결과물은 합수브루크 황제 페르니난트 3세 (Ferdinand III, 1608~1657)가 서명한 '베스트팔렌 조약(Peace of Westfalen)'이었다. 1648년 마무리된 이 조약에 따라 많은 나라들이 영토를 확보하고 주권을 보장받았다. 신성로마제국에 집중되었던 권력은 독일 내 300여 개 공국들의 주권으로 분배되었다.

30년전쟁으로 유럽의 판도가 새로 짜인 것처럼, 인조반정으로 인해 조선은 동북아의 질서에 큰 영향을 받게 되었다. 청나라와 호의적 관계를 유지하던 광해군이 물러가고 인조의 친명 정책이 강화되면서 조선에 전쟁의 먹구름이 몰려오기 시작했다.

1636년 12월 병자호란(丙子胡亂)이 일어나 남한산성으로 피신한 인조는 다음 해 1월 20일 삼전도에 나아가 청태종 앞에 세 번 절하고 아홉 번 머리를 조아리는 삼배구고두(三拜九叩頭)를 행하며 항복해야만 했다. 17세기 전반 조선의 민생은 병자호란으로 완전히 피폐해졌다. 병자호란 당시 청나라 병사들은 민가를 닥치는 대로 약탈했으며 철군하면서 50만 여인을 끌고 갔다.

청나라에서는 돈을 보내면 여인들을 풀어준다고 했으나, 끌려간 여인들이 대부분 가난한 집안 출신이라 속전(贖錢)을 마련하기 어려웠다. 그래도 산을 다 팔고 빚까지 내어 겨우 아내와 딸을 되찾아온 경우도 많았다. 이렇게 돌아온 여인들을 환향녀(還鄕女)라고 불렀는데, 막상 돌아온 후에는 정조를 지키지 못했다며 아내는 남편에게 이혼당하고, 처녀는 결혼도 못해 사회적으로 큰 혼란이 일어났다.

나라의 임금이 잘못하면 고생은 백성이 했다. 백성 중에서도 가장 힘이 없는 사회적 약자가 가장 큰 고통을 당했다. 이런 역설이 바로 역사의 배신이다. 병자호란을 야기한 인조는 머리 몇 번 조아리는 수치를 겪고 나서는 다시 왕 자리를 누리고 살아갔지만, 환향녀들은 사회에서 소외되고 가족들에게서조차 버림받았다.

이런 역사의 배신은 브레히트의 〈살아남은 자의 슬픔〉이라는 시에 잘 표현되어 있다.

살아남은 자의 슬픔

물론 나도 알고 있다.
다만 운이 좋아 내가 그 친구들보다 오래 살아남아 있다는 것을.
그러나 지난 밤 꿈속에서 그 친구들이 나에 대해 이야기하는 것을 들었다.
'강한 자가 살아남는다.'
그러자 나도 나 자신이 미워졌다.

07
장희빈과
퐁파두르 후작 부인

퐁파두르 후작 부인(Madame de Pompadour 1721~1764)은 프랑스의 왕 루이 15세(Louis XV 1710~1774) 의 마음을 흔들어놓았던 여자로 유명하다.

루이 15세가 퐁파두르 부인을 만난 것은 1744년 어느 날 사냥터에서 였다. 당시 퐁파두르 부인은 관세청 직원인 기욤 르 노르망 데티올과 결혼한 기혼녀였으며, 피부가 우윳빛처럼 부드러운 미인인 데다 음악과 미술 등 교양과 지식이 풍부해 파리 사교계의 최고 스타였다. 사냥을 나온 루이 15세는 사냥은 그만두고 바로 퐁파두르 부인을 초대했고, 퐁파두르 부인은 즉시 남편과 이혼한 후 루이의 정부(情婦)가 되었다. 루이가 퐁파드루 부인에 빠져 후작 부인이라는 귀족 신분을 부여하자, 퐁파두르 부인은 유명한 말을 남겼다.

"바야흐로 나의 시대가 왔도다."

퐁파두르 후작 부인

그 말대로 20여 년간 퐁파두르 부인은 루이 15세에게 절대적 영향력을 끼친다. 지금의 프랑스 대통령의 관저인 엘리제 궁정도 그녀를 위해 만든 저택 중 하나였다. 음악과 미술 등 예술에도 관심이 많았던 퐁파드루 부인은 살롱을 열어놓고 볼테르, 몽테스키외 등 계몽 사상가들과 자주 어울렸다. 그래서 볼테르는 퐁파두르 부인이 죽자 "최고의 여인이며 감사한 여인이었다"라고 추모했다.

루이 15세에게 퐁파두르 부인이 있었다면 조선 19대 왕 숙종에게는 장희빈이 있었다. 두 여인은 왕의 뒤에서 각기 조선과 프랑스의 역사를 움직였다.

장희빈의 본명은 장옥정(張玉貞)이었다. 숙종은 연꽃이 활짝 핀 연못 다리 위에서 장옥정을 처음 만났다. 당시 장옥정은 궁녀였고 숙종은 세자 신분이었다. 숙종은 첫눈에 장옥정이 확 들어왔으나 세자 신분으로 어찌해 볼 도리가 없어 이름만 알아보고 가슴에 품어두었다. 그는 당시 심지가 약한 부왕 현종이 예송(禮訟) 논쟁에 휘말리면서 송시열 등 신하에게 휘둘리는 모습을 보았기 때문이었다.

예송 논쟁의 치열한 정쟁의 불씨는 숙종의 증조부인 인조가 남겨두었다. 인조는 삼전도에서 청태종에게 무릎 꿇고 군신(君臣)의 예를 맺은 것뿐만 아니라, 청나라에 소현세자(昭顯世子)와 봉림대군(鳳林大君)을 볼모로 보내야 했다.

인질 생활을 하면서 소현세자는 청나라의 선진 문물에 눈을 뜨고 조선도 이를 받아들여야 한다는 입장을 지녔다. 그러나 봉림대군은 인조가 삼전도의 굴욕을 되새기며 이미 망해가는 명나라를 더욱 사대(事大)하고 반청을 강화하자는 인조의 뜻에 맞췄다.

그 후에도 조선과 청나라가 여러 이견을 보일 때마다 소현세자는 조선과 청나라 사이를 조율해주어 큰 충돌을 막았다. 이처럼 탁월한 소현세자의 외교력을 인조는 친청 행위로 비난했으며, 더욱이 소현세자가 서양인 신부 아담 샬(Adam Schall) 등과 교류하며 서양의 수학, 천문학 등 학문에 심취하자 왕으로는 부적합하다고 판단했다. 그래서 9년 만에 소현세자가 귀국했어도 친청주의자가 왔다며 무시했다. 결국 소현세자는 귀국한 지 두 달 뒤 독살당했고 봉림대군이 17대 효종(孝宗, 1649~1659)으로 즉위했다.

바로 이 때문에 18대 현종(顯宗, 1619~1674)은 집권 15년 내내 서인과 남인의 정쟁에 시달렸다. 반청을 표방하며 북벌의 기회를 노리던 효종이 날로 강해지는 청나라를 침공하지 못한 채 41세로 세상을 떠나자 현종은 효종의 상을 치러야 했는데, 이때 효종의 서모 조대비(趙大妃)가 복상을 몇 년 입어야 하느냐의 논쟁이 벌어졌다. 효종이 인조의 맏아들이 아니어서 벌어진 논쟁이었다.

송시열, 송준길(宋浚吉) 등 서인은 효종이 차남이므로 당연히 1년상이어야 한다는 것이었고, 남인의 허목(許穆)과 윤선도(尹善道) 등은 비록 효종이 차남이지만 왕위를 계승했으므로 장남 대우를 하여 3년상을 치러야 한다고 주장했다. 이 논쟁은 전국적으로 확산되어 국론 분열의 위기를 만들었다. 예송 논쟁은 결국 효종이 서인의 1년상을 채택하며 간신히 마무리되었다. 이런 복상 문제는 1673년 효종의 비 인선왕후(仁宣王后)가 죽으면서 재연되었다. 숙종은 왕자 시절 강한 신하들에게 휘둘리는 왕권을 보며 자신을 지키기 위해 냉철해졌고 말수를 줄였다.

숙종은 처음 장옥정을 보면서도 속으로 감탄만 했을 뿐 세자가 감히 왕의 궁녀를 탐한다는 소리를 듣지 않기 위해 조심했다. 당시 미색이 워낙 두드러진 장옥정은 다른 궁녀들에게 '요망한 계집'이라고 시샘을 받고 있었다. 그런 소문을 숙종도 들었으나 그럴수록 장옥정에 대한 관심은 깊어갔다.

숙종이 드디어 왕이 된 후 남인들이 연회를 열고 초청해 가보았더니 그곳에 장옥정이 와 있었다. 이제 왕이 된 숙종이 무엇을 꺼리랴? 그날부터 숙종은 매일 칠보단장을 하고 기다리는 장옥정의 숙소로 잠행을 나갔다.

장희빈의 종로 어물전 vs 인현왕후의 서소문 밖 어물전

숙종의 첫 부인 인경왕후(仁敬王后) 김씨는 스무 살에 천연두를 앓다가 별세했고 그 후 노론계 민유중의 딸 인현왕후(仁顯王后) 민씨와 1681년 결혼했다. 인현왕후는 덕이 높아 뭇사람들에게 존경을 받았으나 6년 동안 왕자를 낳지 못했다. 그럴 때 장희빈이 왕자 균(昀)을 출산하자 많은 설움을 받았다.

숙종이 균을 원자로 임명하려고 하자 서인 노론 계열의 대신들이 중전의 나이가 한창이라며 반대했다. 그러나 숙종은 이들의 반대를 뿌리치고 균을 원자로 삼고, 생모 장옥정까지 빈에 봉했다. 그래도 송시열을 비롯한 노론이 계속 반대하자 왕권을 능멸하는 것이라며 또 한 번 대대적인 숙청을 단행했는데 이를 기사환국(己巳換局, 1689)이라 한다.

숙종은 이때 송시열을 귀양 보내 사사했고 영의정 김수흥도 파직했다. 송시열의 주장을 따른 노론계 인사들도 대거 유배 보내고 경신환국에서 쫓겨났던 남인들을 다시 조정 요직에 앉혔다. 숙종은 정비인 인현왕후 민씨까지 서인으로 폐출해 사가로 내보냈고 정비의 자리에 장희빈을 앉혔다.

과연 숙종은 무엇 때문에 이토록 장희빈을 총애했을까? 확실히 장희빈의 미모는 우월했다. 조선의 왕비와 후궁은 대부분 조선에서 최고의 미녀들이었다. 그런데도 조선왕조실록에 장희빈만이 유일하게 '자못 여색이 아름답다'고 나온다. 그러면 속종은 단지 장희빈의 아름다움에만 반했을까? 아니다. 숙종은 장희빈의 아름다움과 함께 그녀의 배경을 주목했다.

장희빈은 대로 역관을 지낸 집안 출신이었다. 그녀는 역관이자 큰 부자였던 아버지 장형(張炯)이 일찍 죽자 당숙 장현(張炫)의 도움을 받았다. 장현도 40년 이상 중국어 역관을 하며 청나라 고위 관료들과 두터운 인맥을 형성해 중국에 인삼을 수출해 큰돈을 모았다.

아무리 부자라지만 신분 사회인 조선 사회에서 중인 신분인 역관들은 양반들의 정치적 울타리가 필요했다. 그래서 아버지 장형과 당숙 장현은 남인의 정치자금을 후원했고, 장현은 남인의 도움을 받아 천하절색이며 영민한 조카딸을 남인과 가까운 자의대비의 궁녀로 들여보냈다. 이때가 장희빈이 11세 때 일이었다. 장희빈의 입궁은 남인과 역관들이 정권을 획득하기 위한 하나의 방책이었다.

숙종 역시 증조부 인조의 반정으로 시작된 친명배청(親明背淸) 정책과 조부 효종의 북벌 정책으로 인해 청나라와 소원한 관계였다. 청나라는 숙종의 아버지 현종 때 명나라를 정복한 뒤 중국 전역을 장악하고 있었다. 청나라로부터 곱게 보일 리 없는 숙종은 청나라의 지지를 받는 것이 절대 급선무였고 바로 이 일을 위해 장희빈의 주변 인물인 역관들이 필요했다. 게다가 역관들로부터 정치자금도 제공받았다. 즉 장희빈의 미모와 그녀의 배경이 모두 숙종에게 커다란 매력덩어리가 되었던 것이다. 이 덕에 장희빈은 조선에서 유일하게 궁녀 출신으로 지엄한 국모가 되었다.

장희빈은 남인이라는 정치 세력의 뒷받침과 함께 또 하나의 큰 자금 라인이 있었는데 바로 외어물전(魚物廛)이었다. 한성에는 어물전이 두 개가 있었는데 외어물전은 서소문 밖에 있었고 내어물전(內魚物廛)은 종로에 있었다. 이 두 어물전에서 제일 많이 소비되는 생선은 북어였다. 조선은 제사가 많은 나라였는데 이 제사에서 절대 빠질 수 없는 생선이 북어였기 때문이었다.

한성의 북어는 대부분 동해에서 동북어상들이 가지고 들어왔다. 동북어상들이 가까운 종로 어물전을 많이 찾자 서소문 어물전 상인들이 동북어상을 유인하면서 두 어물전 간의 분쟁이 격화되었다. 두 어물전의 싸움은 정치권의 세력과도 연결되었다. 종로 어물전은 남인 계열의 정치자금을, 서소문 밖 어물전은 서인 계열의 정치자금을 댔다. 결국 장희빈은 남인과, 인현왕후는 서인과 정치적 공동 운명체였다.

남인이 집권하면 서소문 밖 어물전이 된서리를 맞았고, 서인이 집권하면 종로 어물전이 곤욕을 치렀다. 장희빈이 종로 어물전에 행차하면 종로 상인들은 그야말로 구세주 오신 듯 받들었다. 기사환국으로 정국을 빼앗긴 서인들은 호시탐탐 권력 회수의 기회만 엿보고 있었다.

1690년 7월 장희빈이 둘째 아들을 출산했으나 석 달이 채 안 되어 요절하자 울적해진 숙종이 달 밝은 밤 궐내를 잠행하다가 인현왕후를 섬기던 최무수리와 하룻밤을 보내는 일이 벌어졌다. 이 일로 최무수리가 임신하자 서인들은 최무수리를 재기의 발판으로 삼았다.

최무수리의 임신 소식을 듣고 배신감을 느낀 장희빈은 숙종 앞에서 밥상을 뒤엎고 최무수리를 불러 매질을 했다. 장희빈의 투기가 심해지자 숙종은 장희빈과 남인의 세력이 지나치게 커져 있다고 보고 점차 인현왕후 민씨를 폐비한 것에 대해 후회하기 시작했다.

이 정보를 입수한 서인들은 1694년 폐비 민씨의 복위 운동을 전개했다. 이때에도 서소문 밖 어물전에서 많은 정치자금을 댔다. 연잉군(延礽君, 훗날 영조)을 낳은 최무수리도 숙종에게 장희빈을 고자질하였고 결국 장희빈은 중전이 된 지 6년 만에 쫓겨났다.

숙종은 장희빈을 앞세운 남인과 인현왕후를 앞세운 서인의 대립을 이용하여 신료들을 통제했다. 그로 인해 왕권은 크게 강화되었으나 정치적 갈등은 더 심화되었다. 급기야 장희빈의 소생 경종이 급서하며 독살 의혹이 제기되었고, 그 후유증은 이후 집권한 영조와 정조가 극복해야만 했다.

08

홍경래의 분노,
"여기가 동물농장이냐?
평안도 놈들이라고 부르게?"

홍경래(洪景來, 1771~1812)가 거주
하던 평안도는 조선 시대 가장 차별받던 지역이었다. 조선 사람들은 심지
어 노비들까지 평안도 사람들에 대해 이야기할 때 '평안도 것들', '평안
도놈들', '서북인들'이라며 싸잡아 무시했다. 이런 차별은 조선 중기가
시작되는 중종반정(1506) 이후 더 심화되었다.

조선 중기부터 영남, 호남, 충청 등 삼남 지역 정치인들이 집권 세력에
포진하면서 평안도는 성리학적 기준으로 볼 때 학문과 예절을 모르는 지
역이라는 인식으로 차별 대우를 했다. 그럼에도 조선 500년 동안 과거 급
제자 수가 가장 많았던 지역은 경북 풍기 다음으로 평북 정주였는데 두
지역의 합격자수가 390여 명이었다. 도별로는 한양이 1663명이었고, 다
음이 평안도 892명이었다. 이런데도 조정에서 평안도 출신 중에 당상관
(堂上官) 이상의 벼슬을 하는 사람이 거의 없었다. 일단 평안도 출신은 아

무리 뛰어난 영재라도 특별한 경우를 제외하고 당하관, 즉 별 권세가 없는 자리에 만족해야 했다.

한 지역을 차별하고 나머지 지역을 묶어두는 '선택과 배제의 작동 원리'는 조선의 고질병이었다. 평안도라는 특정 지역은 별다른 잘못이 없이도 소외시켜두면 여타 지역 사람들의 불만을 해소해줄 수 있었다. 정작 조선 왕실과 사대부를 비난해야 할 사람들도 덩달아 평안도인을 별뜻 없이 자동으로 질책하며 스트레스를 풀었다. 평안도 지역은 마치 조선 팔도에서 창살 없는 감옥처럼 냉대받았다. 이로써 조선 정부는 큰 도전을 받지 않고도 기득 체제를 유지해나갔다.

지구상의 모든 권력은 조직 내에 배제군상(排除群像)을 선정해 놓는다. 그렇지 않고는 권력을 유지할 수 없다. 국가 권력뿐만 아니라 종교 권력 등 소수에게 권한이 집중되는 구조에서 선택과 배제의 원리는 항시 작동되었다. 조지 오웰(George Orwell)의《동물농장(Animal Farm)》은 이런 현실을 잘 보여준다.

메이너 농장(Manor Farm)의 동물들은 인간을 몰아내고 스스로 농장의 주인이 된 후 농장이름을 '동물농장'이라 바꿨다. 동물들은 드디어 평등한 세상이 왔다고 선포하고 자치 규율을 정했다.

❶ 두 발로 걷는 것은 무엇이든 적이다.

❷ 걷거나 날거나 네 발을 가진 것은 무엇이든 친구다.

❸ 어떤 동물도 옷은 입지 않는다.

❹ 어떤 동물도 침대에서 잘 수 없다.

❺ 어떤 동물도 술을 마실 수 없다.

❻ 어떤 동물도 다른 동물을 죽일 수 없다.

❼ 모든 동물은 평등하다.

이와 같은 7계명을 담벼락에 붙여놓고 동물들 중 가장 지능이 뛰어난 돼지가 자연스럽게 지도자가 되었다.

동물들은 처음엔 인간의 지배를 받을 때보다 훨씬 평화로웠다. 그러나 곧 돼지들 중 나폴레옹과 스노볼이 동물농장 운영을 놓고 사사건건 대립하다가 나폴레옹이 개들을 앞세우고 반란을 일으켜 스노볼을 쫓아냈다. 차츰 교활해져간 나폴레옹은 강풍에 풍차가 무너지고 농장의 동물들이 절망하자 스노볼에게 분노를 퍼붓도록 분위기를 조작했다. 그리고 여섯 번째 계명인 '어떤 동물도 다른 동물을 죽일 수 없다' 문구 앞에 '이유 없이'라는 구절을 슬그머니 집어넣는다. 동물들도 스노볼을 욕하고 증오하느라 여섯 번째계명이 어떻게 바뀌었는지조차 몰랐다.

이때부터 나폴레옹은 마음 놓고 7계명을 교묘하게 자신에게 유리하도록 변질시켜나갔다. 이미 나폴레옹에게 세뇌당한 동물들은 감각이 사라졌다. 나폴레옹이 하는 일은 무조건 찬성하며 모든 악과 소란과 고통의 근원은 스노볼 때문이라며 분노했다. 급기야 모든 계명은 폐지되고 오직 일곱 번째 계명만 묘하게 수정되어 남았다.

'모든 동물은 평등하다. 그러나 다른 동물보다 어떤 동물은 더 평등하다.'

항상 모든 규칙에 있어서 단서조항(端緖條項)이 문제다. 영악한 지도자는 본 조항을 최고로 공정하게 만들어놓고 항시 부칙에 꼼수를 부릴 장치를 마련해둔다. 어떤 동물들이 더 평등하다는 말은 어떤 동물은 더 우월하다로 충분히 해석될 여지가 있다.

왕도(王道) 정치를 구현하고자 세워진 조선도 후기로 접어들수록 세도(世道)정치가 횡행하며 세도가들이 혹세무민(惑世誣民)하였다. 정조(正祖, 1776~1800)의 조선 대개조(大改造)가 서서히 열매를 맺을 무렵 그가 갑자기 세상을 떠났다. 그의 임종 자리에는 오직 정순왕후(貞純王后, 1745~1805)만 있었다. 정조의 나이 겨우 48세였다.

정순왕후는 즉시 신유박해를 벌여 남인 시파를 천주교 덫으로 엮어 제거하고 노론 정권을 세웠다. 정순왕후와 영의정이 된 심환지(沈煥之)는 정조의 모든 개혁 정책을 뒤집는 데 광분했다. 이때부터 조선은 시대의 흐름과 역주행하기 시작했다.

정조가 5년만 더 살았어도 정약용(丁若鏞), 이가환(李家煥) 같은 남인들이 중용되며 조선의 르네상스가 열렸을 것이고 일제 강점도 당하지 않았을 것이다. 정순왕후가 죽기 1년 전인 1804년 섭정을 거두자 순조가 친정을 하기 시작했는데, 이때는 이미 왕의 장인 김조순(金祖淳) 등 안동 김씨 가문이 세도정치를 펴기 시작하여 기를 펴지 못했다. 이후 안동 김씨는 헌종, 철종까지 3대 왕비를 배출하며 가문의 영달을 위한 전횡을 했다. 결국 민란이 일어나기 시작하더니 마침내 순조 11년(1811년) 홍경래의 난이 터졌다.

민란의 도화선, 홍경래는 살아 있다

홍경래(洪景來, 1771~1812)는 평남 용강의 몰락한 양반으로 태어나 수차례 과거에 응시했으나 계속 낙방했다. 합격자들을 보니 모두 귀족 자제 출신으로 서북인들은 아무리 실력이 좋아도 모조리 떨어졌다. 그는 비로소 사회의 구조적 모순에 눈을 뜨고, 정조가 의문의 죽임을 당한 후부터 10년 동안 자금과 사람을 모으며 거사를 준비했다. 마치 정조가 죽으면 조선이 세계 조류와 반대로 가는 나라가 될 것이라고 예측이나 했던 것처럼 말이다.

홍경래는 제일 먼저 함께할 동지를 규합했다. 평안도 가산군에 있는 청룡사에서 서자 출신 우군칙(禹君則)을 만나 똑같이 현실을 뒤엎어야 한다는 데 의견을 일치시키고 재정 기반을 확충하는 데 힘을 모으기로 했다.

거사 준비를 하는 10년 동안 안동 김씨의 세도정치로 삼정문란(三政紊亂)이 일어나고 민생은 도탄에 빠졌다. 그중 평안도(서북인)는 고려 유민이라는 이유로 그동안 심한 지역 차별을 당해 불만이 최고조로 달해 있었다. 홍경래는 이런 차별받는 지역의 소외감을 충분히 활용했다.

일찍이 장사를 해본 우군칙은 가산군의 거부 이희저(李禧著)를 끌어들였다. 이희저는 개성 상인으로 평소 조선왕조에 대해 불만이 많았다. 어느 날 우군칙의 처가 이희저의 아내를 만나 손금을 보며 머지않아 대인을 만나 세상에 이름을 떨칠 대운이라고 했다. 이 말을 듣고 이희저가 큰 기대에 부풀어 있는데 며칠 후 도사복을 입은 홍경래가 이희저를 만나게 되었다. 이제 세상이 뒤바뀔 시기가 도래했다며 홍경래가 거사 계획을 흘리자, 이희저가 공감하고 거사 자금을 마련해주었다.

홍경래는 이희저 이외에도 세도정치에 불만이 많은 자들을 포섭했다. 평안도 관찰사 출신으로 한양에 거주하던 김재찬(金載鑽)은 홍경래에게 거사 자금 2,000냥을 주었다. 이 외에도 의주의 인삼장사 임상옥(林尚沃), 정주 부호 김약하(金若河) 등 여러 상인들, 기인(奇人), 도사(道士) 등 직업을 가리지 않고 계속 규합해나갔다. 또한 군사력 증강을 위해 장사(壯士), 홍총각(洪總角), 이제초(李濟初) 등도 합류시켰다.

당시에는 광산 개발이 일어나던 때라 많은 빈농과 유랑민들이 광산 노동자로 유입되고 있었다. 이들까지 홍경래가 포섭하여 조선왕조 전복을 위한 농민 봉기를 주도면밀하게 준비했다. 홍경래와 우군칙은 운산 촉대봉에 광산을 연다는 구실로 광산 노동자를 모집했다. 각지에 유랑민들이 대거 응모하자 이들을 모아 웅덩이를 파고 뛰어넘게 하는 등 군사 훈련을 시키면서 각종 물자와 무기를 구입하고 제작하여 비밀 아지트인 다복동에 숨겨두었다.

민란이 있기 두 달 전, 광범위하게 조직된 봉기 핵심 세력들이 다복동으로 모였다. 다수의 봉기 주도 세력이 움직이자 선천 부사 김익순(金益淳, 김삿갓의 조부)이 이를 수상하게 여겨 조사에 들어갔다. 이에 홍경래는 원래 거사 예정일보다 이틀 앞당겨 12월 18일 거사를 단행했다.

홍경래는 평서대원수(平西大元帥), 우군칙의 제자인 김사용(金士用)은 부원수가 되었다. 봉기군을 북진군과 남진군, 2진으로 나누어 북진군은 김사용이 대장을 맡고 선봉장에 이제초(金昌始), 모사는 김창시(金昌始)가 맡았다. 남진군은 홍경래를 중심으로 선봉장에 홍총각, 모사에 우군칙이 임명되었다. 봉기군은 출병에 앞서 엄숙하게 격문을 함께 외쳤다. 그 주요 내용은 세 가지였다.

첫째, 서북인에 대한 차별을 철폐하라. 오죽하면 권세 있는 집안의 노비들초차 '평안도 놈들'이라고 한다.

둘째, 간신배들과 세도가들을 타도하라.

셋째, 정감록(鄭鑑錄)의 성인이 이미 출현했으니 왕으로 세우겠다.

그리고 봉화를 높이 쳐들고 진격한 봉기군은 열흘 만에 정주, 철산, 선천, 가산 등 청천강 이북의 10여 성을 점령했다. 그만큼 전국 각지에 봉기군과 내통하는 세력이 많았다.

그 후 봉기군은 진격 방향을 놓고 지도부 내에 이견이 생기며 4일 동안 머뭇거렸다. 남진군의 우군칙은 영변을 친 후 안주를 공략하자고 했고, 안주 병영 출신인 김대린(金大麟)과 이인배(李仁培)는 먼저 안주를 쳐야 유리하다고 강력하게 주장했다. 격렬한 논쟁 끝에 홍경래가 우군칙의 손을 들어주었다. 작전 결정이 이렇게 내려지자 김대린과 이인배는 봉기가 실패할 것이라 예단하고 그럴 바에는 먼저 홍경래의 목을 베어 조정에 갖다 주고 살길을 찾기로 결심했다.

그날 밤 김대린과 이인배는 홍경래의 숙소를 찾아 자고 있던 홍경래의 목에 칼을 꽂으려 했다. 목에 섬뜩한 기운을 느낀 홍경래는 잠결에 몸을 구르며 소리를 쳤다. 우군칙과 보초가 뛰어들어오자 김대린은 자결했고 이인배는 우군치의 칼에 맞아 쓰러졌다. 홍경래 암살 미수사건은 봉기 실패의 주요 요인으로 작용했다. 초반의 기세를 속전속결로 연결하지 못하고 4일 동안 공백기를 가지며 내분이 일어나는 바람에 관군에게 재정비할 시간을 주었던 것이다.

한편 안주성은 곧 봉기군이 들이닥친다는 소문이 돌며 군대 기강이 무너졌다. 또한 안주성 내의 내통 세력이 봉기군을 도울 준비를 하고 있었는데 봉기군이 오지 않자 자취를 감추었다. 안주성은 전열을 가다듬고 영변부사 오연상(吳淵常)에게 비밀 문서를 보내 성 내의 내통자를 색출하라고 일러주었다. 은밀히 조사한 결과 19명의 첩자가 드러나 모두 공개 처형했다.

봉기군은 병력 수나 무기 면에서 정부군에 절대 열세였다. 그래서 공격하는 성 내의 내통자가 안에서 호응해 성문을 열어주며 안팎에서 동시에 공격하는 전략을 사용했다. 초반 4일의 공백으로 안주성에서는 이 전략이 노출되어 더 이상 사용할 수 없게 되었다.

봉기군은 안주성 대신 태천(泰川)을 공격해 내통자들의 도움으로 별다른 저항 없이 점령했다. 27일경 봉기군이 곧 한양을 점령할 것이라는 소문이 도성 일대에 퍼졌다. 양반은 물론 일반 백성까지 짐을 싸들고 남쪽으로 피신하는 경우가 늘어갔다.

조정에서 급파한 순무영(巡撫營)의 중앙군이 29일 개성에 도착했다. 이제 봉기군과 관군의 대접전만 남았다. 순무영은 송림에 진을 치고 있던 남진군에 첩자를 보내 전력과 동향을 염탐했다. 그리고 부대를 셋으로 나눠 세 방향으로 공격했다. 관군의 중앙 주력 부대가 밀리자 즉시 천여 명의 군대를 동원해 남진군의 후방을 치게 하여 양동 작전으로 남진군을 몰아부쳤다. 남진군이 송림 전투에서 패하자 북진군 지도부는 정주 이북 지역을 지켜내야 한다며 정주성으로 모든 봉기군을 집결시켰다. 이제 정주성은 봉기군의 마지막 보루가 되었다.

1월 중순 정부군이 정주성을 완전히 포위했다. 먼저 동문을 공격했으나 성 위에서 쏟아지는 시환(矢丸)에 밀려났다. 첫 전투에서 실패한 관군 내부에서는 불만이 일기 시작했다. 장수들은 따뜻한 온돌방에서 자는데 병졸들은 언 땅에 막사를 치고 추위에 떨며 자야만 했기 때문이었다. 병졸들은 이런 불만을 인근 주민들에게 풀었다. 봉기군을 색출한다며 아무 민가나 들어가 횡포를 부렸다. 관군은 외부와 완전히 고립된 봉기군보다 몇 배나 우수한 전력을 가지고도 4개월 동안 정주성을 공격할 때마다 패배했다.

4월 19일, 얼어붙었던 땅이 녹자 관군은 마지막 방법을 동원했다. 성아래 대량의 화약을 매설하고 터트려 일시에 성벽을 날려버린 것이다. 성루와 성벽 위를 순찰하던 봉기군들은 돌무더기에 깔려 죽었다. 홍경래는 싸움 도중 총에 맞아 전사했고 우군칙, 홍총각 등 1917명이 처형당했다. 그 후에도 홍경래가 살아 있다는 소문이 돌며 도성 인심이 한동안 술렁였다.

홍경래의 난은 이 땅에 벌어진 수많은 민중 봉기 가운데 모든 계층이 골고루 참여했던 특이한 항쟁이었다. 홍경래의 난은 실패한 이후에도 민란의 도화선이 되었다. 1813년 제주도 민란, 1855년 용인 민란. 1816년 평안도 성천 민란, 1826년 청주 민란 등이 일어났는데 대부분 홍경래가 살아 있다는 풍문을 퍼트리며 발생했다. 그만큼 홍경래는 조선 민중의 열망을 대변했다.

09

《조선책략》과
클로드 모네의 〈해돋이〉

1863년 고종(高宗, 1863~1907) 즉위 후 섭정을 시작한 흥선대원군(興宣大院君)은 세도정치의 척결과 왕실 안정을 최우선 과제로 삼았다. 그러다 보니 자연스럽게 쇄국정책을 추진하게 되었다. 또한 외척 안동 김씨의 세도하에서 말 못할 서러움을 당해본 경험으로 인해 고종의 배필로 친정아버지도 오라버니도 없는 민자영(閔紫英)을 택했다. 그러나 그가 훗날 이 며느리에 의해 정치적 은퇴를 강요 당할 줄을 어찌 상상이나 했겠는가?

대원군의 개혁 정책으로 난립한 서원을 정리하고 비변사를 폐지하는 등 조금씩 조선이 안정되고 있었다. 그러나 무리한 경복궁 중건과 완고한 쇄국 정책으로 조선은 내외의 도전에 직면했다. 조선왕조는 정조 사후부터 수명이 다해가면서 점차 어둠 속으로 빠져들었다. 순조, 헌종, 철종 3대 60년간 세도정치의 폐단이 그 어둠을 더욱 짙게 했다. 이에 반발해

모네의 〈인상: 해돋이〉

1811년 홍경래의 난을 시작으로 1862년 진주 민란 등 수많은 민란이 빈발했다. 그래도 조선은 앞으로 나아갈 줄을 몰랐다.

조선 정부가 거센 변화의 흐름을 막고 있을 때 프랑스 파리에서는 일군의 예술가들에 의해 인상주의(impressionism)라는 새로운 사조(思潮)가 시작되고 있었다. 이들은 전통 회화 양식에 반기를 든 모네, 마네, 르누아르, 세잔, 드가 등으로, 시시각각 풍경 위에 달리 비치는 빛을 그렸다. 모네의 그림 〈인상: 해돋이(Impression, Sunrise)〉를 보면 재현적 묘사가 의미를 잃고 빛과 색의 조화로움이 도드라진다.

사실 인상파의 선구자는 따로 있다. 영국의 조셉 말로드 윌리엄 터너

(Joseph Mallord William Turner)다. 그는 캔버스에 경이로운 대자연에서 장엄하게 포착된 빛의 변화와 대기의 동작을 형상화했다. 대표적 작품인 〈눈보라(snowstorm)〉에서는 눈보라가 몰아치는 바다에 홀로 배가 떠 있는데, 눈보라와 파도가 엉키며 예측할 수 없이 소용돌이치는 배 위에 신비한 빛이 비치며 밝은 미래를 예감케 해준다.

당시 영국은 산업혁명과 프랑스혁명의 여파로 새로운 세계가 시작되었으나 정통적 노선을 고집하는 세력과의 갈등이 있었다. 영국에 머물던 모네는 윌리엄 터너의 작품을 보고 빛과 색채의 회화 기법에 큰 영향을 받았다. 모네의 인상주의는 고갱과 고흐, 세잔 등 후기 인상주의로 연결되었다.

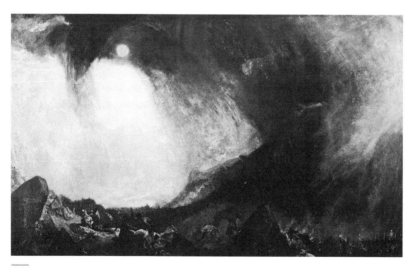

윌리엄 터너의 〈눈보라〉

역사의 변증법적 발전은 시대를 변혁하려는 세력과 오랜 전통을 보수하려는 세력의 갈등에서 일어난다. 세기적 변혁 앞에 굳세게 닫아둔 조선의 문을 서구 열강은 꾸준히 두드렸다. 프랑스와 전쟁을 치른 병인양요(丙寅洋擾)가 1866년에 일어났고, 미국과의 전쟁인 신미양요(辛未洋擾)가 1871년에 일어났다. 두 전쟁에서 조선이 막대한 피해를 입기는 했으나 결과적으로 프랑스와 미국이 물러가며 조선의 승리로 끝나는 듯했다. 이 전쟁으로 대원군의 배외 감정은 더욱 고조되어 전국에 척화비(斥和碑)를 세웠다.

대원군은 조선 반도를 둘러싼 서구 열강에게 단단히 빗장을 채웠으나

척화비

바로 왕실 내부에서 정적으로 돌변한 민자영 명성황후(明成皇后, 1851~1895)에게 타격을 받았다. 명성황후는 대원군 집정에 공을 세우고 소외된 조대비의 측근들과 서원 철폐 과정에서 등 돌린 최익현(崔益鉉) 등 유학자들을 포섭했다. 대원군이 섭정한 지 11년째 되던 1873년 10월 최익현이 대원군의 실정(失政)을 쭉 나열하며 고종의 나이가 22세에 이르렀으니 친정해야 한다는 상소를 올렸다. 이로써 대원군의 섭정은 끝났다.

대원군이 물러가자 민씨 일가가 정권

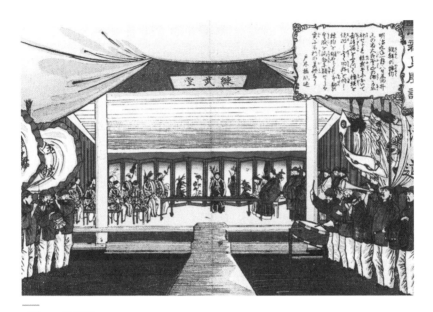

강화조 조약 장면

을 장악했다. 쇄국 정책이 후퇴하면서 국내에서 개방 여론이 높아지던 중 1875년 일본 함대가 강화도에 침입하여 조선군과 일전을 벌였다. 이 전투에서 진 조선은 일본과 1876년 강화도 조약을 체결하고, 이후 타율적 근대화의 길로 들어서야만 했다.

결국 조선의 문은 서양이 열지 못했고 일본이 열었다. 그 과정에서 터져 나온 사건이 1882년 임오군란(壬午軍亂)과 1884년의 갑신정변(甲申政變)이었다.

당시 명성황후의 기세는 하늘을 찌르고 있었다. 명성황후가 개화 정책을 추구하며 1882년 구식 군대를 폐지하자 5군영에 소속되어 있던 군인들이 난을 일으켰다. 이것이 바로 임오군란이었다. 겨우 목숨을 부지한 명성황후는 충주로 피신했다. 이때 재집권한 대원군이 동분서주하는 동안, 명성황후는 비밀리에 청나라에 군대 파병을 요청했다. 조선으로 급히 출병한 청나라 제독 오장경(吳長慶)은 대원군을 청나라로 납치해갔다. 이렇게 대원군 재집권은 33일 만에 끝났고 권력을 회복한 명성황후는 친청 정책을 더욱 강화했다.

임오군란을 계기로 조선 내 일본과 청나라의 세력이 크게 대립했다. 대원군의 쇄국 정책을 반대했던 명성황후 중심의 민씨 일파들은 청나라에 기댔다. 사대당(事大黨)이라 불리는 이들 보수 세력에는 민영익(閔泳翊), 민승호(閔升鎬), 어윤중(魚允中), 김홍집(金弘集), 김윤식(金允植) 등이 있었다. 이에 반해 일본의 메이지 유신(明治維新)을 본받자며 등장한 세력이 개화파였다. 김옥균(金玉均), 박영효(朴泳孝), 홍영식(洪英植), 서재필(徐載弼) 등 소장파 인물들이 많았다.

개화파는 먼저 서구 문물을 받아들인 일본과 가까운 것은 사실이었지만 사상은 일본과 거리가 멀었다. 개화파의 사상은 북학파를 계승했다. 1780년 청나라를 다녀와 《열하일기(熱河日記)》를 쓴 박지원(朴趾源), 《북학의(北學議)》를 쓴 박제가(朴齊家), 《발해고(渤海考)》를 저술한 유득공(柳得恭), 이덕무(李德懋) 등이 북학파였다. 특히 정약용의 《목민심서(牧民心書)》는 실학의 핵심이었다.

이들의 사상은 신분고하를 막론하고 누구나 노동하는 만민 평등 사상을 지향하고 있었다. 이들 주장은 노론 세력의 집권으로 등장한 세도정치 아래 거의 사장되었다. 연암 박지원의 손자 박규수가 우의정을 지낼 때 대원군에게 개국의 중요성을 건의했지만 거절당하자 벼슬을 버리고 자신의 집에 청년들을 모아 개화 사상을 가르쳤다. 여기에 김옥균, 박영효 등이 모였다.

따라서 개화당은 친일파가 아니라 일본을 이용해 조선 수구 세력의 기반인 청나라의 세력을 축출하고자 했던 세력이었다. 개화파도 처음부터 갑신정변과 같은 혁명적 수단을 추구하지는 않았다. 오히려 제도권 아래 합법적 방법으로 새로운 국가를 만들려 했다.

개화파는 급진적 개화를 추구하는 김옥균 등과 점진적 개화를 원하는 김홍집 등으로 구성되어 있었다. 김홍집은 1880년 9월 일본에 수신사로 파견되어 주일 청국대사 황준헌(黃遵憲)을 만났다. 황준헌은 당시 청나라의 실세 이홍장(李鴻章)의 최측근이었다. 이때 황준헌이 "조선이 천하 만국에 유래가 없이 굳건한 중국의 은의(恩義)를 만세에 보전하고자 한다면 급선무가 자강(自强)이오"라며 건넨 책이 바로 《조선책략(朝鮮策略)》이었다. 조선책략의 핵심은 '친중국(親中國) 결일본(結日本) 연미국(聯美國)'이었다. 조선을 위한 책략이라고 하지만 실제는 남하하는 러시아를 견제하기 위해 조선을 이용하려는 청나라의 전략이었다.

김홍집으로부터 이 책을 전달받은 고종이 내용대로 개화 정책을 시행하려 하자 찬반 논의가 격렬하게 일며 유림들이 위정척사운동을 일으켰다. 이 사건으로 영남만인소(嶺南萬人疏)를 주도하여 상소를 올린 이만손 등이 유배당했다.

그럼에도 불구하고 고종은 1881년 지금의 외교부에 해당하는 통리기무아문(統理機務衙門)을 설치하고 김홍집에게 외교 통상 업무를 맡겼다. 청나라의 주선으로 1882년 5월 미국과 수호통상조약을 체결하고 잇달아 영국, 독일, 러시아와 외교 관계를 맺었으며 신식 군대인 별기군(別技軍)도 편성했다. 이로써 흥선대원군의 집권 내내 문을 닫고 있던 조선이 활짝 열렸다.

　이때만 해도 온건 개혁 성향의 김홍집은 급진 개혁파의 지지를 받고 있었다. 하지만 김옥균 등이 청나라를 몰아내기 위해 일본과 손잡고 혁신 정부를 만들며 민씨 세력을 제거하려 하자 그들은 서로 멀어질 수밖에 없었다. 이렇게 하여 일찍이 대원군의 쇄국 정책에 반대하던 민씨 세력이 청나라에 의지하는 보수 세력으로 변했다.

10
근대의 서막, 우정국에 비친 불기둥
- 알퐁스 도데의《마지막 수업》

1870년 프로이센–프랑스 전쟁이 발발했다. 파리를 점령한 비스마르크는 베르사유 궁전에서 분열된 독일의 통일을 선포했다. 독일 점령하에서 프랑스는 자국어 사용을 금지당하고 독일어를 배워야 했다. 이 경험을 바탕으로 알퐁스 도데(Alphonse Daudet)는 패전국의 비애를 다룬 단편《마지막 수업(La Derniére Classe)》을 내놓았다.

평소 수업에 관심이 없던 알자스 지방의 한 소년은 어느 날 늦은 시각에 등교하다가 면사무소 앞에 사람들이 모여 웅성거리는 것을 보았다. 아침부터 웬일인가 궁금해하며 학교에 도착해서야 비로소 오늘이 프랑스어 수업 마지막 날인 것을 알게 되었다.

모두가 침묵 속에 마지막 수업을 듣는데 교실 밖 가까운 숲속에서 이제 수업을 마치라는 프로이센 병사들의 나팔 소리가 들렸다. 아멜 선생님의 얼굴이 창백해지더니 더 이상 아무 말도 못 하고 뒤돌아서서 칠판에 커다랗게 썼다.

"Viva La France!(프랑스 만세)"

그리고 선생님은 벽에 이마를 기대고 서 있다가 목이 매여 손짓했다.

"이제 다 끝이다. 모두 돌아가라."

프로이센이 프랑스에 쳐들어왔을 때 군 고위 장교들은 당구나 치며 한가한 시간을 보내다가 정작 적군이 나타나면 도망치기에 바빴다. 그 대신 일반 프랑스인들이 민병대를 만들어 목숨을 걸고 싸웠다. 대원군 이후 조선은 세계 열강 앞에 민낯으로 펼쳐진 광야였다. 독일군 앞에 속수무책으로 점령당하고 결국 국어까지 잃어버린 프랑스와 흡사했다. 조선도 사대부들은 서로 자기 이권을 보장해 줄 외국이 어디인지 주판을 퉁기고 있었다.

김옥균

이럴 때 풍운아 김옥균은 조선이 급변하지 않으면 전혀 희망이 없다고 보고 충격요법을 쓰고자 했다. 그는 조선이 절대적으로 여기던 유교적 사유를 깨야 한다고 생각했다. 중국을 종주국으로 섬기고, 서양을 양이(洋夷)로 보며 배척하며, 사람을 타고난 신분으로 구분했던 500년 관습을 바꾸기 위해 왕실에 불을 질러 왕실로 몰려들 수구 세력을 일거에 제거할 계획까지 세웠다. 이런 김옥균이 이끄는 급진 개화파는 점진 개혁을 추구한 민씨 정권, 그리고 사대당과 애초부터 함께할 수 없었다.

임오군란이 일어난 1882년 6월부터 조선은 1884년 12월 갑신정변이 일어나기까지 폭풍 같은 역사적 사건으로 점철되고 있었다. 임오군란의 주도 세력은 명성황후 정권의 주요 인사들을 처단했고 명성황후는 도망쳤다. 고종은 다시 흥선대원군에게 정권을 맡겼으나 청나라가 군대를 동원해 대원군을 잡아가고 민씨 정권은 다시 부활했다.

당시 청나라는 서구 열강의 견제를 받지 않는 상황에서 원하는 대로 조선 내정에 간섭했다. 임오군란을 진압하고도 그대로 주둔한 청나라 군의 지휘관 오장경(吳長慶)과 그의 참모 원세개(袁世凱)가 조선의 병권을 주물렀고, 이홍장이 천거한 명성황후의 재정 고문 묄렌도르프(Paul George von Möllendorff)는 국가 재정이 몹시 어렵다며 새 화폐 '당오전(當五錢)'을 발행하고자 했다.

김옥균은 재정적 뒷받침 없이 새로운 화폐만 발행하면 경제가 더 혼란스러워진다며 반대했다. 이에 묄렌도르프가 무섭게 화를 내며 김옥균을 제거해야 한다고 주장했다.

"지금 조선의 해독(害毒)은 당오전이 아니라 김옥균입니다. 그를 없애야 국가가 화합할 수 있습니다."

청나라는 김옥균을 중심으로 한 개화당의 개화 정책은 조선이 청나라의 속국 위치에서 벗어나 독립을 추구하는 것이라 보고 김옥균과 개화당을 탄압했다. 결국 박영효는 파면당하고 김옥균은 한직(閑職)으로 쫓겨났다. 이런 상황에게 김옥균 등 개화파는 청의 간섭과 민씨 일파를 일거에 제거하기 위해 '갑신정변'을 계획했다. 마침 10월 17일 새로 도입된 우편 제도를 담당한 우정국(郵征局)이 개국될 예정이었다. 개화되는 이날에 거사를 일으켜서 혁신 정부를 구성하기로 했다.

거사 10일 전 김옥균은 미국과 영국 공사를 찾아 머지않아 정변이 일어나도 놀라지 말고 지지해달라고 부탁했다. 다음 날은 일본 공사 다케조에 신이치로(竹添進一郎)를 만나 지원을 요청했다. 늑대를 몰아내기 위해 여우를 불러들이는 격이지만 달리 방법이 없었다. 이들은 청나라 군대를 몰아내기 위해서는 일본의 도움이 필요하다고 보았다. 그다음 날은 고종을 찾아가 미리 언질을 주었다.

개화파는 우정국 낙성식에 초청된 명단을 확인하고, 외지에 있는 동지들도 불러모았다. 당일 사관생도들에게 내릴 행동 지침까지 점검했다. 낙성식에 맞춰 안국동 별궁에 방화한 후 민씨 일파를 처단하고 곧바로 궁궐로 들어갈 계획을 비밀리에 확정했다. 별궁은 왕자가 혼례를 올린 매우 중요한 장소로 불이 날 경우 수구 대신들이 모두 모여들게 되어 있는 곳이었다. 그들은 치밀한 준비를 하고 거사일을 맞이했다.

낙성식 연회는 오후 7시부터 서양식으로 진행되었다. 김옥균은 요리사에게 일부러 천천히 음식을 내오라고 지시했다. 별궁 쪽에서 방화할 시간을 벌어주기 위해서였다. 민영익이 김옥균을 의심의 눈초리로 자꾸 쳐다보자 김옥균은 일부러 다른 공사들과 환담을 나누었다. 이때 행동대원 박재경이 김옥균에게 달려오더니 귓속말로 보고했다.

"별궁에 아무리 불을 지르려 해도 불이 잘 붙지 않아 실패했습니다. 어떻게 하죠?"

"그러면 주변의 초가집에 불을 지르게."

얼마쯤 시간이 흐른 후 박재경이 또 달려왔다.

"두어 곳에 불을 질러보았으나 또 실패했습니다. 차라리 이곳에 불 지르면 어떻겠습니까?"

'이곳은 외국 공사들이 많아 안 되네. 다른 곳을 빨리 찾아봐."

저녁 10시쯤 되었을 때였다. 갑자기 북쪽 창가에 새빨간 불빛이 비쳐 왔다. 손님들이 우루루 창가로 가 보니 벌건 불기둥이 먼 곳에서 솟아오르고 있었다. 아무래도 이상하다고 여긴 민영익이 연회장을 몰래 빠져나가려다가 밖에서 기다리던 행동대원에게 공격을 받고 피투성이가 된 채 쓰러졌다. 깜짝 놀란 다른 수구파 대신들이 외국 공사들 틈에 묻혀 빠져나가는 바람에 행동대원들이 손쓸 틈이 없었다.

그러나 김옥균은 흔들리지 않고 수순대로 거사를 진행했다. 행동대원 일부를 경우궁(景祐宮)에 배치하고 박영효 등과 함께 직접 경복궁으로 돌아가 침전에 있던 고종을 깨웠다.

"지금 난리가 나 위험하니 빨리 피신하셔야 합니다."

고종과 명성황후, 대왕대비 등이 김옥균의 뒤를 따라 경우궁으로 피했다. 이렇게 해서 정치적 실권을 장악한 김옥균 등은 수구파 대신들을 입시(入侍)하게 하여 한규직, 윤태준, 이조연, 조영하, 민태호, 민영목 등을 처단했다.

명성황후를 제외한 수구파 핵심을 모두 제거한 후 김옥균은 밤을 새워 신정부 내각을 구성했다. 다음 날에는 고종에게 윤허를 받고 각국 공사에 신정부의 출범을 통고하며 조직 명단을 발표했다. 영의정 이재원, 좌의정 홍영식, 호조참판 김옥균, 한성판윤 박영효 등이 임명되었다. 혁명 셋째 날인 10월 19일 아침 9시경 신정부는 고조선 이래 역사상 처음으로 정부 정책을 국민 앞에 제안했다. 그중 주요 내용은 이랬다.

- 문벌(門閥)을 폐지하고 사민평등(四民平等)의 원칙하에 인재를 골고루 등용할 것
- 대원군을 조속한 시일 내에 송환할 것
- 내시부(內侍府)를 폐지하고 탐관오리를 처벌할 것
- 경찰(警察) 제도를 도입하고 불필요한 관청은 모두 폐지하며 상공업을 육성할 것

야심찬 계획을 내건 신정부가 성공하기 위해서는 청군과 싸워 이겨야만 했다. 김옥균은 시급히 녹슨 총칼을 정비하며 각도에 사관생도들을 보내 신식 정예 부대를 새로 만드는 작업에 착수했다.

당시 조선 병영의 모든 총은 녹슬어 총알이 나가지 않는 상태라 신정부와 궁중의 경호는 일본군들에게 의지할 수밖에 없었다. 그러나 조선에 주둔한 일본군 수는 겨우 150명으로 청군의 주둔군 1500명에 비해 턱없이 적었다. 일본 공사 다케조에는 청군이 쳐들어올 것 같자 약속과 달리 신정부에 통고도 하지 않고 군대를 철수해버렸다.

그날 오후 청나라 군대는 원세개가 이끄는 800명이 선인문 방면으로 공격해왔고 오장경의 500명은 비원 일대를 포위했다. 나머지 200명은 후방을 막았다. 낡고 녹슨 무기를 든 조선 군사 100여 명이 해가 지도록 저항했지만 역부족이었다. 이미 원세개와 내통한 민씨 일파는 전쟁이 나

자 재빨리 대왕대비와 왕자를 데리고 청군 진영으로 도망쳤다.

이로써 갑신정변은 '3일 천하'로 끝나고 말았다. 김옥균도 어쩔 수 없이 박영효, 서재필 등과 함께 일본행 선박을 타고 피신해야 했다. 그들은 현해탄을 건너는 배 안에서 '대한제국 만세'를 소리 없이 외치고 있었다.

11

김홍집
그리고 이육사의 〈초인〉

갑신정변이야말로 조선을 선진화시킬 수 있는 마지막 기회였다. 개혁파의 3일 천하가 끝나고, 김홍집이 좌의정이 되어 뒷수습을 맡았다. 그는 갑신정변의 피해 보상을 요구하는 일본과 한성조약을 체결했고, 굴욕적인 조약이라는 비판을 받아 이후 10년간 현직에서 물러났다. 개화파가 떠난 조정은 다시 수구파 일색이 되었다.

고종과 민씨 정권은 친청 중심으로 더욱 보수적 정책을 폈다. 갑신정변 이후 명성황후는 급진 개혁파와 일본을 더욱 경계했다.

청나라와 일본의 조선 쟁탈전도 한층 가열되었다. 명성황후와 밀착된 청나라의 영향력이 확대되자 일본은 2개 대대 병력을 조선에 파견하여 청일 간 무력 충돌 위험을 조성했다. 이를 명분으로 일본의 이토 히로부미(伊藤博文)가 청나라 이홍장(李鴻章)과 담판을 짓고 톈진조약(天津條約)을 체결했다. 이 조약에 따라 청일 양국이 조선에서 철병하고 이후 조선에 파병할 때는 서로 통고하기로 했다.

1894년 3월 동학혁명이 일어나자 민씨 정권은 청나라에 원병을 청했다. 청나라 군대가 들어오자 일본도 톈진조약을 빌미로 군대를 동원했다. 서로 싸우고 있던 동학군과 관군은 청일 양군이 들어오자 회담을 통해 싸움을 중단했다. 그래도 청일 양군은 철수하지 않았다.

이때부터 일본은 조선의 내정 개혁을 주장했다. 민씨 정권이 거절하자 일본은 동학 농민군의 지지를 받던 흥선대원군을 끌어들여 위성 정권을 만들었다. 개혁 추진 기구로 군국기무처를 설치하고 영의정에 김홍집이 임명되었다.

김홍집은 유길준, 김윤식, 박정양 등과 함께 갑오개혁(甲午改革)을 실시했다. 이 개혁으로 관제가 개편되어 김홍집이 총리대신이 되었다. 김홍집은 조선의 마지막 영의정이자 최초의 총리였다.

조선의 내정 개혁이 진행되는 동안 일본은 조선에 주둔하고 있던 청군을 공격해 승리했다. 일본은 국내 개화파를 이용하며 점차 노골적인 정복 야욕을 드러내면서 걸림돌이었던 흥선대원군을 실각시켰다. 그러자 해산되었던 동학군이 '외세 배격'의 기치를 들고 다시 봉기했지만 관군과 일본군의 우세한 화력에 밀려 12월에 완전히 패배했다.

김홍집

흥선대원군 실각 이후 정권을 노리던 명성황후가 러시아와 손을 잡자 일본은 명성황후의 친러배일 정책에 위기를 느꼈다. 1895년 10월 8일 새벽, 일본 낭인들은 대원군을 태운 가마를 앞세우고 경복궁에 난입해 명성황후를 시해했다. 이로써 다시 집권한 대원군은 친러파를 몰아내고 김홍집 내각을 출범시켰다.

김홍집 내각은 1895년 11월 17일 전국에 단발령을 내리며 양력 사용, 소학교 설치 등 급진적 내정 개혁안을 공포했다. 고종이 앞장서서 머리를 깎으며 강제로 백성들의 상투를 자르게 했다. 그러나 '몸과 머리털, 피부는 부모님으로부터 받은 것이니, 감히 다치지 않는 것이 효의 시작이니라 (身體髮膚 受之父母 不敢毁傷 孝之始也)'라는 유교 사상에 깊이 젖어 있는 조선 백성들은 '차라리 내 목을 내놓을지언정 상투는 내놓을 수 없다'며 저항했다. 이듬해 2월 고종이 러시아 영사관으로 거처를 옮긴 아관파천 (俄館播遷)을 단행하며 단발령도 중단되었다.

김홍집이 뒤늦게 아관파천 소식을 듣고 한걸음에 러시아 영사관으로 달려가 고종을 만나려 했으나 실패하고 돌아오는 길이었다. 친일 내각이 주도한 단발령 등으로 분노한 군중이 그를 따라오며 둘러싸려 하자, 경호원들이 김홍집에게 일본 군대가 주둔한 곳으로 피신하라고 권했다. 그러나 김홍집은 사양했다.

"나는 조국의 개화를 위해 일본을 가까이한 것일 뿐 일본을 좋아한 것이 아니다. 나는 조선의 총리이다. 내 백성에게 맞아죽을지언정 어찌 외국 군대에게 피신하겠느냐?"

김홍집은 결국 광화문에 이르러 성난 군중에게 맞아 죽는 비참한 최후를 맞이했다. 김홍집은 열강들이 서로 먼저 조선이라는 광야에 깃발을 꽂으려 하는 현실을 읽고, 수구적 관습에 고정된 조선을 일본의 힘을 빌려 점진적으로 변혁시켜보고자 했으나 일본의 계략을 끝내 넘어서지 못했다.

친러 정권이 들어서며 대원군도 양주로 은거해야만 했다. 러시아 공사관으로 떠났던 고종은 1년 만에 환궁하여 대영제국이나 일본제국과 조선이 대등한 국가임을 나타내고자 칭제(稱帝)를 선포했다. 그리고 나라 이름도 삼한인 마한, 진한, 변한을 아우른다는 뜻인 대한제국(大韓帝國)으로 정했다.

그러나 허울뿐인 자주국이었을 뿐, 러시아의 국권 침해가 극심했다. 이런 가운데 한반도와 만주의 주도권을 놓고 러일전쟁이 발발했다. 전쟁은 1904년 2월 8일 일본 해군이 요동반도의 여순항에 있던 러시아 극동 함대를 공격하며 시작되었다.

러시아의 최강 발트 함대가 여순항을 지키기 위해 희망봉을 거쳐 8개월 만에 1905년 5월 27일 새벽 동해에 나타났다. 이미 발트 함대의 예상 항로를 사전에 입수한 일본 함대 제독 도고 헤이하치로(東鄉平八郞)는 쓰시마 해협에 '정(丁)'자 포진을 하고

대한제국 황제 고종 어진

러일전쟁

기다렸다. 이순신 장군을 제일 존경하던 도고 제독은 이순신의 유명한 학익진(鶴翼陣)을 모방하여 지구 반 바퀴(2만 8천km)를 돌아온 탓에 지칠 대로 지친 러시아 제국의 발트 함대를 전멸시켰다.

일본군은 전투 후 사할린을 점령했고, 고종에게 압력을 넣어 1905년 을사조약을 체결했다. 이 조약의 무효를 위해 고종이 1907년 6월 네덜란드 헤이그에서 개최된 만국평화회의에 특사를 보내는 등 온갖 노력을 기울였으나 일본의 강요로 7월 20일 순종(純宗)에게 양위하고 물러나게 되었다. 그리고 3년 후인 1910년 대한제국은 일본과 합병되었다.

나라가 망한 후 조선왕조 500년 동안 피지배 계층으로 살아 왔던 백성들은 나라를 되살리겠다며 전국 방방곡곡에서 흰옷을 입고 다시 일어섰

다. 이들이야말로 이육사가 노래한 광야의 초인들이었다. 이 불특정 다
수의 초인들의 힘으로 1919년 거국적 삼일운동이 일어났고, 상해의 임시
정부 수립으로 이어졌다.

한국 근대사에서 1894년은 동학혁명과 청일전쟁, 갑오경장이 연달아
일어난 중요한 해였다. 이런 역사의 위기는 영웅을 부르기 마련이다. 이
육사(李陸史, 1904~1944)의 시 〈광야〉에 나오는 '백마 타고 오는 초인'
처럼 말이다.

삼일운동(왼쪽) | 상해 임시정부 요인들(오른쪽 위) | 이육사(오른쪽 아래)

광야

까마득한 날에
하늘이 처음 열리고
어데 닭 우는 소리 들렸으랴.

모든 산맥들이
바다를 연모해 휘달릴 때도
차마 이곳은 범하던 못하였으리라.

끊임없는 광음을
부지런한 계절이 피어선 지고
큰 강물이 비로소 길을 열었다.

지금 눈 나리고
매화 향기 홀로 아득하니
내 여기 가난한 노래의 씨를 뿌려라.

다시 천고(千古)의 뒤에
백마 타고 오는 초인(超人)이 있어
이 광야에서 목 놓아 부르게 하리라.

이육사의 본명은 원록(源祿)이며 직접 독립운동에 참여하여 대구 형무소에 264번으로 수감되었는데 이육사라는 호는 여기서 비롯되었다. 이 시에 나오는 '초인'은 당시 어느 백마 탄 독립군 전사를 보고 떠오른 것이라고 한다. 우리 민족의 뿌리인 동이족은 광활하고 장엄한 광야에서 태동하여 유구한 역사와 문명의 크나큰 물줄기를 열었다. 이 시처럼 누구도 범하지 못했던 이 신성한 공간에 외세의 압제로 눈이 내렸다. 그러나 추위에 굴하지 않는 매화의 향기가 더 가득했으며, 장엄한 천고의 역사는 백마 타고 오는 초인으로 인하여 다시 영광의 미래로 나아갈 것이다.

광야의 초인들

한민족의 역사에는 고비마다 초인들, 즉 영웅들이 있었다. 이들을 토인비는 '창조적 소수(Creative Minority)'라고 불렀다. 동이족의 치우, 고조선의 단군, 부여의 해모수, 고구려의 주몽, 백제의 소서노, 신라의 박혁거세, 발해의 대조영, 고려의 왕건, 조선의 이성계 등 한 왕조가 쇠퇴할 때마다 영웅들이 나와 새 왕조를 개창하며 번영의 길로 들어섰다.

아쉽게도 조선 말기에는 새 시대를 열 만한 영웅이 부족했다. 이는 위계적 봉건질서 시대인 농경 사회가 끝나고 산업혁명 시대가 확산되면서 민주적 사회가 도입되던 시대인 이유도 있다.

'조용한 아침의 나라' 조선에도 김옥균, 박제가, 김홍집 같은 창조적 소수가 있기는 했으나 대중적 인지도나 조정 내 입지가 너무 약했다. 김옥균 등은 아직 준비도 안 된 조선에 성급하게 개혁을 시도하다가 좌초되었고, 김홍집이 진행한 근대화는 사실상 일본의 조종에 의한 것이었다.

12
아하 무사히 건넛슬가

일본은 국내 개화파를 이용하며 노골적 정복야욕을 드러내며 말을 잘 듣지 않던 흥선대원군을 실각시킨다. 그러자 해산되었던 동학군이 '외세배격'의 기치를 들고 1894년 11월 다시 봉기했지만 관군과 일본군의 우세한 화력에 밀렸다. 게다가 현상금에 눈이 먼 부하 김경천의 밀고로 동학군의 지도자 전봉준이 순창의 한 주막에서 체포당했다.

한겨울 한양으로 전봉준이 압송되어가는 길가에 조선 아이들이 파랑새를 부르며 눈물을 훔치고 있었다.

'새야 새야 파랑새야 녹두밭에 앉지 마라. 녹두꽃이 떨어지면 청포장수 울고 간다.'

압송되는 전봉준

그해 12월 18일 일본 영사관 감옥에 수감된 후 다음 해 3월 김홍집 내
각이 종전의 의금부를 대신해 만든 재판소에서 연 첫 재판에서 교수형
선고를 받는다. 근대 사법제도의 틀을 갖춘 이후 내려진 처음 사형선고
였다.

한편 민비의 친러배일 정책에 위기를 느
낀 일본이 1895년 10월 8일 새벽, 대원군
을 태운 가마를 앞세운 일본 낭인들을 경복
궁에 난입시켜 명성황후를 시해했다.

다시 집권한 대원군이 친러파를 몰아내

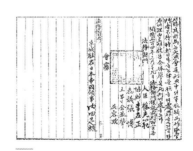

전봉준 판결문

구한말 러시아 영사관

고 김홍집 내각을 출범시키며 1895년 11월 17일 양력사용과 소학교 설치, 단발령 급진적 내정개혁안을 공포한다. 이듬해 2월 고종이 러시아 영사관으로 거처를 옮기는 아관파천(俄館播遷)을 단행하며 김홍집 내각이 실각한다.

열강들은 서로 먼저 조선이라는 광야에 깃발을 꽂으려 했다. 이 흐름을 읽은 김홍집은 수구적 관습에 고정된 조선을, 일본의 힘을 빌려 점진적으로 변혁시켜보고자 했으나 일본의 계략을 끝내 넘어서지 못했다.

친러 정권이 들어서며 대원군도 양주로 은거해야만 했다. 러시아 공사관으로 떠났던 고종은 1년 만에 환궁했다. 그리고 '대한제국'을 선포했으나 허울뿐이었다.

1904년 러일전쟁에서 승리한 일본은 압력을 넣어 1905년 을사조약을 체결하고 1910년 한일합방이 되고 말았다. 조선의 국경을 일본군이 지키게 되면서 한국 최초의 근대시인 김동환의 '국경의 밤'이 나온다.

"아하 무사히 건넜을가

이 한밤에 남편은

두만강을 탈없시 건너슬가?

저리 국경강안을 경비하는

외투 쓴 검은 순사(巡査)가 왔다 갓다

오르명 내리명 분주히 하는데 발각도 안되고 무히 건넛슬가?"

소곰실이 밀수출마차(密輸出馬車)를 띄워 노코

밤새가며 속태이는 젊은 안낙네

물네 젓든 손도 맥이 풀녀저

파! 하고 붓는 어유(魚油)등잔만 마라본다

북국의 겨울밤은 차차 깁허 가는대.

…

72절이나 되는 이 시의 배경은 겨울 해가 저문 두만강변이다. 주인공

삼일운동

순이가 소금을 밀수출하는 남편을 보내놓고 한숨 어린 독백으로 시가 시작된다.

식민지 조선의 암울한 현실에 대한 저항성이 북국의 겨울밤과 밀수출하는 마차, 순찰하는 일본 순사의 이미지로 점철되어 나타나고 있다.

그후 조선왕조 500년 동안 피지배 계층으로 살아왔던 백성들이 나라를 되살리겠다며 전국 방방곡곡에서 흰옷을 입고 다시 일어섰다. 꺼지지 않는 그들의 힘으로 상해 임시정부가 수립되었으며 식민지를 넘어 기어이 자주 독립국가로 건너온 것이다.